CORNELIA NITSCH | PROF. DR. GERALD HÜTHER

Kinder gezielt fördern

So entwickeln sich Kinder spielend:

› wichtige Entwicklungsschritte verstehen

› Begabung fördern

GU

Ein Wort zuvor

Kleine Kinder sind große Forscher und begeisterte Fragensteller, *neugierig auf alles: Mal hören, wie das klingt, wenn ich die Küchentür ganz fest zubollere. Mal fühlen, wie das ist, einen nassen Lappen in der Hand zu halten. Mal sehen, was in der Kanne ist! Begeistert untersuchen sie alles, was ihnen in die Finger kommt – wenn man sie nur experimentieren lässt.*

Sie einfach nur lassen – reicht das? Zahlreiche Eltern fragen sich heute, ob ihre Kinder im Alltag wirklich die Impulse bekommen, die ihre Entwicklung ankurbeln. Oder braucht ein Kleinkind, ein Vorschulkind bei seinem Tun und Treiben zusätzlich gezielte Anregung durch Geschwister oder Eltern? Viele Fachleute plädieren für Gelassenheit. Normalerweise bietet die Umwelt das, was ein Knirps benötigt. Aber nicht immer findet er diese Schätze von selbst. Oft braucht er Eltern, die sie ihm zeigen.

Dieses Buch will Eltern mehr Sicherheit vermitteln. Es zeigt ihnen, wann ihr Kind bei seinen Spielen und Experimenten Unterstützung und ein bisschen Anleitung brauchen kann, damit es eine Menge vom Leben begreift. Aber: Nur was Kinder aus eigenem Antrieb begreifen, was sie selbst erfahren, prägt sich ein. Kinder, die mit Reizen überflutet werden, die von zu ehrgeizigen Eltern angetrieben werden, schalten schnell ab und verlieren die Lust am Lernen. Deshalb sind alle Vorschläge und Anregungen in diesem Buch als Aufruf an Sie gedacht, sich immer wieder ganz gezielt das herauszusuchen, was für Ihr Kind jetzt gerade besonders wichtig beziehungsweise interessant ist – und nicht als komplettes Programm, das alle zusammen von A bis Z durchüben sollen.

Dieses Buch lädt Sie als Mütter und Väter dazu ein, mit den Augen und Erfahrungen Ihres Kindes das Leben neu sehen zu lernen, es gemeinsam mit ihm Stück für Stück zu erobern und sich bewusst zu machen, wie abenteuerlich die ganz alltäglichen Erfahrungen für kleine Kinder sind: Eine Quarkspeise zu fabrizieren ist Spaß, Geschicklichkeitsübung – und obendrein eine Lektion in Küchenchemie. Eine Gute-Nacht-Geschichte anzuhören ist urgemütlich, außerdem aber auch ein Sprachtraining, das die Fantasie anregt. Ein Spaziergang durch den Wald kann ein Grundkurs in Naturkunde sein. Es ist aufregend, wie viel ein ganz normaler Alltag zu bieten hat, wenn Kinder und Erwachsene nur genau hinhören und hinschauen.

Cornelia Nitsch
Professor Dr. Gerald Hüther

Inhalt

4

Inhalt

Musik: Balsam für Gehirn und Seele *186*

Das Ich und das Wir entdecken *210*

Was Kinder klug und glücklich macht

Eltern wünschen sich, dass ihr Kind im Leben „hoch hinauskommt". Aber wie sieht eine vernünftige Förderung dafür aus? Auf den folgenden Seiten lesen Sie mehr darüber, ob Kinder zeitig gezielt lernen oder lieber unbeschwert spielen sollen. Sie erfahren, wie Kinder im Vorschulalter überhaupt lernen und was in den kleinen Köpfen abläuft.

Den Weg ebnen: Kinder richtig fördern

Recht schwungvoll oder eher etwas gemächlich: Wie die Entwicklung eines Kindes verläuft, das hängt auch vom Engagement seiner Eltern ab. Natürlich wissen die meisten Mütter und Väter, dass sie eine entscheidende Rolle bei der Entwicklung ihres Kindes spielen. Viele sind sich aber nicht sicher, wie diese Rolle ganz konkret aussehen sollte. „Klar, dass wir uns unseren Kindern zuwenden wollen. Aber was ist das rechte Maß, was bringt unsere Kinder weiter?" In diesem Kapitel erfahren Sie, wie viel Einsatz Eltern bringen sollten und wie Sie eine sinnvolle Förderung in den Alltag einbauen können.

Das rechte Maß – eine Gratwanderung

Hochzufrieden thront der Dreijährige im Sandkasten und backt einen Sandkuchen nach dem anderen. Viele Mütter und Väter sind unsicher geworden, wenn sie ihrem Kind bei seinen Sandkastenspielen zuschauen. Sie fragen sich: Sind solch simple Sandspiele vielleicht nur verschenkte Zeit, weil ihr Filius in dieser halben Stunde Effektiveres tun könnte? Oder ist diese Spielzeit genau das Richtige für einen Dreikäsehoch?

In Talk-Runden und Zeitungsdossiers wird zunehmend über einen Mangel an Frühförderung geklagt. Eltern kümmerten sich nicht ausreichend um die Entwicklung der Intelligenz bei ihrem Nachwuchs, heißt es da. Auch die Kindergärten böten den Kleinen nicht genug Nahrung für ihre Wissbegierde und Denkfreude. Warum nicht schon die unterforderten Vierjährigen aus dieser misslichen Lage befreien und einschulen? Andere plädieren dagegen für eine unbeschwerte Kindheit und Zeit zum Spielen und Träumen.

Und wie beurteilen Wissenschaftler das alles? Die einen weisen darauf hin, dass sich das Gehirn wesentlich in den ersten Jahren entwickle und deshalb frühzeitig Anreize brauche, um sich gut zu vernetzen. Das heißt: Eltern sollten genug und gezielte Anreize bieten, um ihr Kind in seiner Entwicklung weiterzubringen.

Andere Experten betonen ausdrücklich, nicht nur die ersten Lebensjahre seien von Belang für eine gute Entwicklung, sondern Menschen lernten ein Leben lang. Sie propagieren mehr Gelassenheit, wollen die Kleinen deshalb selbstvergessen trödeln und träumen lassen – gerade das freie, unbeschwerte Spielen mache Sinn.

Doch woran können Eltern sich nun halten? Zuerst sollten Sie sich anschauen, in welchen Punkten die Wissenschaftler einig sind, wenn sie über die ersten Lebensjahre eines Kindes sprechen. Hirnforscher, Psychologen, Pädagogen – alle Experten weisen darauf hin, dass kleine Kinder Mütter und Väter brauchen, die sich an ihnen freuen und ihre Begeisterung auch zeigen. Die am Werdegang ihrer Kleinen wirklich interessiert sind und ihre Entwicklung kontinuierlich unterstützen.

Wie Sie einen guten Mittelweg finden

Mütter und Väter können einen vernünftigen Kompromiss finden. Sie können ihrem Kind einerseits viel freies Spielen ermöglichen, es andererseits aber auch gezielt und individuell fördern. Das heißt in der Praxis zum Beispiel: Sorgen Sie für ausreichend Bewegung an der frischen Luft. Bieten Sie Ihrem Kind häufig Gelegenheit zum Spielen. Reden, rätseln, malen Sie mit Ihrem Nachwuchs. Denken Sie gemeinsam nach, erfinden Sie zusammen Geschichten und erzählen Sie ...

Beobachten Sie bei alldem Ihre Kinder: Wie reagieren sie auf Ihre Angebote? Wo ziehen sie begeistert mit? Wann steigen sie aus? So lernen Sie die Vorlieben und die Talente Ihrer Kinder bald kennen – und auch deren Schwächen.

Was sich da so leicht und schnell aufzählen lässt, verursacht vielen Eltern Kopf-

TIPP | DAS A UND O: LIEBE

Kinder brauchen vor allem emotionale Sicherheit, um zu gedeihen. Also: Nehmen Sie sich ausreichend Zeit für Ihre Kinder, wenden Sie sich ihnen zu, und zeigen Sie den Kleinen Ihre Liebe. So unterstützen Sie ihre gesamte Entwicklung. Dieser intensive Kontakt ist viel wichtiger als die gezielte Förderung der Intelligenz mit fabelhaftem Lernmaterial und pädagogisch wertvollem Spielzeug.

zerbrechen: Zeit zum Spielen lassen – kein Problem. Aber Kinder gezielt fördern: Wo ist die Grenze zwischen sinnvollem Programm und Leistungsdruck? Die folgenden vier Punkte helfen Ihnen, einen Weg zur maßvollen Förderung zu finden.

Bitte nicht vergleichen

„Meine Tochter kann schon dieses und jenes!" und: „Mein Kleiner ist hier besonders flink!" Junge Eltern beäugen zu gern andere junge Eltern: „Mal sehen, wie die mit allem fertig werden!"

Ein spannendes Spiel, solange das Vergleichen spielerisch bleibt. Oft jedoch wird ein Wettbewerb daraus, der übermäßigen Ehrgeiz anstachelt. Es überfordert ein Kind schnell, zu hohen Erwartungen und einem Dauerwettbewerb mit seinen Altersgenossen ausgeliefert zu sein. Deshalb bitte nicht wie ein Coach mit den neuesten Förderprogrammen winken oder das eigene Kind andauernd auf das immense Können anderer hinweisen. Statt mit einem „Der Soundso kann aber schon ..." zu sticheln, geben Sie Ihrem Nachwuchs lieber Gelegenheit, weitgehend selbst zu bestimmen, was ihm liegt oder was ihm weniger Spaß macht.

Wenn Sie sich Ihrem Kind aufmerksam zuwenden, sehen Sie bald, welche Bereiche das sind. Hier können Sie dann ansetzen, unterstützen und Anregungen bieten.

Möglichst gelassen bleiben

Intelligent sollen sie sein, zu geistigen Höchstleistungen fähig und Erfolg haben. Beim Studium, bei der Ausbildung, bei der Bewerbung um einen Arbeitsplatz: Überall bilden sich lange Schlangen – richtige Nadelöhre, durch die sich unsere Kinder später fädeln müssen.

Nur die Besten hätten eine Chance, heißt es immer wieder. Verständlich, dass viele Eltern gebannt auf dieses in weiter Ferne liegende Ziel schauen: „Wird unser Kind den Herausforderungen gewachsen sein, wird es zu diesen viel beschworenen Besten zählen? Haben wir ihm das mitgeben können, was seine Chancen erhöht?" Kein Wunder bei diesen Bedenken, dass es heute schwerer denn je fällt, der Zukunft ruhig und gelassen entgegenzusehen. Eltern wollen dabei unbedingt alles richtig machen. Und gerade mit diesem Wunsch nach Perfektion stehen sie sich sehr oft selbst im Weg.

Aufgabe Ihrer Kinder ist es, das Leben zu erforschen. Und Ihre Aufgabe als Eltern ist es, sich in Gelassenheit und Zuversicht zu üben, denn Ihre innere Haltung werden Ihre Kinder übernehmen. Auch in diesem Punkt – wie in allem anderen – sind Sie wichtige Vorbilder. Und Ihre Kinder brauchen optimistische Vorbilder. Nur so lernen sie, wie man das Leben mit Schwung angeht und meistert.

Kindliche Neugier zulassen

Je weiter der Aktionsradius von Kindern wird, umso neugieriger werden sie. Sie wollen das Leben erobern und begreifen. Beim Rennen und Hüpfen, beim Reden und Malen sammeln sie ständig neue Erfahrungen. Ihr Gehirn wird laufend mit immer neuen Informationen gefüttert. Kinder, die experimentieren dürfen, sind immer in Aktion: „Was kann ich jetzt noch auseinander nehmen? Wo gibt es Neues zu entdecken?“ Wenn sie Blätter im Garten sammeln, fragen sie: „Gleichen sich die Blätter, oder unterscheiden sie sich?“ Blättern sie ein Bilderbuch durch, schauen sie genau hin: „Taucht der Hase von der ersten Seite auf den folgenden Bildern wieder auf?“ Sie denken sich immer neue Experimente aus – suchen nach Futter für ihre Wissbegierde.
Nebenbei schulen sie ihre Konzentrationsfähigkeit und Ausdauer. Die Kunst der Eltern, Erzieher, Lehrer besteht vor allem darin, diese Lernbereitschaft und -freude zu erhalten.

Entwicklung gezielt unterstützen

Setzen Sie die richtigen Schwerpunkte bei der Förderung. Es bringt Kindern nicht viel, wenn sie schon vor Schulbeginn perfekt lesen und das Einmaleins im Kopf haben. Diese Fertigkeiten lernen sie später in der Schule problemlos, wenn die Basis – also die Erfahrungen der ersten Lebensjahre – stimmt. Wer seine Kinder fördern möchte, sollte sich nicht auf bestimmte

Alle Eltern wissen heute: Ihr Kind wird öfter im Leben „Schlange stehen“. Mit Zuwendung und gezielter Förderung geben Sie ihm die Chance, dabei gut mitzuhalten.

Bereiche konzentrieren, zum Beispiel besonders auf ihre sprachliche oder motorische Entwicklung achten, sondern sie im Ganzen fördern und ihre Individualität dabei nicht aus dem Auge verlieren.
Wenn alle Fähigkeiten des Kindes gleichermaßen gefördert werden, lassen auch manche Ängste der Eltern nach. Denn oft wird so deutlich, wie individuell jedes Kind ist: Wer als Dreijähriger schon begeistert klettert, hat es vielleicht nicht so eilig mit dem Sprechen – oder umgekehrt. Mit der Zeit holen die Kinder meist in allen Bereichen auf.

Ein Plädoyer für das Spiel

Das Spielen ist Kindern ein tiefes, angeborenes Bedürfnis – der Drang, den Geheimnissen der Menschen und der Dinge auf die Spur zu kommen. Nach welchen Regeln spielt sich das Leben ab? Was hält diese Welt im Inneren zusammen? Dauernd ergeben sich neue Fragen – Kinder suchen unverzagt nach Antworten, wollen das große Ganze begreifen.
Die Kinder, die noch richtig und gut und ausgiebig spielen können, sind in der Regel fröhlicher, zufriedener, selbstsicherer, aber auch kompetenter als die Altersgenossen, die ihre Tage vor dem Fernseher verbringen oder schon im Vorschulalter in ein ausgeklügeltes Kursprogramm eingebunden sind.
Die wichtigste Voraussetzung fürs Spielen: Ein Kind muss sich geborgen, sicher, gut aufgehoben fühlen bei vertrauten Menschen, die ihm in einer angenehmen Atmosphäre alle Zeit der Welt für seine Spiele lassen. Hetze, Stress, ein voller Terminkalender – lauter Spielverderber.
Widmen Sie sich beim Spielen in aller Ruhe Ihrem Kind, lassen Sie sich auf seine Vorstellungen ein. Kinder wollen – und sollen – beim Spiel die Hauptakteure sein und vorgeben dürfen, wo es langgeht. Aufgabe der Eltern kann es sein ...

- ein Spiel in Gang zu setzen („Wollen wir heute mal zusammen in den Wald gehen?"),
- einen Rahmen zu setzen („Mögt ihr bei dem schönen Wetter nicht lieber im Garten spielen?"),
- nachzuhelfen, wenn's nicht weitergeht, aber dabei stets etwas im Hintergrund zu bleiben.

Spielerisch fit für die Schule

Nicht nur im Elternhaus – auch in vielen guten Kindergärten wird das gefördert, wofür später in der Schule oft nicht so viel Zeit bleibt, etwa das soziale Verhalten, die Entwicklung der Persönlichkeit, Kreativität und die Motorik.
Dazu kommt: Auch wenn das für Laien auf den ersten Blick nicht immer zu erkennen ist, dienen sehr viele alltägliche Kindergartenaktivitäten der Vorbereitung auf die Schule.

- Wer im Stuhlkreis eine Geschichte erzählt, lernt sich vor andere hinzustellen und hat dank dieser Übung später vielleicht weniger Scheu, vor der Klasse zu sprechen.
- Wer auf dem Spielplatz im Kindergarten mit anderen Spielregeln aushandelt, kapiert und akzeptiert eher, dass es in der Schule Regeln geben muss.
- Wer fantasievolle Bilder malt, lernt, Probleme kreativ zu lösen.

Fragen & Antworten

1 *Ich bin allein erziehend, berufstätig und habe nur abends Zeit für meinen fast zweijährigen Sohn. Wie kann ich die Zeit mit ihm am intensivsten und sinnvollsten nutzen?*

Mütter und Väter sollten nicht versuchen, die noch verbleibenden Stunden zu verplanen, sie voll zu packen mit einem Programm, zu dem sie sonst nicht kommen. Wichtiger als irgendwelche Pflichten zu erfüllen: Den Tag ruhig ausklingen lassen. Ein Kind freut sich, wenn es spielen kann, wozu es Lust hat. Mama oder Papa muss nicht immer mitspielen, darf aber manchmal. Oft soll der Erwachsene nur zuschauen und sich mitfreuen.
Ein Kind, das eine Weile in Ruhe spielen kann, ist meist ziemlich zufrieden mit sich und der Welt. Dieses ungestörte Spielen tut kleinen Kindern gut, fördert sie intensiver als jedes „Programm“: Sie lernen mit sich allein zu sein und das zu genießen.

2 *Unsere Tochter ist mit ihren fünf Jahren schon sehr weit in ihrer Entwicklung. Es wäre aus unserer Sicht sinnvoll, sie mit fünf einzuschulen. Warum ist die frühere Einschulung nicht längst allgemein üblich?*

Viele Kinder sind in ihrer gesamten Entwicklung heute weiter als die Kinder vor dreißig Jahren. Manche Bildungsforscher sind deshalb der Meinung, sie sollten mit fünf Jahren – oder sogar schon mit vier Jahren – eingeschult werden. Andererseits warnen Wissenschaftler vor starren Festlegungen, da sich Kinder in ihrer Entwicklung heute stärker unterscheiden als früher. Leider gibt es immer mehr Fünfjährige, die beispielsweise in ihrer Sprachentwicklung oder ihren sinnlichen Fähigkeiten erst so weit sind wie sonst Dreijährige. Andere Kinder gleichen Alters können dagegen in ihrem Können und Wollen mit Siebenjährigen mithalten. Deshalb spielt die individuelle Förderung von Kindern bei allen Planungen eine zunehmend größere Rolle.

3 *Fremdsprachen- oder Physikunterricht im Kindergarten wird heute gefordert. Ich halte mehr davon, mich viel und sinnvoll mit meinen Kindern zu beschäftigen, möglichst locker und unverkrampft. Ist das richtig?*

Viele Experten weisen darauf hin, dass eine gute Förderung wie eh und je vor allem darin besteht, Kindern das zu geben, was sie brauchen, um sich gesund zu entwickeln. Wichtig:

- viel Zärtlichkeit und Liebe, Zuwendung und Interesse an ihrer Entwicklung
- Nähe, Wärme, ein gutes Klima in der Familie
- reichlich Bewegung, viel frische Luft
- ausreichend Schlaf
- Spiel- und Freiraum für Experimente
- und neben der Freiheit auch Halt und Begrenzung, wo es sein muss.

Fördermethoden, die kleinen Kindern frühzeitig das Rechnen und Schreiben beibringen wollen, zeigen dagegen weniger nachhaltige Wirkungen. Wenn Eltern das Familienleben gestalten, sich die Zeit dafür nehmen, viel Engagement aufbringen, um mit ihren Kindern zu spielen, zu malen, zu toben, zu basteln – etwa am Wochenende –, dann tun sie das Richtige. Mit Eltern, Geschwistern und Freunden zu spielen, zu lachen und zu reden – das ist das beste Fundament einer guten Entwicklung. Das im Alltag umzusetzen fällt allerdings heute vielen Erwachsenen schwer.

Wie das menschliche Gehirn arbeitet

Beim Spielen, Essen und Toben: Kinder lernen ständig. Unglaubliches spielt sich in den kleinen Gehirnen ab. Und es ist gerade in diesen frühen Jahren wichtig, einem Kind genug „Lernfutter" zu bieten – genug zu tun, zu schauen, zu erleben. All diese Impulse und Erfahrungen braucht es für seine Entwicklung.

Und Eltern können ihrem Kind helfen, auf eine immer komplexere Welt gut vorbereitet zu sein. Ein Blick „hinter die Kulissen" hilft ihnen dabei. Auf den folgenden Seiten erfahren Sie, welche Vorgänge im Gehirn ablaufen, wenn Kinder die Welt entdecken, Neues lernen und darüber nachdenken.

Eltern sein: Auch das ist programmiert

Gute Eltern zu sein: Woher haben Menschen das über Generationen hinweg gelernt? Heute weiß man, dass Mütter ihr Wissen von ihren Müttern übernommen, durch eigene Erfahrungen ergänzt und schließlich an ihre Töchter weitergegeben haben. „Transgenerationale Weitergabe von Erziehungswissen" nennen Forscher diese Art der Überlieferung.

Sogar bei Tieren ist die spätere Fähigkeit, eine gute Mutter zu sein, nicht genetisch bedingt. Entscheidend ist vielmehr, ob ein weibliches Tier, also etwa ein Kaninchen, selbst von einer „guten" oder „weniger guten" Mutter aufgezogen wurde. Das heißt: Welche Qualität und Intensität hatte die Beziehung der Kaninchenmutter zu ihren Jungen? Wie sorgfältig hat sie das Nest vorbereitet und instand gehalten, wie oft die Jungen abgeleckt? Wie gut hat sie die Kleinen beschützt – und wie sehr hat sie sie später ermutigt, sich in die Welt hinauszuwagen?

All das, so haben Forscher herausgefunden, hinterlässt im Gehirn eines kleinen Kaninchenmädchens Spuren, die später, wenn es selbst Mutter geworden ist, als „Erinnerungsbilder" wachgerufen werden.

Lernen durch Erleben

So wie die kleinen Kaninchen lernen Kinder – und auch Erwachsene – die wichtigsten Dinge im Leben nicht durch wortreiche Erklärungen oder aus Büchern, sondern aus den Erfahrungen, die sie im Zusammenleben mit anderen machen. Dabei bleiben Kinder lange auf die Hilfe ihrer Eltern angewiesen. All das, worauf es im späteren Leben ankommt, müssen sie erst noch lernen. Es ist für Eltern heute nicht mehr so leicht, ihnen dabei zu helfen, wie es noch zu Großmutters Zeiten war. Damals war es für viele wichtig, dass man als Kind dreierlei möglichst gut gelernt hatte: gehorsam zu sein, seine Aufgaben zu erledigen und nicht zu viel nachzudenken. Um die Kinder auf diese Art für das Leben fit zu machen, müssen sich Eltern, Erzieher und Lehrer nicht allzu sehr anstrengen: Man muss den Kleinen nur möglichst früh den Spaß am Lernen und die Freude am Entdecken und Ausprobieren gründlich verderben.

Auch diese Art von Erziehungswissen wird offenbar in unserer Gesellschaft – ähnlich wie bei den Kaninchen – immer noch von Generation zu Generation überliefert. Aber die Welt, in die unsere Kinder heute hineinwachsen, hat sich glücklicherweise sehr verändert.

Die Lust am Lernen erhalten

Eltern, die ihren Kindern helfen wollen, sich in dieser bunten und offenen Welt zurechtzufinden, haben ein Problem: Sie müssen versuchen, ihren Kindern genau das mit auf den Weg zu geben, was vielen von ihnen selbst in der eigenen Kindheit abhanden gekommen ist: Die Freude am Lernen, die Lust am Entdecken und die Begeisterung am eigenen Tun. Was Eltern bei der Lösung dieses Problems helfen kann, ist ein forschender Blick auf ihre Kinder, solange die ihre Lust, Freude und Begeisterung noch nicht verloren haben.

Perfekt organisiert: das Wunderwerk Hirn

Am Anfang ihres Lebens, als Kinder, sind Menschen so neugierig, begeisterungsfähig und offen für alles, was es in der Welt zu erleben gibt, wie nie wieder im späteren Leben. Das hat einen guten Grund: Nur durch die Neugier und den Lerneifer eines Kindes entwickelt sich das menschliche Gehirn. Es ist zum Zeitpunkt der Geburt noch sehr unfertig. Lediglich die unbedingt lebensnotwendigen Verschaltungen und Netzwerke in bestimmten Hirnregionen sind jetzt bereits gut ausgebildet. Diese steuern all das, was notwendig ist, um die innere Ordnung des Körpers aufrechtzuerhalten. Also auch all jene Reaktionen, die immer dann in Gang gesetzt werden, wenn diese Ordnung gestört wird. Auch gewisse bereits im Mutterleib gemachte Erfahrungen sind in Form bestimmter Verschaltungsmuster im Gehirn abgespeichert, ebenso wie einige angeborene Reflexe. Der Rest – und das ist im Grunde alles, worauf es im späteren Leben ankommt – muss erst noch hinzugelernt und als neue Erfahrung im Gehirn abgespeichert werden.

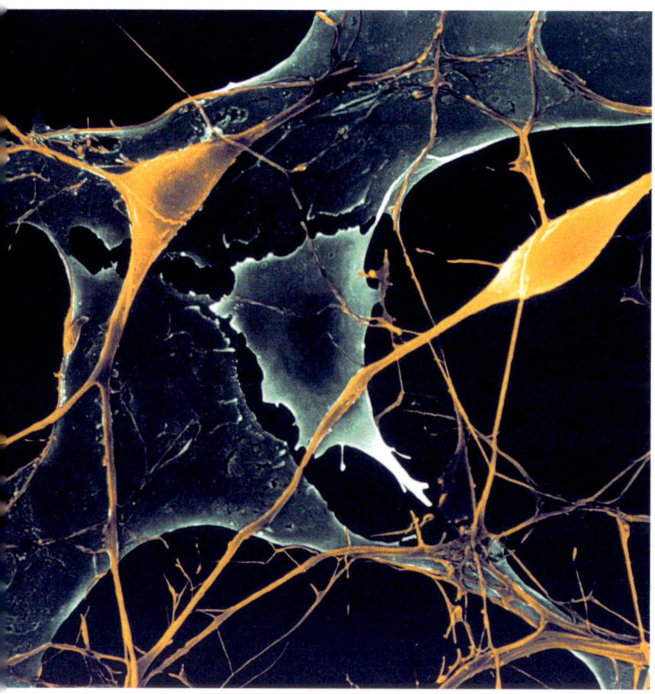

Je dichter die Verbindungen zwischen den Nervenzellen sind, umso besser kann die Kapazität des Gehirns genutzt werden.

Was im Gehirn passiert, wenn Kinder lernen

Das Großhirn (siehe Grafik Seite 24 und 25), genauer die Großhirnrinde, ist der Hirnbereich, in dem dieses neue Wissen in Form bestimmter Beziehungsmuster zwischen den Nervenzellen verankert wird. Dieser Bereich verdreifacht sein Volumen im ersten Lebensjahr und dehnt sich auch später noch erheblich aus: Nicht etwa, weil dort noch weitere Nervenzellen gebildet werden, sondern weil diese zum Zeitpunkt der Geburt bereits vorhandenen Nervenzellen ein dichtes Gestrüpp von Fortsätzen ausbilden. Deren Enden verbinden sich auf vielfältige Weise miteinander.
Dieser Prozess wird durch genetische Programme gesteuert. Er führt dazu, dass in den einzelnen Bereichen der Großhirnrinde ein riesiges Überangebot an Nervenzellverbindungen und -kontakten entsteht. Weil das kindliche Gehirn (oder das genetische Programm, das dessen Entwicklung steuert) nicht „wissen" kann,

worauf es später im Leben einmal ankommt und welche Verbindungen wirklich gebraucht werden, wird also zunächst erst einmal ein großer Überschuss an Verschaltungen bereit gestellt. Stabilisiert und erhalten bleiben davon aber nur diejenigen, die auch wirklich benutzt und gebraucht werden. Der Rest wird einfach wieder abgebaut. Das Ganze funktioniert fast so wie ein neu eröffnetes Kaufhaus, in dem anfangs ein möglichst großes Spektrum an unterschiedlichen Waren angeboten wird. Aber die Nachfrage bestimmt das Angebot: Nur diejenigen Artikel werden auf Dauer weiter bereitgehalten, die von den Kunden in dieser Gegend besonders gebraucht – und daher am häufigsten gekauft werden.
Ein Kind kann in der Entwicklungsphase, in der das riesige Angebot an Verschaltungen der Nervenzellen vorhanden ist, so ziemlich alles lernen. Deshalb können Eltern, die das für wichtig und sinnvoll halten, ihrem dreijährigen Kind bereits das Lesen, Computerspiele oder eine Fremdsprache beibringen – falls es dazu Lust hat. Etwa sechs Jahre dauert es, bis schließlich die Grundstruktur der Schaltstellen im Kopf entstanden ist.

Individualität als Norm

Jedes Kind hat seinen eigenen Kopf, entwickelt bald seine ganz eigene Vorstellung von der Welt. Diese Individualität zeigt sich in der zweiten Phase der Hirnentwicklung besonders deutlich, zwischen dem dritten und siebten Lebensjahr. Jetzt nimmt ein Kind die Dinge des Lebens immer intensiver wahr. Mit der Zeit ist es zunehmend daran interessiert, alle Eindrücke, die es sammelt, zu ordnen, zu bewerten und auf Dauer zu begreifen. Das bedeutet: Manche Hirnregionen werden besonders intensiv beansprucht, andere weniger. Stark genutzte Nervenbahnen verstärken sich, wenig genutzte verkümmern. Auf diese Weise entsteht langsam ein Netz, das genau der jeweiligen Beanspruchung entspricht – also bei jedem Menschen nach einem anderen Muster gewebt ist (siehe auch ab Seite 24).
Nervenzellverschaltungen, die während dieser Phase nicht entstehen, können zwar später noch nachreifen, weil das Gehirn beweglich bleibt, aber das Lernen ist dann wesentlich mühsamer. Deshalb ist es so bedauerlich, wenn ein Kind in dieser sensiblen Phase kaum gefordert ist und seine Tage mit Langeweile vertut.

INFO | IMMER LANGSAM

Welche Erfahrungen regen das Wachstum des Gehirns an, was bringt ein Kind in seiner Entwicklung weiter? Nicht die kurzen, schnellen Reize (wie zum Beispiel Fernseh- oder Videobilder) sind von Bedeutung, sondern die verlässlichen, sich wiederholenden Eindrücke.

Die Freude am Entdecken

Ein Kind bringt nicht nur die Fähigkeit mit auf die Welt, ständig Neues hinzuzulernen, sondern ebenso die Lust, immer wieder Unbekanntes zu entdecken. Der Grund für diese Lust ist ebenfalls die Tat-

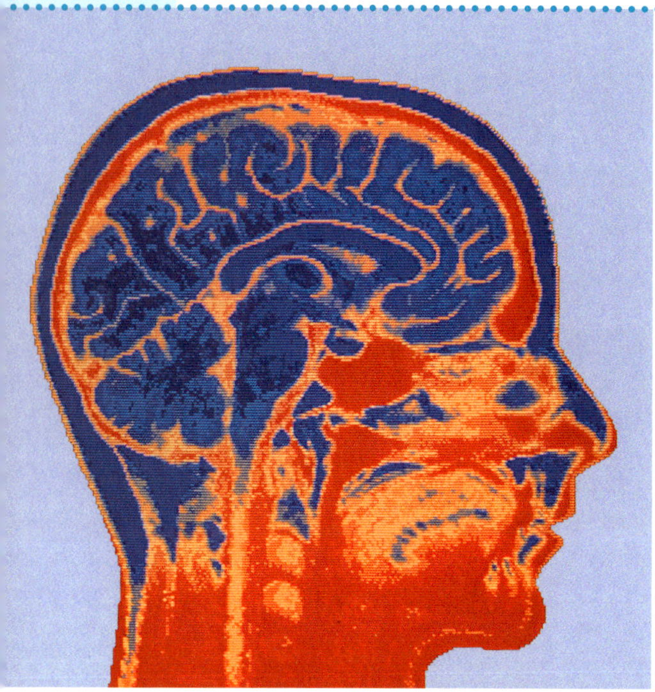

Komplizierter als jeder Computer und dabei beeindruckend funktional: das menschliche Gehirn.

sache, dass das kindliche Gehirn auf ein möglichst breites Spektrum unterschiedlichster Anregungen angewiesen ist, um später das, was es tatsächlich braucht, herauszufiltern.
Immer dann, wenn sich ein Kind auf die Suche macht und dabei etwas findet, das ein kleines bisschen mehr ist als das, was vorher schon da war, so geht es ihm genau so wie jedem Erwachsenen: Es freut sich. So lange ein Kind oder auch ein Erwachsener noch mit der Suche nach etwas beschäftigt ist, herrscht in seinem Gehirn eine gewisse Unruhe, eine Erregung und Spannung. Die wird durch das Erfolgserlebnis plötzlich aufgelöst, und immer dann, wenn im Hirn aus dem Durcheinander schließlich eine Ordnung wird, aus Erregung Beruhigung, entsteht ein Gefühl von Wohlbehagen und Zufriedenheit. Je größer die anfängliche Aufregung war, desto unbändiger wird die Freude, die auch schon ein Kind empfindet, wenn nun wieder alles „passt". Dann bekommt es umso größere Lust, sich erneut auf die Suche zu machen.
Bei einem solchen Lernprozess wird im Gehirn immer auch eine Gruppe von Nervenzellen erregt, die dann an den Enden ihrer langen Fortsätze bestimmte Botenstoffe freisetzen. Es sind dieselben Botenstoffe, die auch dann abgegeben werden, wenn Drogensüchtige Kokain oder Heroin einnehmen. Das lässt erahnen, wie groß das Lustgefühl beim Erforschen von Unbekanntem für Kinder sein kann.
Für kleine Kinder gibt es in einer noch fremden Welt unendlich viel Neues zu entdecken und einzuordnen. Deshalb wird ihre überbordende Lernlust normalerweise nur durch die Phasen der Erschöpfung unterbrochen, die sich zwangsläufig immer wieder einstellen müssen. Denn in diesen Pausen – im Traumschlaf – wird all das, was das Kind in der Wachphase gelernt und entdeckt hat, noch einmal bearbeitet, stabilisiert und mit bereits vorhandenen Mustern im Hirn verbunden.

Wie „innere Bilder" im Gehirn entstehen

Das kindliche Gehirn arbeitet bereits nach dem gleichen Prinzip wie das eines Erwachsenen. All das, was ein Kind bisher bereits über seine Sinnesorgane wahrgenommen und über sich, seinen Körper und die äußere Welt erfahren hat, ist in Form bestimmter Verschaltungsmuster von Nervenzellen in seinem Gehirn als inneres Bild verankert worden, manches davon eben auch schon vor der Geburt. Jede neue Wahrnehmung, also ein neuer Duft, eine ungewohnte Berührung, ein neues Geräusch oder ein anderer unbekannter Sinneseindruck erzeugt im Gehirn ein entsprechendes Aktivierungsmuster, ein „Wahrnehmungsbild". Das Kind versucht nun, in seinem Gehirn ein bereits vorhandenes Muster zu aktivieren – ein „Erinnerungsbild", das irgendwie zu diesem neuen Bild passt. Stimmen beide – das vorhandene Erinnerungsbild und das neue Wahrnehmungsbild – völlig überein, wird der neue Eindruck als bekannt abgetan und routinemäßig mit einer gewohnten Reaktion beantwortet. Kann keinerlei Gemeinsamkeit zwischen dem neuen und irgendeinem bereits vorhandenen Bild festgestellt werden, so passiert gar nichts. Das neue Wahrnehmungsbild wird gewissermaßen als ein nicht zu den bisherigen Erfahrungen passendes Trugbild verworfen. Interessant wird es immer dann, wenn das aus dem Gedächtnis abgerufene Erinnerungsbild zumindest teilweise zum neuen Wahrnehmungsbild passt. Dann wird das alte Muster so lange erweitert und umgestaltet, bis das durch die neue Wahrnehmung entstandene Aktivierungsmuster in das nun veränderte Erinnerungsbild eingefügt werden kann. Das wird dann als erweitetes inneres Erwartungsbild festgehalten und bei künftigen Wahrnehmungen zum Abgleich abgerufen.

Ein Mensch, nicht nur ein Kind, nimmt also nie alles wahr, was ihm angeboten wird, sondern nur das, was irgendwie zu seinen Vorstellungen und Erwartungen – also zu seinen bisher gemachten Erfahrungen – passt.

INFO | AUF EIGENEN WEGEN

Anregung von außen – gut und schön. Aber das beste „Futter" fürs Hirn bringt die vom kindlichen Interesse selbst gesteuerte Suche nach Neuem: Denn das Kind sucht dabei auf der Grundlage des bisher Erlernten nach neuem Wissen. Dabei macht es Lernerfahrungen, die mit dem bereits vorhandenen Wissen zu tun haben, aber auch ein Stück Unbekanntes enthalten. Dieses Neue kann besonders gut an vorhandenes Wissen anknüpfen und so die im Hirn bereits vorhandenen Verschaltungsmuster optimal ergänzen.

Genetische Botschaft oder erworbene Fähigkeit?

Das Lernen beginnt schon vor der Geburt: Nicht nur der Mensch, auch alle Säugetiere, ja sogar Vogelküken im Ei machen erste Erfahrungen, die im Hirn verankert werden, bevor sie auf die Welt kommen. Bei Hühner- oder Entenküken ist das gut zu beobachten: Schon bevor sie schlüpfen, „unterhalten" sie sich mit ihrer Mutter. Sie piepsen aus dem geschlossenem Ei heraus, und die Mutter antwortet ihnen. Wenn sie auf die Welt kommen, erkennen sie also ihre Mutter schon an der Stimme. Bei

Ob Mensch oder Tier: Für die Kleinen sind anfangs ihre Eltern das Maß aller Dinge – und das Vorbild für die eigene Zukunft.

Singvögeln, zum Beispiel bei den Nachtigallen, reift später, wenn die kleinen Vögel noch im Nest sitzen, das so genannte Gesangszentrum in ihrem Hirn aus. Hier bilden die Nervenzellen zunächst ein dichtes Netz an Verschaltungen aus. Immer dann, wenn der Vater in der Nähe des Nestes seine Lieder singt, entsteht in diesem Wirrwarr von Verschaltungen ein ganz bestimmtes Aktivierungsmuster – ausgelöst durch das Hören des Liedes. Je häufiger das geschieht, desto fester werden die dabei aktivierten Nervenzellverschaltungen miteinander verbunden. Alle anderen nicht benutzten Verschaltungen werden wieder abgebaut. Im nächsten Jahr singt das Nachtigallenkind dann (fast) genauso wie sein Vater.

Der bezaubernde Gesang der Nachtigallen wird also nicht durch genetische Programme vererbt, sondern muss von den Vögeln jeder Generation immer wieder neu erlernt werden. Angeboren ist den Nachtigallen lediglich die Fähigkeit, ihn als kleiner Vogel erlernen und als „inneres Bild" im Gesangszentrum verankern zu können. Gelänge es den Nachtigallen-Eltern aus irgendwelchen Gründen nicht, ihren über viele Generationen entwickelten komplizierten Gesang als Kulturleistung auch weiterhin an ihre Nachkommen weiterzugeben, so wäre genau das, was die Nachtigallen ausmacht, schnell verschwunden.

Wie wir unsere Wissens-Schätze weitergeben

Auch Menschenkinder müssen all jene Fähigkeiten und Fertigkeiten von uns Erwachsenen lernen, die wir als Kulturleistung bisher entwickelt haben. Selbst den aufrechten Gang, die Sprache und natürlich alles andere, was wir Menschen inzwischen können und wissen, müssen sich Kinder erst in einem komplizierten Prozess anhand der Vorbilder, die wir ihnen bieten, aneignen. Dabei lernt jedes Kind, sein Gehirn auf eine bestimmte Weise zu benutzen. Zu diesem Zweck muss es dazu angehalten, ermutigt und bisweilen auch gezwungen werden, bestimmte Fähigkeiten und Fertigkeiten stärker zu entwickeln als andere. Es muss auf bestimmte Dinge stärker achten als auf andere, gewisse Gefühle eher zulassen als andere, also sein Gehirn allmählich so benutzen, dass es sich damit in der Gemeinschaft zurechtfindet, in die es hineinwächst.

Interessanterweise sind diese Wissensprofile sehr verschieden: Je nachdem, in welcher Kultur ein Kind aufwächst, erwirbt es ganz unterschiedliche Fähigkeiten. So lernen die Kinder der Eingeborenen im

Amazonas-Regenwald bis zu einhundert verschiedene Grüntöne zu unterscheiden. Die Kinder der Inuit im nördlichen Polarkreis können ein Dutzend verschiedene Formen von Schnee auseinander halten. Auch unsere Kinder erwerben im Verlauf dieses Prozesse all jene Fähigkeiten und Fertigkeiten, auf die es für das Leben in unserem Kulturkreis ganz besonders ankommt. Und indem sie das tun, werden die dabei immer wieder aktivierten neuronalen Verschaltungen stärker und intensiver benutzt, ausgebaut und entwickelt.

Sinnliche Wahrnehmung als Schlüssel zum Denken

Zug um Zug werden auf diese Weise die komplizierten Nervenzellverschaltungen in den verschiedenen Hirnregionen aufgebaut. Die von den Sinnesorganen ankommenden Erregungsmuster werden dabei benutzt, um immer stabilere und zunehmend komplexer werdende „innere Bilder" in Form bestimmter Verschaltungsmuster in den verschiedenen Hirnregionen zu verankern.

Damit sind nicht nur innere „Sehbilder" gemeint, sondern ebenso innere „Tast- und Körperbilder". Auch die „Hörbilder" zählen dazu: Diese dienen dazu, Sprache zu verstehen und zu lernen. Auf die gleiche Weise entwickelt sich die Fähigkeit, aus Gerochenem innere „Geruchsbilder" anzulegen und mit anderen Sinneswahrnehmungen und den durch sie erzeugten inneren Bildern zu verbinden.

Ja, sogar die Signale, die von den Muskeln bei Veränderungen der Muskelspannung zum Gehirn weitergeleitet werden, dienen dazu, innere Bilder von komplexen Bewegungsabläufen, gewissermaßen innere „Bewegungs- und Handlungsbilder" in bestimmten Bereichen des Gehirns anzulegen und bei Bedarf abzurufen.

Wo Moral und Wissen sich begegnen

Die Hirnregion, in der all diese komplexen, nutzungsabhängigen neuronalen Verschaltungen letztendlich zusammenlaufen, ist der Frontal- oder Stirnlappen (vorderer Bereich des Großhirns, siehe Grafik auf Seite 24 und 25). Diese Region hat sich beim Menschen zuletzt und am langsamsten entwickelt. Sie ist selbst bei unseren nächsten tierischen Verwandten deutlich kümmerlicher als bei uns ausgebildet. Der Stirnlappen ist auch in besonderer Weise daran beteiligt, sämtliche Erregungsmuster, die aus den anderen Bereichen des Gehirns eintreffen, zu einem Gesamtbild zusammenzufügen. So werden von „unten", aus tiefer liegenden und früher ausgereiften Hirnregionen ankommende Erregungen und Impulse gehemmt und gesteuert.

Ohne Frontalhirn könnte man keine zukunftsorientierten Handlungskonzepte und inneren Orientierungen entwickeln. Man könnte nichts planen, die Folgen von Handlungen nicht abschätzen, sich nicht in andere Menschen hineinversetzen und deren Gefühle teilen und auch kein Verantwortungsgefühl empfinden.

Unser Frontalhirn ist die Hirnregion, durch die wir uns am deutlichsten von allen Tieren unterscheiden. Und es ist die Hirnregion, die in besonderer Weise durch den Prozess strukturiert wird, den wir Erziehung und Sozialisation nennen.

INFO | DIE INNERE ORGANISATION DES GEHIRNS

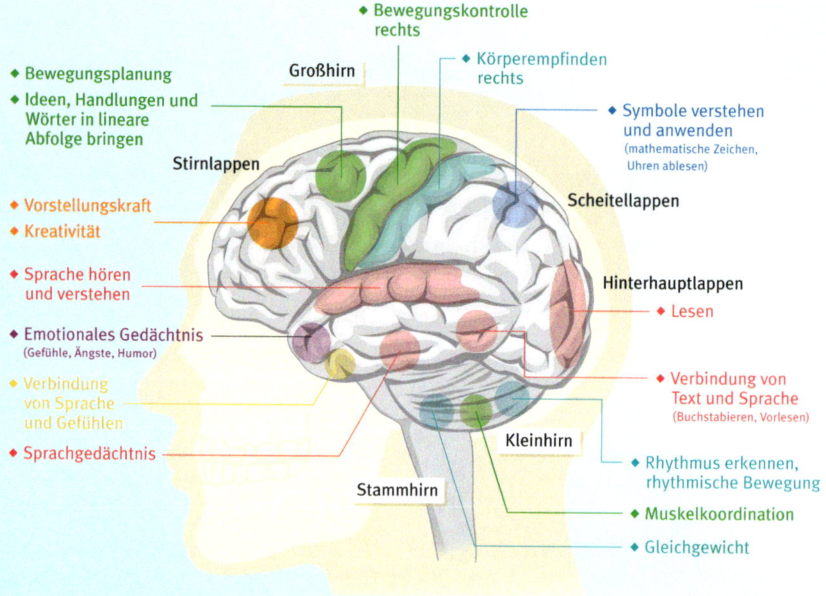

Wie das Gehirn „geordnet" ist

Unser Hirn ist grundsätzlich nach einem bestimmten „Plan" aufgebaut: In den Hirnarealen, die bereits während der Embryonalentwicklung ausreifen, liegen Netzwerke, die für die Regulation grundlegender Körperfunktionen (Atmung, Kreislauf, einfache Reflexe und Regelkreise) gebraucht werden. Andere, erst nach der Geburt endgültig ausreifende Verschaltungen befinden sich im Großhirn: Areale für die Verarbeitung einzelner Sinneseindrücke, für die Steuerung willkürlicher Bewegungen und für das Koordinieren unterschiedlicher Sinneswahrnehmungen. Und es gibt Bereiche, in denen neue Erfahrungen mit vorhandenen Informationen zusammengefügt werden. Das geschieht vor allem im vorderen Bereich des Großhirns, dem Frontallappen (siehe auch Seite 23). Hirnforscher können heute die Regionen innerhalb des menschlichen Gehirns abgrenzen, die für die Steuerung einzelner Hirnfunktionen zuständig sind. Das geschieht mithilfe so genannter bildgebender Verfahren: Immer dann, wenn das Gehirn eine Leistung erbringt – wenn man es also auf eine bestimmte Weise benutzt –, können die dabei aktivierten Nervenzellverschaltungen in bildgebenden Verfahren dargestellt werden. Es „flimmert" dann in den betreffenden Bereichen des Gehirns besonders intensiv.

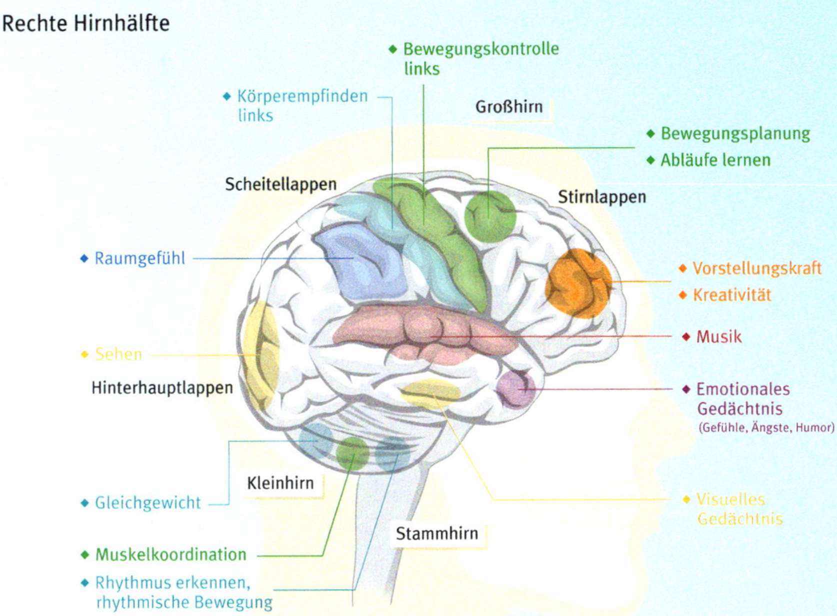

Individuelle Neuordnung ist möglich

Wenn eine bestimmte Leistung immer wieder ausgeübt und trainiert wird, so werden die dabei benutzten Nervenzellverschaltungen intensiver miteinander verknüpft und breiten sich dabei auch stärker auf andere (weniger genutzte) Bereiche aus.

Je früher solche Änderungen der „Hirnnutzung" einsetzen, desto nachhaltiger verändern sich Organisation und innere Struktur der Hirnbereiche.

Vor allem in der frühkindlichen Entwicklung kann sich die weitere Ausreifung der Hirnstrukturen gut an neue Nutzungsbedingungen anpassen. Ein extremes Beispiel hierfür ist der Fall einer jungen Frau, der als Kleinkind wegen eines Tumors eine Hälfte der gesamten Hirnrinde entfernt werden musste. Ihr Hirn passte sich anschließend so gut an diesen „Ausfall" an, dass all jene Netzwerke und Verschaltungen, die sich eigentlich in der nicht mehr vorhandenen Hirnhälfte entwickelt hätten, in ihrem Hirn von der anderen, noch intakten Hälfte übernommen wurden.

Dieses Beispiel zeigt, dass die hier dargestellten „Hirnkarten" zwar im Normalfall gültige Einblicke in die innere Organisation des menschlichen Gehirns bieten – aber das Wunderwerk Hirn sich selbst im Notfall auf faszinierende Weise neu formieren kann.

Was Kinder zum Lernen brauchen

Was können Eltern nun mit all dem Wissen um das Lernen und die Aufgaben des Gehirns dabei anfangen? Diese Kenntnisse im Alltag zu berücksichtigen, ist eigentlich gar nicht so schwer.

Vertrauen – das Fundament fürs Lernen

Genau wie wir Erwachsenen müssen auch Kinder versuchen, jede neue Wahrnehmung und Erfahrung an etwas anzuknüpfen, was bereits da ist, was sie schon wissen und können, was ihnen also bereits irgendwie vertraut ist.

Und ebenso wie bei uns Erwachsenen ist auch die Bereitschaft von Kindern, sich auf etwas Unbekanntes einzulassen, etwas Neues, Ungewisses auszuprobieren umso größer, je sicherer sie sind und je größer das Vertrauen ist, mit dem sie sich in die Welt hinauswagen.

INFO | EINE BASIS LEGEN

Kindererziehung basiert auf drei Grundfesten:

- Erstens: Liebe und Vertrauen
- Zweitens: Grenzen setzen
- Drittens: angemessen fördern

Also: Mit Ihrem Kind zusammen zu sein, ihm Mut zu machen, mit ihm fröhlich zu sein, das ist Ihr wichtigster Job als Eltern. Auf menschliche, freundliche Weise sollten Sie präsent, für Ihr Kind spürbar da sein.

Bei jeder Art von Verunsicherung, von Angst und Druck breitet sich in ihrem Gehirn Unruhe und Erregung aus. Dadurch wird das Hirn regelrecht blockiert: Die dort über die Sinneskanäle eintreffenden Wahrnehmungsmuster können nicht mehr mit den bereits abgespeicherten Erinnerungen abgeglichen werden. Es kann also nichts Neues hinzugelernt und im Gehirn verankert werden.

Oft wird die Erregung und das damit einhergehende Durcheinander im Kopf sogar so groß, dass auch bereits Erlerntes nicht mehr erinnert und genutzt werden kann – wir alle kennen den berühmten „Blackout“ in Prüfungssituationen oder bei Stress. Das einzige, was dann noch funktioniert, sind sehr früh entwickelte und fest verankerte Denk- und Verhaltensmuster, die immer dann aktiviert werden, wenn es anders nicht mehr weitergeht: Angriff (Schreien, Schlagen), Einmauern (nichts mehr hören, sehen, wahrnehmen wollen, stur bleiben, Verbündete suchen) oder Rückzug (Unterwerfung, Verkriechen, Kontaktabbruch).

Lassen Sie Ihr Kind nicht mit seinen Gefühlen im Stich

Dieser Zustand ist für Kinder genauso schwer auszuhalten wie für Erwachsene. Sie fühlen sich ebenso ohnmächtig und beschämt und reagieren mit Wut, Zorn oder gar mit Resignation auf die erlebte Enttäuschung. Treten solche Situationen wiederholt auf, verliert jedes Kind seine Offenheit, seine Neugier und sein Vertrauen – und damit die Fähigkeit, sich auf

INFO | SICHERHEIT BIETEN

Die moderne Hirnforschung zeigt, dass die Entwicklung eines Kindes stark davon geprägt wird, ob es sich in den ersten Lebensjahren geborgen fühlt. Ein kleines Kind ist besonders lernfähig und aufnahmebereit, wenn es sich sicher fühlt: bei vertrauten Menschen, die es regelmäßig und zuverlässig betreuen, es genau kennen und lieben, wie es ist.

Neues einzulassen. Vor diesem frustrierenden Zustand beschützen Sie Ihr Kind, indem Sie ihm genau das geben, was es mehr als alles andere braucht, um sich mit der Welt auseinander zu setzen: Vertrauen. Nichts kann das Durcheinander im Kopf besser auflösen und die zum Lernen erforderliche Offenheit und innere Ruhe wiederherstellen. Deshalb suchen alle Kinder enge Beziehungen, die ihnen Sicherheit bieten und ihnen bei der Lösung von Problemen helfen.

Die eigenen Eltern sind normalerweise die Menschen, denen ein Kind vorbehaltlos vertraut, wenn es auf die Welt kommt. Wenn diese seine Bedürfnisse nach Nahrung, Wärme, Zärtlichkeit, Zuwendung und Anregung erfüllen, fühlt das Baby sich in ihrer Gegenwart geschützt und geborgen. Diese sichere Bindung ist die Voraussetzung dafür, dass ein Kind bereits im ersten Lebensjahr so viel Neues aufnehmen, ausprobieren und die dabei gemachten Erfahrungen in seinem Hirn fest verankern kann.

Immer gelassen bleiben ...

Damit die anfangs noch sehr lockeren Verschaltungsmuster im Gehirn gefestigt werden können, brauchen Kinder viel Ruhe und ausreichend Zeit zum aufmerksamen Beobachten und zum intensiven Üben und Ausprobieren.

Kinder lernen am besten, wenn sie den Lernstoff selbst bestimmen können. Sie sind geborene Entdecker und genießen es, ihre Neugier auszuleben. Wer keine Fehler macht, kann auch nichts hinzulernen – deshalb erschließen sich schon Kinder die Welt durch Versuch und Irrtum. Und je häufiger sie dabei erfahren, dass sie bereits allein in der Lage sind, ein Problem zu lösen, desto mehr wächst ihr Selbstvertrauen, ihr Mut und ihre Sicherheit.

Wenn sich dann noch jemand mit ihnen gemeinsam über jede gelungene Lösung freut, wächst obendrein ihr Vertrauen, dass sie selbst in der Lage sind, einen anderen Menschen glücklich zu machen. Soziale Resonanz nennen Hirnforscher dieses Phänomen der wechselseitigen Verstärkung von Gefühlen.

Wann der Funke überspringt

Lernen ist es wie ein Feuerwerk: Zum einen muss der „Funke“, also die Anregung, die Eltern ihrem Kind zu einer bestimmten Zeit anbieten, genügend Zündkraft besitzen. Zum anderen muss aber auch das „Pulver“ gerade in einem Zustand sein, in dem es sich gut entzünden lässt. Eltern können Funken sprühen, so viel sie wollen: Wenn ihr Kind zu dem Zeitpunkt nicht offen für ihre Angebote ist, geht das Feuerwerk eben einfach nicht los.

Diese Offenheit für Neues fehlt, wenn ein Kind gerade mit anderen Dingen beschäftigt ist. Oder wenn es – auch das kommt vor – ein schwerwiegendes Problem mit sich herumschleppt, das es allein nicht lösen kann – zum Beispiel bei einem Geschwisterkonflikt oder „dicker Luft" in der Familie. In solchen Situationen sind Kinder einfach nicht bei der Sache und können sich nicht auf das einlassen, was ihnen von den Eltern angeboten wird.

Doch auch ein ganz offenes Kind, das nicht von Problemen geplagt und auch nicht gerade mit etwas anderem beschäftigt ist, kann nicht alle elterlichen Anregungen und Angebote aufnehmen. Es macht auch dann manchmal „dicht", wendet sich ab und hört nicht mehr zu. Dann war das Angebotene entweder zu banal – und deshalb zu langweilig – oder es hat dem Kind etwas abverlangt, das es noch nicht leisten konnte. Dann fühlt es sich überfordert. Und das ist auch nicht gerade ein Zustand, der Lernlust anregt.

Wie aber sollen Eltern herausfinden, ob das „Pulver" genau in dem richtigen, entflammbaren Zustand für den Funken ist, den sie anbieten?

Jetzt oder nie – die Theorie der „Zeitfenster"

Hirnforscher und Entwicklungspsychologen haben inzwischen herausgefunden, dass die Nervenzellverschaltungen im Gehirn des Kindes in einer bestimmten Reihenfolge ausreifen und dass es deshalb Entwicklungsphasen gibt, in denen ein Kind etwas ganz Bestimmtes besonders gut hinzulernen kann. Während einer solchen Phase ist ein gewisser Bereich des Gehirns gerade besonders formbar, und die Nervenzellen sind dabei, ein dichtes Geflecht an Verschaltungsangeboten bereitzustellen. Das Kind wird daher alle Angebote besonders gut aufgreifen, die in diesem Bereich des Gehirns verarbeitet werden. Weil die dabei gemachten Lernerfahrungen sich jetzt am leichtesten in Form spezifischer Nervenverschaltungen einprägen, spürt es die eigenen Fortschritte auch besonders gut. Dieser Erfolg motiviert das Kind, nach weiteren derartigen Anregungen zu suchen. Wenn ihm diese jetzt angeboten werden, ist das für alle Beteiligten sehr beglückend: Das Kind freut sich – und die Eltern auch.

„Kritische Fenster" nennen Wissenschaftler diese Phasen, in denen ein Kind für bestimmte Lernerfahrungen besonders aufnahmebereit ist. Jedes Kind durchläuft diese Phasen, manchmal überschneiden sie sich, andere Fähigkeiten müssen erst gefestigt sein, bevor das nächste „Entwick-

INFO | ZUR RECHTEN ZEIT

So genannte „Lernfenster" gibt es für die Entwicklung grob- und feinmotorischer Fähigkeiten sowie für das Herausbilden der Hirnareale, die für das Sehen, Hören, Riechen und für das körperliche Empfinden verantwortlich sind. Ebenso existieren „Fenster" für die Sprachentwicklung und das analytische Denken sowie für all die anderen Fähigkeiten und Fertigkeiten, die jedes Kind im Laufe seiner Entwicklung erwirbt.

lungsfenster“ aufgehen kann. Vor allem aber ist wichtig: Was beim einzelnen Kind zu welchem Zeitpunkt „dran“ ist, wann man also welche Angebote machen sollte, damit sie das Kind möglichst optimal aufgreifen kann, das können die Hirnforscher auch nicht so genau sagen.
Die in dieser Hinsicht kompetentesten Experten sind die Eltern und Erzieher. Wenn sie das betreffende Kind genau kennen und seine Signale achtsam und feinfühlig wahrnehmen, können sie ihre Funken auch am ehesten zu dem Zeitpunkt sowie in einer Art und Weise versprühen, dass sie besonders gut überspringen.

Bitte kein „Förderstress“!

Wir leben in einem Zeitalter der Beschleunigung und des immer rascher werdenden Wandels. Was heute noch nützlich und richtig ist, kann morgen bereits hinderlich oder gar falsch sein. Allzu leicht verlieren auch Eltern angesichts der sich ständig verändernden „Anforderungsprofile“ die Orientierung. Sie werden unsicher und wollen ihrem Kind möglichst alles mitgeben, was es später einmal brauchen könnte, um glücklich zu werden.
Dazu gehört inzwischen auch die Fähigkeit, fließend Englisch zu sprechen oder souverän mit Computern umzugehen. Das sagt ihnen ihre eigene Erfahrung. Aber das sagen ihnen auch alle anderen – die vielen Ratgeber, die Medien, die Bildungspolitiker. Manchen Eltern ist zusätzlich noch wichtig, dass ihr Kind ein Instrument erlernt, dass es tanzen, reiten oder Tennis spielen kann. Außerdem soll es viel von der Welt sehen, mit Freunden spielen und sich möglichst wohl fühlen. Schreiben, Lesen, Rechnen und alles, was es für den erfolgreichen Schulstart benötigt, sollte es natürlich auch lernen. Schnell bekommen Kinder auf diese Art allzu viel von dem, was Eltern zu ihrem Wohl alles tun wollen – und dabei doch zu wenig von dem, was sie tatsächlich für ihr späteres Leben brauchen.

Was ist wirklich wichtig?

Deshalb ist es für Eltern heute vielleicht wichtiger als je zuvor, sich gelegentlich zurückzulehnen und sich zu fragen, was von all dem, was sie ihrem Kind anbieten, nun eigentlich das Allerwichtigste ist. Was wollen Sie Ihrem Kind also unbedingt und vor allem anderen auf den Weg in sein späteres Leben mitgeben?
Wenn man die Frage so stellt, wird die Antwort plötzlich sehr einfach: Es soll später in der Lage sein, die Herausforderungen des Lebens zu meistern. Es soll Freunde finden, die ihm dabei helfen und denen es vertraut. Es soll stark genug sein, um mutig seine Meinung zu vertreten und dort zu helfen, wo seine Hilfe gebraucht wird. Es soll seine Neugier, seine Kreativität, seine Entdeckerfreude das ganze Leben bis ins hohe Alter behalten.
Wenn es das ist, was Sie Ihrem Kind wünschen, dann sollten Sie ihm davon mit auf den Weg geben, so viel Sie nur können. Ein Kind, das all das im Gepäck hat, verläuft sich nicht und stürzt in keinen Abgrund. Wem jedoch diese „Ausrüstung“ fehlt, der wird auch als Computerfachmann oder mit perfekten Englischkenntnissen wohl eher an den Problemen scheitern, die das Leben mit sich bringt.

Das Leben mit allen Sinnen genießen

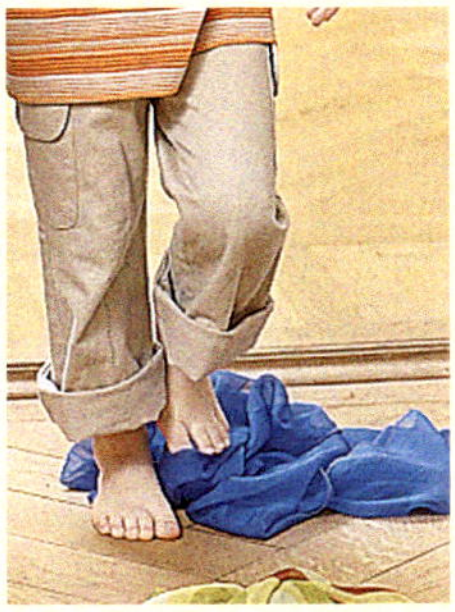

Sehen, hören, tasten, schmecken, riechen – ein Kind nimmt die Welt intensiv mit seinen Sinnen wahr. Und jede neue sinnliche Erfahrung bringt es in seiner Entwicklung ein Stück weiter. Wenn Sie Ihrem Kind viele Sinnes-Erfahrungen bieten, unterstützen Sie seinen Wissensdrang – und die Neugier auf das Leben.

Wie Kinder die Welt erspüren

Eine alltägliche Situation: Tief in sein Tun versunken spielt ein Kind mit einem Stück Rinde. Die Rinde sieht interessant aus: schuppig und braun. Sie duftet seltsam würzig. Sie fühlt sich rau an. Was gibt es noch zu entdecken? Der kleine Forscher dreht sie in den Händen. Vergleicht sie mit anderen Fundstücken: Schwerer als ein Tannenzapfen oder leichter? Betrachtet sie genau: Kann man ein Floß daraus bauen?
Bei solchen Überlegungen und Experimenten ist ein Kind auf seine fünf Sinne angewiesen. Mit ihnen nimmt es alles wahr – und versteht dabei viel mehr als durch abstrakte Erklärungen.

Augen, Ohren, Nase, Mund – alles auf Empfang

Ein Kind bringt seine sinnlichen Fähigkeiten schon mit auf die Welt. Trotzdem muss es das Hören, Sehen, Riechen, Schmecken, Fühlen erst richtig lernen: Plötzlich sind da Stimmen, die zärtlich flüstern, Hände, die streicheln, helles Licht – was hat das alles zu bedeuten?
Ein Neugeborenes muss vom ersten Lebensmoment an ein Wirrwarr immer neuer Eindrücke aufnehmen, verarbeiten, ordnen – eine Mammutaufgabe, die ein Kind in den kommenden Jahren mit erstaunlicher Leichtigkeit bewältigen wird. Schon im ersten Lebensjahr wächst seine Fähigkeit, sein Umfeld mit allen Sinnen wahrzunehmen – je nachdem, wie gut es gefordert und gefördert wird.

Von Anfang an gilt: Ohren auf und hergehört

Die Stimme der Mutter, Musik aus dem Radio: Über das Hören nimmt ein Baby die ersten Eindrücke seiner Umwelt wahr – lange, bevor es geboren wird. Gleich nach der Geburt reagiert es auf Geräusche. Alles, was ein Baby hört, regt die Entwicklung seines Gehirns an. Das Hören hilft einem Kind nicht nur, sich in seiner Umwelt zu orientieren, sondern später auch mit anderen Menschen ins Gespräch zu kommen. Schon lange bevor ein Kind den Sinn der Worte versteht, lernt es bereits am Tonfall zu erkennen, wie etwas gemeint ist.

TIPP | VON ANFANG AN

Eine gute Basis für die gesamte Entwicklung Ihres Kindes legen Sie, wenn Sie schon im Baby- und Kleinkindalter viel sinnliche Anregungen bieten (siehe ab Seite 41). Das unterstützt die Entwicklung des Gehirns (siehe ab Seite 17).

Die Augen geben uns ein Bild von der Welt

Unglaublich: Etwa 70 Prozent der Informationen, die wir aus unserer Umwelt aufnehmen, erkennen wir sehend. Wie eine Kamera nehmen die Augen Bilder aus der Welt um uns herum auf und senden sie an das Gehirn weiter.
Der Schaltplan, nach dem diese optischen Signale an das Gehirn weitergeleitet werden, funktioniert bei einem Neugeborenen noch nicht perfekt, sondern muss sich erst herausbilden. Die Signale, die beide Augen zu Empfängerzellen in der Sehrinde transportieren, werden in diesem Sehzentrum zu einem Bild zusammengesetzt. Auch diese Fähigkeit bildet sich erst nach und nach in den ersten Monaten aus und muss weiter geübt werden.

Eng verbunden: das Riechen und Schmecken

Wenn sich ein Kind mit einem: „Hat gut geschmeckt!“ den Bauch reibt, dann war vielleicht der Duft der Speisen entscheidender für sein Wohlbehagen als der Geschmack selbst. Oft ist es schwer, Geruch

Hm, lecker! Ob diese Botschaft über die Nase oder die Zunge kam, ist für die kleine Genießerin sicher gerade gar nicht wichtig.

und Geschmack auseinander zu halten, denn Geschmacks- und Geruchszellen sitzen eng beieinander. Über die Riechschleimhaut und Riechhärchen nimmt die Nase Gerüche wahr, die zum Riechzentrum im Gehirn geleitet und dort verarbeitet werden.
Die Zellen, die für den Geschmack zuständig sind, sitzen auf der Zunge und heißen Geschmacksknospen. Diese nehmen den Geschmack – süß, sauer, salzig oder bitter – wahr und leiten ihre Empfindungen an das entsprechende Zentrum im Gehirn weiter. Dort entstehen so genannte „Geschmacks- und Geruchsbilder" (siehe auch Seite 23), die immer dann wieder aktiviert werden, wenn etwas ähnlich riecht oder schmeckt. Angenehme, vertraute Düfte erzeugen Wohlgefühl.
Gerüche und Aromen können aber auch Alarmsignale sein, vor Gefahren warnen – etwa vor Schadstoffen oder vor verdorbenen Lebensmitteln.

Ein Prickeln auf der Haut: das Fühlen

Die meisten Sinnesreize werden über die Haut wahrgenommen. Sie ist unser größtes Sinnesorgan und besitzt unendlich viele Nervenzellen. Wenn Sie Ihr Kind streicheln, massieren, auf den Arm nehmen, dann ist diese Zärtlichkeit nicht nur Balsam für die Kinderseele, sondern auch für die Entwicklung der Intelligenz: Sanfte Streicheleinheiten regen die Sinneskörperchen in der Haut an, die jeden empfangenen Reiz an die entsprechende Schaltzentrale im Gehirn weiterleiten. Vor allem aber tun Sie mit zärtlichem Körperkontakt viel für die seelische Ausgeglichenheit Ihres Kindes – und damit für sein körperliches Wohl. Der Grund: Streicheln entspannt. Und dieser besondere Zustand lässt Ihr Kind wunderbar gedeihen.

TIPP | SENSIBEL BLEIBEN

Viele Erwachsene haben die Fähigkeit verloren, wirklich intensiv wahrzunehmen. Sie hören, sehen, riechen ... aber sinnliche Erlebnisse gehen in der Fülle von Reizen unter. Wieder mit allen Sinnen zu genießen, das können Große von Kleinen lernen.

ÜBERBLICK: DIE ENTWICKLUNG DER SINNE

Die sinnlichen Fähigkeiten eines Kindes entwickeln sich vor allem im ersten Lebensjahr. Diese Übersicht verdeutlicht die Entwicklung der Sinne. Kein Kind gleicht jedoch dem anderen – jedes hat sein eigenes Entwicklungstempo. Diese Daten können deshalb nur eine ungefähre Richtschnur sein.

Alter	Was ein Kind in diesem Alter schon kann oder jetzt bald lernt
Sehen	
Von Beginn an	Das Baby folgt einem Gegenstand mit den Augen.
Ab 1 Monat	Fasziniert studiert es Gesichter aus der Nähe.
Ab 3 Monate	Es mag bewegliche Spielzeuge und Mobiles.
Ab 5 Monate	Das Baby interessiert sich für unbewegliche helle Dinge. Es freut sich an großen Bildern mit klaren Konturen.
Ab 6 Monate	Das Kleine ist neugierig auf seine Umgebung.
Ab 7 Monate	Nun sieht es immer besser.
Ab 11 Monate	Es kann Tiefe wahrnehmen.
Hören	
Von Beginn an	Es lässt sich gern vorsingen. Es hört hin, wenn Musik erklingt. Das Baby nimmt Alltagsgeräusche wahr. Besonders konzentriert es sich auf Sprache.
Ab 1 Monat	Das Kleine mag die Stimme seiner Mutter und hohe Töne. Es nimmt Rhythmen wahr.
Ab 3 Monate	Der Knirps beobachtet seine Eltern beim Sprechen.
Ab 5 Monate	Jetzt dreht sich das Baby nach Geräuschen um.
Ab 7 Monate	Es reagiert auf bekannte Töne und Geräusche.
Ab 10 Monate	Es fabriziert gern selbst Geräusche (Papier zerknüllen und zerreißen).
Tasten	
Von Beginn an	Das Baby entspannt sich, wenn es gestreichelt wird. Es ballt seine Hände zu Fäusten.
Ab 3 Monate	Es spielt mit seinen Händen.
Ab 4 Monate	Jetzt hält es schon Spielzeuge fest, die ihm gereicht werden.
Ab 5 Monate	Es steckt in den Mund, was es in den Händen hält. Tastend nimmt es Unterschiede wahr: zart, rau, hart, weich ...
Ab 7 Monate	Das Baby greift nach dem, was es haben will.
Ab 9 Monate	Nerventest für junge Eltern: Ihr Knirps matscht, spielt mit dem Essen. Das Baby robbt, krabbelt über Teppich, Sand oder Gras.
Ab 12 Monate	Es erforscht Spielzeuge.
Schmecken, Riechen	
Von Beginn an	Das Baby nimmt den Geruch seiner Mutter wahr. Es mag Muttermilch.
Ab 3 Monate	Es reagiert ablehnend auf unangenehme Gerüche.
Ab 7 Monate	Das Kleine erfreut sich am Duft von Blumen. Nun merkt es, dass seine Nahrung unterschiedlich schmeckt.
Ab 8 Monate	Es entwickelt seinen eigenen Geschmack. Der kleine Feinschmecker bevorzugt Süßes und Salziges.

Die sinnliche Entwicklung im Alltag fördern

Mit seinen Sinnen nimmt ein Kind die Welt wahr. Und noch bevor es darüber nachzudenken beginnt, entsteht auf dieser Basis sein ganz individuelles Bild von der Welt. Jeder hat sein eigenes Bild, seine eigene Wirklichkeit im Kopf – und die kann sich von Mensch zu Mensch ziemlich stark unterscheiden.
Dieses eigene Bild wird durch den Umgang mit anderen, durch das persönliche Umfeld geprägt, bekommt immer neue Facetten – ein lebenslanger Prozess.
Kinder üben ihre Wahrnehmungsfähigkeit, wenn sie als Babys ihren Teddy „begreifen" und sich dabei sein Erscheinungsbild einprägen. Wenn sie als Kleinkinder in den Brei patschen und erforschen, ob er sich warm oder kalt anfühlt. Sie entwickeln beim Spielen und Toben ihr eigenes Gespür für Höhe und Tiefe, Weite und Enge und trainieren ihr Gleichgewicht. Ihre Fähigkeiten und Wahrnehmungsmuster werden dabei immer differenzierter (siehe auch ab Seite 18).

Spielerisch alle Sinne nutzen

Spielen ist aus der Sicht mancher Erwachsener nicht viel mehr als ein Zeitvertreib, ein Mittel gegen Langeweile oder auch ein Rezept, um nörgelnde Kinder zufrieden zu stellen.
Kinder aber wissen es besser: Das Spielen ist viel mehr. Deshalb sind sie hoch motiviert und fröhlich bei der Sache, wenn die Erwachsenen sie in Ruhe lassen, sie vorsichtig anregen, aber nicht mit immer neuen Angeboten überfüttern. Bei kleinen Kindern stehen Spiele, die ihre Sinne fordern, besonders hoch im Kurs.
Beim Spielen lernen Kinder die Welt kennen: andere Menschen, sich selbst, die Dinge des Lebens. Spielen und die Sinne dabei erproben, das heißt, die Welt entdecken, erforschen, erobern und mit jedem Spiel ein Stückchen weiter in der eigenen Entwicklung und näher ans Ziel ihrer Wünsche zu kommen. Jedes Spiel heißt intensives Lernen: neue Perspektiven

INFO | EIN NETZWERK FÜR DIE ZUKUNFT

Jede sinnliche Erfahrung, die ein Baby oder Kleinkind sammelt, trägt dazu bei, dass sich die Milliarden Nervenzellen seines Gehirns zu einem Netz verknüpfen (siehe auch ab Seite 18). Gerade in den ersten zwei Lebensjahren werden unendlich viele Nervenstränge miteinander verdrahtet – bei einem Säugling können in einer Sekunde bis zu zwei Millionen neue Verknüpfungen entstehen. Wie ein trockener Schwamm saugt das Nervennetz immer neue Reize auf. Je mehr und je intensivere sinnliche Reize ein kleines Kind aufnimmt, desto feinmaschiger das Netz seiner Nervenzellen und desto zahlreicher und stabiler die Knotenpunkte (Synapsen) zwischen den Nerven. Fazit: Mit jedem neuen Eindruck, den ein Kind vom Leben gewinnt, wächst auch das Fassungsvermögen seines Gehirns.

gewinnen. Fähigkeiten erobern. Fertigkeiten entwickeln. Probleme lösen – ganz praktische, aber auch emotionale und soziale. Ihre Sinne nutzen Kinder dabei als Instrumentarium.

So schulen Sie die Wahrnehmung Ihres Kindes

Alle Mütter und Väter kennen das: Plötzlich ein Detail, das an die eigene Kindheit erinnert – lange her und fast vergessen: der Duft von Flieder oder frischem Brot. Ein intensives Rot – wie Großmutters rote Grütze damals. Wer die Gerüche, Farben und Geräusche seiner Kindheit wieder entdeckt, erinnert sich plötzlich: Als Kind hat man die Welt ganz intensiv wahrgenommen. Alles, was die Sinne aufsaugten, war an überraschende Gefühle gekoppelt. Das ganze Leben bestand aus Sinneseindrücken und Sinneserfahrungen. Heißer Sand unter nackten Fußsohlen im Sommer. Pferdewiehern auf der Weide. Raue Seile an der Schaukel. Die meisten dieser sinnlichen Erlebnisse ergaben sich beim Spielen ganz nebenbei.
An diese Erinnerungen können Sie anknüpfen, wenn Sie die Sinne Ihres Kindes fördern möchten: Wo sind die Düfte, die Bilder, die Geräusche, die das Zeug dazu haben, Ihrem Nachwuchs wirklich dauerhaft in Erinnerung zu bleiben?

Futter für die Sinnesschule

Brauchbare Spielzeuge, bestes Lernmaterial für die Schulung der Sinne finden sich im Alltag überall:

- rote Blumen in der Vase auf dem Esstisch, die duften und leuchten,
- knallbunte Knöpfe, die fröhlich in einem Becher klappern,
- blitzende Münzen, die in der Sonne glitzern oder – wenn man sie zum Beispiel in einen Beutel füllt – laut klimpern.

Sinnliche Anregungen aus der Natur

Anregungen für ihre Sinneslust finden Kinder aber vor allem draußen in der Natur.

- Der sonnige Waldboden, übersät mit Fichtennadeln, duftet nach Sommer, die gerade geschlagenen Baumstämme riechen nach frischem Harz, die auf der Hand zerriebenen Minzeblätter nach Pfefferminzbonbons.
- Die zarten Wolken am Himmel gleichen weißen Spitzenschleiern.
- Die aufziehenden Gewitterwolken gleichen einem Gebirge.
- Selbst gepflückte Erdbeeren schmecken lecker, die Grashalme nach gar nichts.
- Die kühlen Kieselsteine aus dem Bach fühlen sich an wie spiegelblanke Fische, die Kastanien in der Hand wie geschliffene Kostbarkeiten.
- Das Vogelgezwitscher in der Baumkrone klingt nach Frühling, der rauschende Regen wie ein Wasserfall.

Fragen & Antworten

1 *Ich liebe unseren kleinen Sohn von Herzen, aber es fällt mir schwer, mit ihm zu schmusen, meine Liebe durch Zärtlichkeiten auszudrücken. Wie kann ich für Ausgleich sorgen?*

Die zarte Haut eines kleinen Kindes zu spüren, seinen unverwechselbaren Duft wahrzunehmen, sein kleines Herz pochen zu hören und seine Wärme zu genießen – das alles sind nicht nur eindrucksvolle Momente für Eltern und Kind, sondern auch bedeutende. Denn dieser enge Körperkontakt ist wichtig, um eine innige Bindung zu dem kleinen Wesen herzustellen. Für ein Baby ist Hautkontakt und liebevolle Zuwendung lebenswichtig. Nicht nur weil jede Streicheleinheit ein Impuls für die Entwicklung von Nervensystem und Gehirn ist, sondern weil kleine Kinder Liebe und Wärme brauchen, um sich gesund entwickeln zu können. Beim Streicheln werden die Hautsensoren aktiviert. Sie schalten die Empfindungen zum Gehirn durch. Je angenehmer diese Gefühle sind, desto besser prägen sie sich im Gehirn ein. Sie sind gut gespeichert und kommen in ganz bestimmten Situationen wieder zum Vorschein. Unangenehme Gefühle versucht das Gehirn dagegen auszuknipsen.

Widmen sich Eltern intensiv ihrem Kind, ziehen sie es liebevoll und mit viel Zärtlichkeit groß, dann verschaffen sie ihm einen Fundus guter Erfahrungen, auf den es ein Leben lang bauen kann – einen unermesslichen Reichtum positiver Empfindungen und Gefühle.

Wenn Sie sich schwer mit Zärtlichkeiten tun, fällt es vielleicht dem anderen Elternteil leichter, diesen Part zu übernehmen, oder eine andere vertraute Person (etwa die Oma oder die Patentante) schmust dafür einfach häufiger mit dem Kleinen.

2 *Unsere Tochter matscht mit Hingabe beim Essen, grapscht in den Brei, rührt mit Fingern darin, patscht auch in jede Pfütze. Muss das wirklich sein?*

Erinnern Sie sich an Ihre frühe Kindheit? Wissen Sie noch, wie es war, als Sie mit den Fingern im Kartoffelbrei gerührt haben – heimlich, wenn's keiner sah? Oder den Sandkasten unter Wasser setzten, um die beste Kleckermatsche der Welt zu fabrizieren? Die wenigsten Kinder haben heute Gelegenheit, richtig im Schlamm, im feuchten Sand zu wühlen, denn wo gibt es auf den Spielplätzen, in den gepflegten Gärten noch richtige Matsche? Dabei ist die Panscherei mit glitschiger Sandpampe oder auch mit Brei viel mehr als nur Spaß: Alles zusammen ist wichtig für eine gesunde Entwicklung, denn das Schmieren, Patschen und Rühren bringt alle Sinne auf Hochtouren. Mit beiden Händen in die Pampe greifen, Matsche aufs Haupt träufeln oder sich von oben bis unten mit feuchtem Sand eincremen – bei diesen Spielen entdecken Kinder ihren eigenen Körper (siehe auch ab Seite 48).

Weil Kinder von Natur aus neugierig sind, wollen sie mit den unbekannten glitschigen Elementen experimentieren. Deshalb legen sie sich begeistert in feuchten Sandmodder, untersuchen mit Händen und Füßen das weiche Gras, graben mit bloßen Händen in der Gartenerde ... Sie entdecken und be-greifen die unterschiedlichen Materialien, aus denen die Welt zusammengesetzt ist.

Deshalb sollten Eltern sie gewähren lassen, nicht gleich „eklig" murmeln, die Dreckbremse ziehen und zum Händewaschen blasen, wenn sich ihre kleinen Spatzen eindrecken. Verständlich, dass das Gematsche viele Erwachsene nervt: Ihre Kinder sollen anständig essen

lernen und nicht von oben bis unten voll gekleckert herumlaufen.
Natürlich ist es richtig, dass Sie Ihre kleinen Forscher stoppen, wenn sie eifrig im Großstadtmüll wühlen. Aber sonst sollten Sie Ihren Kindern diese Freiheit lassen. Wer Langmut zeigt, wird bald belohnt: Je älter Ihre Kinder werden, desto überlegter werden sie mit den Materialien umgehen und schließlich auch lernen, dass Lebensmittel keine Spielsachen sind. Und es dauert nicht lange, dann entwickeln sich die Spielplatz-Matscher zu kreativen Baumeistern.

3 Unser Sohn ist ein ganz begeisterter Fernsehzuschauer. Andauernd hockt er vor dieser Kiste. Wie kann ich ihn nur öfter vom Fernsehsessel loseisen?

Kinder wachsen heute anders auf als früher, oft ziemlich isoliert. Das hat auch damit zu tun, dass inzwischen ein Kind pro Familie normal ist – die wenigsten haben mehrere Geschwister. Vorbei sind die Zeiten, da ein Pulk Kinder ganz selbstverständlich im Park Buden baute oder auf der Straße Fußball spielte.
Mütter und Väter müssen sich umorientieren. Und sie müssen überlegen, wie sie ihr Kind auf Trab bringen können, um ihm „echte" Abenteuer zu ermöglichen: die sinnlichen Erfahrungen, die es in seiner Entwicklung voranbringen. Das heißt zum Beispiel: im Wald spielen mit Hüttenbau und Versteckspielen.
All diese Spiele sind wesentlich für die gesamte Entwicklung Ihres Kindes: Verbringt ein Kind seine Tage vor Fernseher oder Computer, verkümmert seine sinnliche Kompetenz. Die Fähigkeit, mit allen Sinnen wahrzunehmen, geht in diesem Fall ab dem vierten Lebensjahr langsam zurück. Damit das nicht geschieht, braucht ein Vorschulkind Angebote, die seine Sinne fördern und fit halten.
Jedes gute Spiel, das die Sinne weckt (zahlreiche Anregungen ab Seite 40), ist also bei weitem mehr wert als die spannendste Sendung im Fernsehen. Wirklich „sinn-volles" Spielen ist einfach unschlagbar.

4 Wir planen unsere nächsten Sommerferien. Wohin sollten wir am besten fahren, damit unser Kind von den Ferientagen auch wirklich viel hat?

Kleine Kinder brauchen keine Fernreisen. Für sie liegt das Urlaubsglück da, wo es nicht zu heiß und nicht zu stressig ist, wo sie sich ausleben können: am Meer, am See, in waldiger Hügellandschaft. Oder im Park gleich um die Ecke – und im Garten.
Kinder mögen die Natur und den Sommer. Licht und Wärme sind Zaubermittel, bringen auch ihre Sinne und ihren Körper in Schwung. Sie wachsen. Sie erholen sich. Ihre Entwicklung wird im Sommer angekurbelt. Das wirkt sich auch positiv auf ihre Stimmung aus. Im Sommer stürmen die Kleinen voller Lebensfreude los. Ab in den Garten. Ab Richtung Meer. Ab in den Wald: Mal schauen, was sich da bietet. Was sie in der Natur erleben, gefällt ihnen – egal ob am Meer, in den Bergen oder zu Hause im nächsten Wald. Die Natur ist ihr Lebenselixier. Hier tanken sie auf. Hier fühlen sie sich zu Hause, rundum wohl – egal ob das Meer rauscht, salzig schmeckt und in der Sonne glitzert oder die Berge im Abendlicht glühen. Gleich, ob der Sand am Strand knirscht oder der Waldboden würzig und erdig nach Moos und Pilzen duftet. Eltern sollten in den Ferien die Chance nutzen, ihrem Kind so viel unverfälschte Natur wie möglich zu bieten.

Spielend die Sinne schulen

Viele Kinder sitzen heute lieber vor dem Fernseher oder dem Computer, als im Garten nach Regenwürmern zu buddeln. So vertun sie die Chance, ihre Sinnlichkeit zu entwickeln.
Eltern können gegensteuern, indem sie sich an ihre eigene Kindheit erinnern und daran anknüpfen: Sinnliche Erlebnisse, die Sie nicht vergessen haben, könnten auch für Ihre Kinder unvergesslich werden. Also los: Barfuß über die Wiese laufen, schillernden Seifenblasen hinterherträumen, an frischem Estragon riechen ... bieten Sie Ihren Kindern sinnliche Spiele an – etwa die auf den folgenden Seiten.

Hören: Was gute Ohren mitbekommen

Die Fähigkeit zu hören, etwas zu erlauschen, Klänge, Töne und Geräusche unterscheiden zu können, bleibt ein Leben lang wichtig und ist auch eine wesentliche Grundlage, um das Sprechen zu lernen (siehe ab Seite 157).

Glockenklang und Trommelwirbel

■ *ab 1 Jahr*
Material: Glöckchen, Kochtopf, Kochlöffel und Tuch

Hinter dem Rücken des Kindes bimmeln Sie mit einem Glöckchen oder trommeln auf einem Topf – erst leise, dann laut. Dreht es sich nach den Geräuschen um?
Für Ältere:
Sie verbinden dem Kind die Augen, erzeugen verschiedene Geräusche, während Sie erst rechts dann links hinter ihm stehen. Wechseln Sie häufiger die Position. Erkennt es, aus welcher Richtung die Töne kommen? Lassen Sie es mit dem Finger hindeuten. Später die Rollen tauschen.

Regentropfenmusik

■ *ab 1 Jahr*
Ein Regenspiel für drinnen

Sie lauschen gemeinsam mit Ihrem Kind: Welche Geräusche macht der Regen, wenn er gegen die Fensterscheibe klatscht? Aufs Dach pladdert? Oder einfach nur in Strömen vom Himmel rauscht? Erzählen Sie Ihrem Kind, was Sie hören.

Blätterrascheln

■ *ab 2 Jahre*
Ein Herbstspiel für draußen

Alle, die mitmachen, stapfen extra gut hörbar raschelnd durch Berge von Laub. Wer macht die lautesten Geräusche? Wie hoch kann man die Blätter mit dem Fuß, mit den Armen wirbeln?

Frühstücksgeräusche

■ *ab 3 Jahre*

➤ Beim Frühstück ist für einen Moment Stille. Alle lauschen: Welche Geräusche dringen von draußen herein? Autolärm? Vogelgezwitscher?
➤ Danach wird weiter gefrühstückt, noch immer spricht keiner ein Wort. Was ist jetzt zu hören? Das Klappern der Löffel? Das Gurgeln der Kaffeemaschine? Wer fabriziert noch mehr, vielleicht ganz neue Frühstücksgeräusche?

Stille überall?

■ *ab 4 Jahre*
Ein Sommerspiel für draußen

Alle Mitspieler legen sich ins Gras, schließen die Augen eine Weile, sind ganz still und völlig darauf konzentriert, was jetzt plötzlich alles zu hören ist. Die meisten Kinder staunen, wie viel sie dabei wahrnehmen: den Gesang der Vögel, die eigenen Atemgeräusche, Fahrzeuglärm ...

Geräusche raten

■ *ab 4 Jahre*
Material: Kassettenrekorder mit Mikrofon und leerer Kassette

➤ Vorbereitung: Mit dem Rekorder nehmen Sie Geräusche im Haus oder in der Umgebung auf: Wasserhahntropfen, Haustürklingel, Waschmaschine ...
➤ Später spielen Sie die Geräusche vor: Wer erkennt, was da gerade zu hören ist?
➤ Wem fallen neue Geräusche ein, die man aufnehmen und vorspielen kann?

Horch, wer kommt denn da?

■ *ab 4 Jahre*
Material: ein Stofftier, Tuch

➤ Mit verbundenen Augen hockt ein Kind mitten im Zimmer, den Teddy auf dem Schoß, ganz auf die Umwelt konzentriert.

TIPP | SPIELEKLASSIKER

➤ **Stille Post (ab 4 Jahre)**
Auch dieses altbekannte Spiel trainiert das genaue Hinhören. Je mehr Kinder mitspielen, umso spannender wird es.
Alle sitzen im Kreis. Dann flüstert reihum einer dem anderen ein Wort ins Ohr, jeder muss gut zuhören und dem Nachbarn das Wort so weiter ins Ohr flüstern, wie er es verstanden hat. Zum Schluss lachen alle über das Wort, das der letzte in der Runde laut sagt.

➤ Ein Mitspieler – Sie oder ein anderes Kind – schleicht sich leise wie eine Katze an und versucht, den Teddy zu klauen. Der Aufpasser muss in alle Richtungen horchen, um jedes kleine Geräusch mitzubekommen.
➤ Gelingt es, den Teddy zu mopsen, werden die Rollen getauscht.

Hörspiel

■ *ab 5 Jahre*
Material: Handbrause im Bad, Eimer und Lappen, Flasche mit etwas Wasser

Der eine macht Geräusche, der andere sagt, woran diese ihn erinnern.
➤ Aus der Handbrause Wasser in die Badewanne prasseln lassen (Regen).
➤ Eimer mit Wasser füllen und Lappen darin hin- und herschwenken (Meer).
➤ Über die Öffnung einer Flasche blasen, mal mit Wasser gefüllt, mal leer (Sirene).

Sehen: Geübte Augen erkennen mehr

Den größten Teil unserer Umwelt nehmen wir über die Augen wahr (siehe Seite 33). Licht, Farben und Formen spielen bei den folgenden Spielen die Hauptrolle.

Auf dem Aussichtsturm

■ *ab 1 Jahr*

Nichts ist schöner für einen Winzling, als auf Mamas Arm wie auf einem Aussichtsturm zu thronen und durch die Gegend getragen zu werden. Durch den Garten, um alle Blüten und Blätter anzuschauen. Durch die Wohnung: die Bücher im Regal, die Bilder an der Wand und die Sachen im Kleiderschrank betrachten – lauter neue, spannende Dinge, die einem gezeigt und erklärt werden. Und gut aufgehoben fühlt sich ein Baby bei diesem Spiel auch noch.

Zeig mal her!

■ *ab 1 Jahr*
Material: Papier, bunte Stifte

Schon Babys sind neugierig – und wie. Wenn Sie sich neben Ihr Kind an einen Tisch setzen und mit bunten Stiften Linien und Muster, ganze Bilder aufs Papier zeichnen und erklären, schaut es interessiert zu: Was geschieht da?

Versteckspiel mit Toni

■ *ab 2 Jahre*
Ein Spiel für draußen
Material: Papier, Stift, Schere

➤ Zuerst wird Toni gezeichnet und ausgeschnitten. Wer denkt sich die Lebensgeschichte von Toni aus?
➤ Sie legen Toni auf den Rasen und schicken Ihr Kind auf die Suche nach ihm.

In den Himmel träumen

■ *ab 2 Jahre*
Ein Spiel für draußen

Beobachten Sie zusammen mit Kindern den Himmel: Wie sieht er morgens aus, wie mittags, abends? Wie sieht er bei sonnigem Wetter aus, wie bei grauem? Woher kommen die Wolken, wohin wandern sie?
Für Ältere:
Wer kann die Farben des Himmels beschreiben? Mal sind sie blass und sanft, mal klar und kräftig. Ab und zu zeigen sich am Himmel auch intensive Rottöne.

TIPP | ZUM TRÄUMEN

Seifenblasen mögen wohl alle Kinder: Sogar schon Einjährige haben ihre Freude daran. Pusten Sie Seifenblasen in die Luft. Kleine und große. Dicke und dünne. Ihr Kind schaut zu, wie die Blasen durch die Luft tanzen und glitzern, von der Sonne beschienen werden und dann ihre Farben verändern. Ältere Kinder versuchen es dann selbst schon gern und unermüdlich. Welche Seifenblase hält am längsten? Wohin segeln die Blasen wohl?

Blütenträume

■ *ab 2 Jahre*
Ein Spiel für draußen

Sie wandern mit Ihrem Kind durch den Garten oder durch einen Park und betrachten verschiedene Blumenbeete. Welche Blumen sind am schönsten? Welche duften am besten? Welche Farben leuchten besonders toll?

Feuerfarben

■ *ab 3 Jahre*
Material: Kerze, Streichhölzer

Sie zünden eine Kerze an, schauen gemeinsam mit Ihrem Kind eine Weile ins Licht und studieren die Farben des Feuers. Jeder spielt still mit seinen Gedanken. Danach können Sie miteinander über Ihre Gedanken und Ideen sprechen.

Die Sonne einfangen

■ *ab 3 Jahre*
Ein Sonnenspiel
Material: 2 Taschenspiegel

Mit einem Taschenspiegel versuchen die Kinder die Sonne einzufangen und den Sonnenfleck durchs Zimmer zu dirigieren.
Eine Variante:
Ein Mitspieler fängt die Sonne mit einem zweiten Spiegel ein und beginnt eine Verfolgungsjagd. Wer fängt wen?

Silberklumpen

■ *ab 3 Jahre*
Material: verschieden große Kieselsteine, Silberfarbe zum Sprühen

➤ Vorbereitung: Sie sammeln Kieselsteine und besprühen sie mit Silberfarbe.
➤ Sie verstecken die Silberbrocken im Kinderzimmer, in einem Steingarten oder zwischen Baumwurzeln und schicken Kinder auf die Suche danach.
➤ Wer schaut genau hin? Wer sucht geduldig? Sieger ist, wer die meisten Silberklumpen findet.

Schattenspiele

■ *ab 3 Jahre*

Welches Ding wirft welchen Schatten? Und welchen Schatten werfe ich? Wann und wie verändert sich ein Schatten? Eltern und Kind können zusammen immer neue Schattenspiele erfinden: „Fängst du meinen Schatten oder ich deinen?“

TIPP | SPIELEKLASSIKER

➤ **Ich sehe was, was du nicht siehst! (ab 4 Jahre)**
Sie suchen sich einen Gegenstand im Zimmer aus, zum Beispiel ein rotes Buch, das im Regal steht, und sagen laut: „Ich sehe was, was du nicht siehst, und das ist rot!“ Jetzt fragt Ihr Mitspieler nacheinander lauter rote Dinge in Ihrem Gesichtskreis ab. Kommt er auf das rote Buch, werden die Rollen getauscht. Kein Gegenstand darf zweimal genannt werden.

Luftballonschaukel

ab 4 Jahre
Ein Spiel für vier oder mehr Spieler
Material: großes Tischtuch, 10 knallbunte Luftballons, Radio

➤ Vorbereitung: Sie pusten die Luftballons mit einer Luftballonpumpe auf (siehe auch Luftballonspiel Seite 78), breiten eine Tischdecke auf dem Boden aus und legen die Ballons darauf.
➤ Alle fassen jetzt die Decke, nehmen sie vom Boden hoch, werfen die Ballons damit in die Luft und fangen sie mit der Decke wieder auf. Einmal, zweimal, mehrmals – am besten begleitet von Musik aus dem Radio. Gar nicht so einfach, im Takt zu bleiben!
Eine Variante:
Für eine Geburtstagsparty können sich die Spieler in zwei Teams teilen: Welches hält seine Ballons länger am Hüpfen?

Das Schattentheater

ab 4 Jahre
Ein Spiel für abends
Material: Taschenlampe oder andere Lichtquelle

Abends vor dem Einschlafen macht dieses Spiel besonderen Spaß. Sie leuchten mit der Taschenlampe eine Stelle an der Wand an: Wer kann nun mihilfe seiner Hände Schatten an diese Wand zaubern – zum Beispiel den Kopf eines Vogels, der seinen Schnabel weit aufreißt? Einen ängstlichen Hasen – oder eine winzig kleine Maus? Die Schatten können mal klein, mal groß sein – wie kommt das? Vielleicht fällt Ihnen zusammen mit Ihrem Kind ein richtiges kleines „Theaterstück“ mit diesen Schattenfiguren ein.

Riechen und Schmecken – ein sinnlicher Genuss

Gerüche wahrnehmen und Aromen schmecken – das ist interessant und aufregend. Hier kommen Spiele für kleine Supernasen und junge Feinschmecker.

Warm wie eine Daunendecke

■ *ab 1 Jahr*

Sie legen Ihrem Kind kurz vorm Einschlafen Ihre Hand wie eine warme, weiche, beschützende Decke auf das Gesicht. Es schnuppert, nimmt den vertrauten Duft in sich auf.

Heuspiele

■ *ab 2 Jahre*
Ein Frühlings- und Sommerspiel für draußen

Ein wahres Sinnen-Erlebnis: in frisch gemähtem Heu spielen. Ein Heubett bauen und es sich darin bequem machen. Mit Heu werfen. Sich darin wälzen. Das Heu mit beiden Händen aufgabeln, durch die Finger rieseln lassen, den Duft einatmen ...

Im Gewürzladen

■ *ab 4 Jahre*
Material: Eierbecher, Gewürze, Tuch

➤ Sie füllen Eierbecher mit verschiedenen Gewürzen, etwa Rosmarin, Zimt, Curry.
➤ Dem Kind die Augen verbinden, an den Bechern schnuppern lassen – an einem davon zweimal. Erkennt es, an welchem Becher es zweimal geschnuppert hat?

Schmeckt's gut?

■ *ab 4 Jahre*
Material: Salzstange, Essiggurke, Lolli, Tuch

➤ Sie verbinden Ihrem Kind die Augen und stecken ihm eine Salzstange, den Lolli oder die Gewürzgurke in den Mund.

INFO | GUTE LAUNE

Der Geruchssinn wird oft unterschätzt. Dabei ist er sehr wichtig: Das Sehen und Hören – die Entfernungssinne – verschaffen uns wichtige Umweltinformationen. Der Geruchssinn hat dagegen eher Einfluss auf unser Unterbewusstsein, unsere Erinnerungen und Stimmungen.

➤ Ihr Kind versucht „blind" herauszufinden, was es da gerade schmeckt. Nicht einfach, mit verbundenen Augen: Was schmeckt süß, sauer, salzig ...
➤ Für kleine Kinder ist es ein Riesenerfolg, wenn sie mit einem Wort ausdrücken können, was wie schmeckt. Der Lolli ist süß, die Gurke schmeckt ganz sauer. Und die Salzstange salzig.

Zwiebel, die nach Birne schmeckt?

ab 4 Jahre
Material: Zwiebel, Birne, Tuch

Wie leicht sich der Geschmackssinn durch bestimmte Gerüche irritieren lässt, erkennt man bei diesem Spiel:
➤ Sie verbinden Ihrem Kind die Augen.
➤ Lassen Sie es nun an einem Stück Zwiebel schnuppern – und geben Sie ihm ein Stück Birne zu essen. Oder umgekehrt. Es wird kaum erraten, was es isst. Übrigens: Mit geschlossenen Augen ist der Geschmackssinn stark gefordert, da die Augen keine Zusatzinfos ans Gehirn liefern.

Süß und saftig: Obst in kleinen Stücken

ab 4 Jahre
Material: Messer, Schüssel, Schneidebrett, verschiedene Obstsorten

➤ Sie schnippeln zusammen mit Ihrem Kind Äpfel, Birnen oder anderes Obst in kleine Stücke.
➤ Lassen Sie Ihr Kind mit geschlossenen Augen an verschiedenen Obststücken schnuppern: „Was halte ich dir gerade vor die Nase?" Oder bitten Sie Ihr Kind, ohne hinzuschauen ein Stück Birne, Apfel oder eine Weintraubenhälfte zu probieren, die Sie ihm hinhalten: „Was isst du jetzt?"
➤ Zum Schluss genießen alle gemeinsam das geschnittene Obst.

TIPP | SCHMECKEN LERNEN

In manchen Schulen gibt es inzwischen „Geschmacksunterricht". Sinn der Sache: Man will an die europäische Esskultur erinnern, entsprechende Traditionen pflegen und auf gesunde Ernährung achten. Der Wunsch nach guter und gesunder Ernährung lässt sich auch über Gaumen und Zunge wecken, denn ein Kind kann das Schmecken und Genießen lernen. Das Programm für zu Hause: Schulen Sie den Geschmackssinn Ihres Kindes, kaufen Sie gemeinsam ein, und kochen Sie zusammen.

Blumendüfte

ab 5 Jahre
Material: ein Strauß duftender Blumen

➤ Jedes Kind zieht mit geschlossenen Augen eine Blume aus dem Strauß, riecht daran, tastet die Blume vorsichtig ab und gibt sie Ihnen zurück.
➤ Sie stecken alle Blumen wieder in den Strauß. Alle dürfen ihre Augen öffnen.
➤ Und – wer erkennt seine ertastete und erschnüffelte Blume jetzt wieder?

Fühlen – und sich an das Leben herantasten

Freude, Angst, zärtliche Zuneigung – Berührungen lösen die verschiedensten Gefühle aus. Helfen Sie Ihrem Kind mit den folgenden Ideen, spielerisch neue Eindrücke über die Haut wahrzunehmen.

Pustewind

■ *ab 1 Jahr*

Sie pusten Ihrem Kind in den Nacken. Durch die Haare. Auf den nackten Bauch. Wie fühlt sich das an? Ihr Baby wird es Ihnen durch sein Jauchzen, Lachen und durch seine Bewegungen zeigen.

Mein Freund, der Baum

■ *ab 1 Jahr*
Ein Spiel für draußen
Material: Tuch

Gehen Sie mit Ihrem Kind auf dem Arm durch Garten oder Park, streicheln Sie verschiedene Bäume. Wie fühlt sich die Rinde an – rau oder glatt, kühl oder warm?
Für Ältere:
Jeder sucht sich in der Nähe einen Lieblingsbaum aus. Später führen Sie die Spieler nacheinander – jeweils mit verbundenen Augen – von einem Baum zum anderen. Alle Bäume werden abgetastet: Wer erkennt seinen Lieblingsbaum wieder?

Kitzeliges Streicheln

■ *ab 1 Jahr*
Material: Grashalme, Pinsel oder Feder

Kitzeln Sie Ihr Kind mit einem Grashalm im Nacken, unter den Fußsohlen, am Kinn. Kleine Kinder mögen Kitzelspiele, wenn die Balance zwischen angenehmen Gefühlen und „zu viel" im Lot ist.
Für Ältere:
Kitzeln Sie Ihr Kind unbemerkt mit einem langen Grashalm. Erkennt es, womit es gekitzelt wird? Ihr Kind kann sich auch nur spärlich bekleidet mit geschlossenen Augen hinlegen. Sie kitzeln es mit einem feinen Pinsel am Hals, auf der Stirn, am Oberarm. Es versucht, die „Fliege" zu verscheuchen. Wo steckt sie gerade? Das ist nicht ganz einfach zu erspüren!

Seifenblasenzauber

■ *ab 1 Jahr*
Material: Seifenblasen in der Dose

Pusten Sie einige Seifenblasen für Ihr Kind. Es wird fasziniert die feinen Gebilde beobachten. Sie schillern, sind ganz zart und platzen, wenn man sie berührt.
Für Ältere:
Wem gelingt es, eine Seifenblase einen winzigen Moment auf der Hand zu balancieren, bevor sie platzt?

Der Federwisch

■ *ab 1 Jahr*
Material: eine Vogelfeder

Sie streichen Ihrem Kind mit einer Feder über die Stirn, die Nase, den Hals ... Oder Sie kitzeln seine Fußsohle mit der Feder, oder die Innenfläche seiner Hand. Dann werden die Rollen getauscht: Jetzt werden Sie gekitzelt.

Cremiges Vergnügen

■ *ab 1 Jahr*
Material: Babycreme, Frotteehandtuch

Natürlich macht es Freude, eingecremt zu werden. Noch mehr Spaß macht es kleinen Kindern aber, splitternackt auf einem großen Frotteehandtuch zu hocken, in einen vollen Cremetopf zu langen und die weiße Paste hingebungsvoll von Kopf bis Fuß auf dem ganzen Körper zu verteilen – am besten richtig dick. Das finden viele Kinder ganz fabelhaft.

Wasserkitzel

■ *ab 1 Jahr*
Material: Wäschesprenger oder Plastikflasche mit lauwarmem Wasser

Besprühen Sie die nackten Füße Ihres Kindes mit warmem Wasser aus dem Wäschesprenger. Oder Sie geben dem Kind eine Plastikflasche mit Wasser zum Spielen. Es wird experimentieren – und tropft oder spritzt Wasser auf seinen Babybauch.

Barfuß im Morgentau

■ *ab 2 Jahre*
Ein Sommerspiel für draußen
Material: Tuch

Vergnüglich und entspannend wie eine Massage: an einem Sommermorgen ganz

TIPP | WASSERFREUDEN

Splitternackt im Sommerregen tanzen, den Regen auf der Haut spüren, Tropfen mit der Zunge auffangen ... ein Lieblingsspiel aller Kinder. Sie lieben es, im Sommer im Planschbecken zu stehen, mit Wasser zu spritzen oder durch den Wasserstrahl vom Rasensprenger zu laufen. Bei Wasserspielen werden tausende Wärme- und Kältesensoren in der Haut aktiviert. Die Sinne melden: Es ist frisch. Es streichelt die Haut. Es macht munter – Wasser ist ein faszinierendes Element.

früh barfuß über eine taunasse Wiese stapfen, das Gras unter den Füßen spüren.
Für Ältere:
Die Kinder wandern mit nackten Füßen und verbundenen Augen über verschiedene Untergründe: Sand, Asphalt, Moos, Kieselsteine oder ein Stoppelfeld. Wer erkennt, worauf er läuft? Es macht auch Spaß, durch hohes Gras zu gehen, die Halme an den nackten Beinen zu spüren und den Duft von Gras zu schnuppern.

Matschepatsche

■ *ab 2 Jahre*
Ein Sommerspiel für draußen
Material: Plastikfolie, Fingerfarben, Zeitungspapier

Sie und Ihr Kind patschen mit den flachen Händen und viel Schwung in Pfützen oder im feuchten Sand oder in flaches Meerwasser. Besonders viel Spaß macht das Spiel am Strand. Im Sand kann man Zeichen setzen: Hand- und Fingerabdrücke. Man kann Löcher bohren. Der nasse Sand gibt nach, quillt zwischen den Fingern, die Abdrücke verschwinden wieder, sobald man die Hand wegnimmt. Diese Spiele sind auch ein Stück Selbsterfahrung.
Eine Variante:
Alle Mitspieler nehmen Anlauf und hüpfen dann mit nackten Füßen und sehr viel Schwung in die Matsche – spüren den feuchten Sand unter den Füßen. Beobachten, wie er zwischen den Zehen hindurchquillt – lauter kleine Glücksmomente, von denen ein Kind noch lange zehrt. Der Umgang mit Sand und Matsch schult Körper und Verstand.

Warmer Rieselsand

■ *ab 2 Jahre*
Ein Frühlings- oder Sommerspiel mit Sand
Material: 2 Trichter oder Siebe

Zu zweit feinen Sand um die Wette durch einen Trichter oder durch ein Sieb rieseln lassen. Wer schüttet so in kürzester Zeit den höchsten Berg auf? Oder macht es mehr Spaß, gemeinsam einen Hügel entstehen zu lassen?
Eine Variante:
Alle Mitspieler sitzen zusammen im Sand, baggern mit beiden Händen gleichzeitig warmen, feinen Sand hoch und lassen ihn dann durch die Finger wieder nach unten rieseln: einmal, zweimal, immer wieder. Der Sand kribbelt und kitzelt, wenn er über die Haut rieselt. Ist er manchmal noch ein bisschen feucht? Fühlt er sich warm an oder kühl?

Ich tanze im Wind!

■ *ab 2 Jahre*
Ein Spiel für draußen

Eine faszinierende sinnliche Erfahrung: Mit dem Wind kann man wunderbar spie-

TIPP | SPASS AM STRAND

Einer wird von anderen für kurze Zeit im Sand eingebuddelt. Ein komisches Gefühl: Wo endet der Körper, wo beginnt der Sand? Und das Beste zum Schluss: aufspringen und den Sand abschütteln.

len. Mit ihm tanzen. Sich rücklings gegen den Wind stemmen. Oder mit einem aufgespannten Regenschirm gegen den Wind ankämpfen.

Sandpapier und Samtläppchen

■ *ab 2 Jahre*
Material: lauter Dinge mit rauer, glatter – mit besonderer Oberfläche, Tuch

➤ Sie legen verschiedene Dinge in einen Korb: glatte, raue, dicke, dünne, weiche, harte, flache, hohe ... zum Beispiel ein Stück Samtstoff, einige Tannenzapfen, ein Stück Sandpapier, mehrere Schneckenhäuser, eine Muschel und ein Stück Holz.
➤ Die Mitspieler greifen nacheinander in den Korb. Wie fühlt sich das Sandpapier an, wie im Vergleich dazu der Samt?

Eiswürfel

■ *ab 2 Jahre*
Material: Eiswürfelform, Wasser, etwas Orangensaft und Himbeersirup

➤ Vorbereitung: Zuerst werden Eiswürfel in verschiedenen Farben hergestellt. Dafür das Wasser mit Orangensaft oder Himbeersirup mischen, in die Würfelform füllen und diese ins Eisfach stellen.
➤ Später die Würfel unter heißem Wasser aus dem Behälter lösen und dem Kind zum Spielen geben: Kalt fassen sich die Würfel an und rutschig. Was geschieht, wenn ich sie einfach nur in den Händen halte? Was, wenn ich damit über meine Haut reibe? Daran lecke? Wie sieht es aus, wenn ich sie gegen das Licht halte?

Auf Käfersuche

■ *ab 3 Jahre*
Ein Frühlings-, Sommer-, Herbstspiel für draußen

Im Garten, Park oder Wald nach Käfern, Schnecken oder Regenwürmern suchen. Gefundene Tierchen vorsichtig über den Handrücken krabbeln lassen. Ganz ruhig bleiben und die feinen Krabbelbeine spüren. Ob es gelingt, ganz konzentriert zu bleiben, sich nicht zu bewegen?

Farbe großzügig verteilt

■ *ab 3 Jahre*
Ein Spiel fürs Badezimmer
Material: Fingerfarben

Beim raumgreifenden Malen mit Fingerfarben, auf den Kacheln über der Badewanne oder auf Fensterglas, genießt ein Kind nicht nur das intensive Farbenspiel – mehr Rot? mehr Grün? –, sondern begreift auch die Beschaffenheit der Farbe: „Wenn ich die Farbe dick auftrage, fühlt sie sich anders an, als wenn ich wenig nehme!"

TIPP | VIELSEITIG: KNETE

Aus Knete kann man die wunderbarsten Dinge zaubern! Das Beste daran: Knete wird warm und geschmeidig, wenn man sie lange genug bearbeitet, sie drückt, walzt, zu Klumpen formt, wieder auseinander zieht – weich schmiegt sie sich an die Hände.

Was ist unter der Decke?

■ *ab 3 Jahre*
Material: verschiedene Spielzeuge, Laken oder dünne Decke

➤ Sie lassen einige Spielzeuge unter dem Laken oder der Decke verschwinden: ein Stofftier, ein Auto, eine Holzeisenbahn ...
➤ Ihr kleiner Mitspieler tastet die Dinge durch den Stoff ab. Fühlt er, was unter der Decke versteckt ist?

Auf Spritztour

■ *ab 3 Jahre*
Ein Spiel im Wasser

Das geht im Planschbecken oder im Bach: Ist das Wasser warm oder kalt? Wie fühlt es sich an? Und in der Badewanne – mit oder ohne Schaum? Kitzelt der Schaum auf der Nase? Wie fühlt es sich an, wenn man ihn auf der Haut zerreibt?

Gesichtsmassage

■ *ab 3 Jahre*
Ein Spiel für drei oder mehr Mitspieler
Material: Tuch

Der Jüngste beginnt – ihm werden die Augen verbunden. Er darf die Gesichter seiner Mitspieler abtasten und raten: „Wer ist das – Mama oder Papa?“ Und wie fühlt sich das eigene Gesicht an? Nun werden die Rollen getauscht.

EMPFINDSAM UND OFFEN BLEIBEN:

Spiele	Alter ab	Entwicklung der Sinne	Motorische Fähigkeiten	Kreativität	Denken
Auf dem Aussichtsturm	1	•••	•		••
Cremiges Vergnügen	1	•••	••		
Der Federwisch	1	•••	•	•	
Glocke und Trommel	1	•••			
Kitzeliges Streicheln	1	•••	•	•	
Mein Freund, der Baum	1	•••	•	•	
Pustewind	1	•••	•		
Regentropfenmusik	1	•••			
Seifenblasenzauber	1	•••	••	••	
Warme Daunendecke	1	•••			
Wasserkitzel	1	•••	•		
Zeig mal her!	1	•••	•		••
Barfuß im Morgentau	2	•••	••		•
Blätterrascheln	2	•••	••		

Auf dem Kopf herumgetanzt

■ *ab 5 Jahre*

Sie krabbeln Ihrem Kind mit den Fingern durch die Haare. Mit wie vielen Fingern gehen Sie auf seinem Kopf spazieren: mit dreien, allen fünfen? Wer kann es spüren?

Wandersteine

■ *ab 5 Jahre*
Ein Spiel für vier oder mehr Mitspieler
Material: eine Hand voll kleine Kieselsteine (pro Spieler 3 bis 5 Kiesel)

➤ Jeder sucht sich einen Kieselstein aus, merkt ihn sich. Alle Steine zurücklegen.
➤ Alle stehen im Kreis, das Gesicht zur Mitte, Arme und Hände auf dem Rücken.
➤ Die Steine werden ausgeteilt: Jeder bekommt einen hinter dem Rücken in die Hände gelegt, ohne ihn sehen zu dürfen.
➤ Nun werden die Steine hinter den Rücken weitergereicht, werden genau abgetastet: Wer erkennt seinen Stein wieder?

Was ist auf dem Rücken los?

■ *ab 5 Jahre*
Material: Fingerfarben

Sie zeichnen Ihrem Kind mit dem Zeigefinger ein Bild auf den Rücken, vielleicht die Umrisse eines Hauses. Errät es, was Sie gemalt haben? Erkennt es auch schon Ziffern, die Sie auf seinen Rücken schreiben?

Wem gehören die Hände?

■ *ab 5 Jahre*
Ein Spiel für drei oder mehr Mitspieler
Material: Tuch

Je mehr mitspielen, desto besser. Einem Kind werden die Augen verbunden, dann darf es die Hände der anderen abtasten und raten, welche Hand zu wem gehört.

ALLE SPIELE FÜR DIE SINNE AUF EINEN BLICK

Konzentration	Sprachliche Fähigkeiten	Musikalische Fähigkeiten	Selbst-erkenntnis	Soziales Verhalten	Seite	Spiele
●●	●●		●●●		43	Auf dem Aussichtsturm
			●●●		49	Cremiges Vergnügen
●			●●●		49	Der Federwisch
●●●		●●	●	●	41	Glocke und Trommel
●●			●●●		48	Kitzeliges Streicheln
●			●●	●●	48	Mein Freund, der Baum
●●			●●●		48	Pustewind
●●		●	●●		41	Regentropfenmusik
	●●		●		49	Seifenblasenzauber
●			●●	●●	46	Warme Daunendecke
●			●●●		49	Wasserkitzel
●●●	●●			●●	43	Zeig mal her!
●			●●●		49	Barfuß im Morgentau
●●		●	●	●	41	Blätterrascheln

EMPFINDSAM UND OFFEN BLEIBEN:

Spiele	Alter ab	Entwicklung der Sinne	Motorische Fähigkeiten	Kreativität	Denken
Blütenträume	2	●●●	●		
Eiswürfel	2	●●●	●●		
Heuspiele	2	●●●	●●	●●●	
Ich tanze im Wind!	2	●●●	●●		
In den Himmel träumen	2	●●●		●●	●●
Matschepatsche	2	●●●	●●	●●●	●
Sandpapier und Samt	2	●●●	●●		
Versteckspiel mit Toni	2	●●●	●●	●●●	
Warmer Rieselsand	2	●●●	●●●	●●●	
Auf Käfersuche	3	●●●			
Auf Spritztour	3	●●●	●●		●
Die Sonne einfangen	3	●●●	●●	●	
Farbe großzügig verteilt	3	●●●		●●●	
Feuerfarben	3	●●●		●●●	●●
Frühstücksgeräusche	3	●●●		●●	●
Gesichtsmassage	3	●●●	●		
Schattenspiele	3	●●●	●	●●●	●●●
Silberklumpen	3	●●●	●●		
Was ist unter der Decke?	3	●●●			●●
Das Schattentheater	4	●●●	●●	●●	
Geräusche raten	4	●●●	●	●●●	●
Horch, wer kommt da?	4	●●●	●●		
Luftballonschaukel	4	●●●	●●●		
Ich sehe was	4	●●●		●	●
Im Gewürzladen	4	●●●			
Schmeckt's gut?	4	●●●			
Stille Post	4	●●●			
Stille überall?	4	●●●			
Süß und saftig: Obst in kleinen Stücken	4	●●●			
Zwiebel, die nach Birne schmeckt?	4	●●●			
Auf dem Kopf herumgetanzt	5	●●●			
Hörspiel	5	●●●		●●	
Blumendüfte	5	●●●			
Wandersteine	5	●●●	●		●
Was ist auf dem Rücken los?	5	●●●	●	●●	●
Wem gehören die Hände?	5	●●●	●		●

Das angegebene Spiel fördert die Fähigkeiten in diesem Bereich …
●●● hervorragend ●● gut ● ein wenig (neben anderen Fähigkeiten)

ALLE SPIELE FÜR DIE SINNE AUF EINEN BLICK

Konzentration	Sprachliche Fähigkeiten	Musikalische Fähigkeiten	Selbst-erkenntnis	Soziales Verhalten	Seite	Spiele
●●	●●			●●	44	Blütenträume
●			●●		51	Eiswürfel
			●		46	Heuspiele
			●●●		50	Ich tanze im Wind!
●●	●●			●●	43	In den Himmel träumen
●			●●●	●●	50	Matschepatsche
●●●			●		51	Sandpapier und Samt
●●	●●			●●	43	Versteckspiel mit Toni
	●●●		●●●	●	50	Warmer Rieselsand
●●			●●●		51	Auf Käfersuche
			●	●●	52	Auf Spritztour
●●				●●	44	Die Sonne einfangen
			●●		51	Farbe großzügig verteilt
●●			●	●	44	Feuerfarben
●●		●		●	41	Frühstücksgeräusche
●●			●	●●	52	Gesichtsmassage
●●			●●	●	44	Schattenspiele
●●●			●	●	44	Silberklumpen
●●				●	52	Was ist unter der Decke?
					45	Das Schattentheater
●●		●	●	●●	42	Geräusche raten
●●●			●●	●	42	Horch, wer kommt da?
●●		●●		●●●	45	Luftballonschaukel
●●●	●●			●●	45	Ich sehe was
●●				●	46	Im Gewürzladen
●●	●●			●●	46	Schmeckt's gut?
●●	●●		●	●●	42	Stille Post
●●●		●	●	●	41	Stille überall?
●●					47	Süß und saftig: Obst in kleinen Stücken
●●			●		47	Zwiebel, die nach Birne schmeckt?
●●					53	Auf dem Kopf herumgetanzt
●		●●●			42	Hörspiel
●●				●●	47	Blumendüfte
●●●			●	●	53	Wandersteine
●●			●●	●	53	Was ist auf dem Rücken los?
●●●			●	●●	53	Wem gehören die Hände?

Immer dranbleiben:
Bewegung hält gesund

Bewegung macht Spaß! Wenn Ihre Kinder jedoch am liebsten ganz bequem mit hochgelegten Beinen vor dem Fernseher sitzen, ziehen Sie trotzdem gemeinsam mit ihnen los! Laufen Sie mit ihnen um die Wette, bringen Sie sie auf Trab, und fördern Sie damit die Bewegungslust Ihrer Kinder – ihrer Gesundheit, ihrer ganzen Entwicklung zuliebe.

Wie Kinder in Bewegung bleiben

Der Mensch hat 650 Muskeln, die in Bewegung gehalten werden wollen. Die Lust dazu ist angeboren. Trotzdem hält sich die Bewegungsfreude vieler Kinder heute in Grenzen. Sie können oder wollen sich nicht austoben. Wie können Eltern gegensteuern, ihre kleinen Stubenhocker auf Trab bringen? Zu Hüpf- und Laufspielen anregen, die den Kreislauf stärken? Zu Ballspielen motivieren, die ihre Geschicklichkeit fördern? In Bewegung bringen– immer auch mit dem Ziel, die gesamte kindliche Entwicklung anzukurbeln und gesundheitlichen Schäden vorzubeugen? Oft helfen schon einige einfache Kniffe.

Motorische Förderung - warum sie wichtig ist

Lange Zeit zählte der Körper in unserer Gesellschaft nicht viel: Er hatte zu arbeiten, zu funktionieren, gesund zu bleiben – wichtiger war der Geist. Inzwischen sind wir klüger geworden und wissen, dass Bewegung nicht nur für die körperliche Gesundheit entscheidend ist, sondern auch für unsere geistige Leistungsfähigkeit. Seitdem wir Körper und Psyche als Ganzes begriffen haben, tun wir einiges für uns: So wie wir unseren Geist „trainieren", bringen wir in Kursen und im Fitnesscenter auch unseren Körper in Form. Viele junge Erwachsene machen dabei freudig oder wenigstens diszipliniert mit. Zahlreiche Kinder sind jedoch heute in punkto Bewegung desinteressiert. Obwohl gerade sie – mitten in ihrer körperlichen Entwicklung – besonders viel Bewegung bräuchten, um sich gesund zu entfalten. Denn gerade für Kinder ist Bewegung immens wichtig: für ihr Wachstum, die Entwicklung ihrer Sehnen, Muskeln, Knochen, für eine gute Durchblutung und einen gut funktionierenden Kreislauf zum Beispiel. Das Lernen mit allen Sinnen und viel Bewegung fördert außerdem eine dichte Vernetzung der Nervenzellen (siehe ab Seite 18). Und: Bewegtes Lernen regt die Durchblutung des Gehirns an.

Beim Rennen und Rutschen, Hüpfen, Klettern und Kriechen entwickeln Kinder Ausdauer und Konzentration, schulen ihre Geschicklichkeit, üben die Koordinationsfähigkeit und entwickeln Fertigkeiten, die sie selbstbewusst und selbstsicher machen.

INFO | SIND KINDER HEUTE EINFACH NUR ZU FAUL?

Warum lässt die Bewegungsfreude – aller angeborenen kindlichen Bewegungslust zum Trotz – nach oder entfaltet sich gar nicht erst? Dafür gibt es mehrere Gründe:

- **Die Angst der Eltern:** Viele stoppen ihren Nachwuchs dauernd mit einem: „Vorsicht, du tust dir weh!" oder: „Nicht so laut, denk an die Nachbarn!" Nachvollziehbar in Zeiten, da laute, aktive Kinder überall schnell anecken.
- **Spielgewohnheiten der Kinder:** Per Computer Fußball zu spielen scheint oft spannender zu sein als auf einer Wiese selbst hinter einem Ball herzurennen. Fernsehstündchen scheinen attraktiver als Versteckspielen im Hof.
- **Mangel an geeigneten Spielmöglichkeiten drinnen und draußen:** Schul- und Hinterhöfe in den Großstädten sind häufig öde und laden nicht unbedingt zum Spielen ein. Auf den meisten Straßen können Kinder nicht mehr spielen: zu viel Verkehr. Auf den Spielplätzen finden sich oft nur alte, uninteressante Spielgeräte.
- **Kleine oder hellhörige Wohnungen:** Viele Wohnungen bieten heute kaum noch Raum für wilde und entspannende Tobespiele.
- **Der Kindergartenalltag:** Für das Austoben im Turnraum ist in vielen Kindergärten nur eine halbe Stunde pro Woche Zeit. Stillsitzen jedoch wird gelobt und gefördert.

Der Erfolg zum Greifen nah, nur eine winzige Anstrengung braucht es noch – das sind die Herausforderungen, an denen Kinder wachsen.

Erziehung zum Stillstand?

Viele Eltern tragen dazu bei, dass ihre Kinder abschlaffen: Sie kutschieren ihre Ein-, Zweijährigen stets im Buggy herum oder fahren ihre Drei-, Vier-, Fünfjährigen im Auto durch die Gegend, statt sich gemeinsam mit ihnen zu Fuß auf den Weg zum Einkaufen, zum Kindergarten zu machen. Wozu das führt, zeigen beunruhigende Zahlen: 30 Prozent der Schulanfänger sind übergewichtig! 40 Prozent haben Konditionsprobleme, geraten beim Laufen sofort aus der Puste. 50 Prozent leiden unter Haltungsschwächen und -schäden.
Ärzte warnen inzwischen ernsthaft: Unsere Kinder entwickeln sich zu Analphabeten in Sachen Bewegung. Viele wissen nicht mehr, was ein Purzelbaum ist – oder sind unfähig, einen zu machen. Viele Schulanfänger können nicht auf einem Bein stehen oder hüpfen. Viele Fünf-, Sechsjährige sind unkonzentriert, fahrig und bewegen sich unkoordiniert. Aufgabe der Eltern ist es, bewusst gegenzusteuern.

Die Entwicklung der Motorik: Vom Baby zum Sprinter

Um die Entwicklung der Fein- und Grobmotorik fördern zu können, sollten Mütter und Väter einige wichtige Entwicklungsdaten kennen.
Innerhalb weniger Monate gelingt es einem Baby, sich aus totaler Hilflosigkeit zu einem Wesen zu entwickeln, das seinen Eltern auf und davon läuft – ein Riesenerfolg, Höhepunkt einer mühevollen Entwicklung, Ergebnis langer Übung. Sobald es laufen gelernt hat, will ein Kind seinen

Radius erweitern, um die Welt zu erobern: Was verbirgt sich hinter der Tür? Was hinter der nächsten Ecke? Und wenn es einen Stift halten kann, will es kritzeln, was das Zeug hält, bis es endlich „richtige“ Bilder zu Papier bringt.

Ein kleines Kind lernt, seine Muskeln immer zielgerichteter zu kontrollieren, seine Bewegungen zu koordinieren – all das ist Ergebnis des perfekten Zusammenspiels von Kopf und Fuß, Kopf und Hand, aller an der jeweiligen Bewegung beteiligten Nervenverbindungen. Und ständig übt ein Dreikäsehoch an der Verfeinerung. Ergibt sich für ihn die Frage: „Wie komme ich an den Ball, der auf dem Tisch liegt?“, dann bemüht er sich nach Kräften, dieses Problem seinen momentanen körperlichen Möglichkeiten entsprechend zu lösen: „Mal schauen, ob ich schon auf den Stuhl klettern kann ...“ Oder: „Mal gucken, ob ich auf den Tisch steigen kann ...“ Weil sich nicht alle Kinder im selben Tempo entwickeln, fallen diese Versuche recht unterschiedlich aus – je nach Veranlagung und Übung.

Beim nächsten Problem – diesmal liegt der Ball vielleicht unter einem Bett – versucht das Kind erneut, das angepeilte Ziel entsprechend seinen Möglichkeiten zu erreichen: „Mal ausprobieren, ob ich unter das Bett kriechen kann!“ So werden nach und nach immer neue Bewegungsmuster ausprobiert und trainiert. Die entsprechenden Erfolgserlebnisse – „Endlich komme ich mit der Treppe klar!“ oder „Jetzt klettere ich schnell wie ein Affe übers Klettergerüst auf dem Spielplatz!“ – treiben ein Kind an.

Die meisten Kinder haben dabei Energie ohne Ende, sind die reinen Kraftbolzen. Kaum sitzen sie still, muss wieder eine Herausforderung her: „Was jetzt? Auf dem Hosenboden die Treppe hinabrutschen? Oder Purzelbaum üben?“

Balance und Elan gefragt

Zur Bewegung gehört auch ein Gefühl für Rhythmik – ein Gefühl für den eigenen Körper. Auch dieses Gefühl entwickelt sich besser, wenn ein Kind kein Stillsitzer, sondern viel in Bewegung ist: Wie komme ich durch einen Raum – im Zickzackkurs oder diagonal, strikt geradeaus? Wie komme ich durch eine Menschenmenge, ohne andere anzustoßen? Oder wie komme ich rückwärts von A nach B? Wie bewege ich mich nach Musik, was muss ich tun, um zu tanzen (siehe auch Seite 194)? Natürlich bewegt sich ein Kind ganz spontan – aus dem Bauch heraus, ohne erst lange zu überlegen. Und auch dabei gibt es begabtere und unbegabtere Kinder. Klar ist: Je häufiger ein Kind wie eine Katze durch

TIPP | BEWEGTE KINDHEIT

Jüngere Kinder lassen sich am besten animieren, wenn Mutter oder Vater mitspielen: Im Garten beim Fangen mitrennen. Im Park gemeinsam quer über eine Wiese toben. Oder zu Hause auf einem Seil balancieren, das am Boden liegt. Wenn's zusammen Spaß macht, ziehen Kinder im Vorschulalter in der Regel begeistert mit und lassen sich von der Bewegungsfreude der Großen gern anstecken.

den Raum schleicht, wie ein Bär tänzelt oder sich rückwärts wie ein Hummer bewegt, desto geschickter wird es.

Grobmotorik: Laufen, springen, purzeln ...

Im Laufe der Zeit werden die Bewegungen schneller und genauer – wie schnell, wie genau, das hängt neben der Veranlagung vor allem von der Übung ab und sieht bei jedem Kind ein wenig anders aus.
Einige motorische Fähigkeiten stellen sich erstaunlich spät ein: Erst zwischen zwei und fünf Jahren kann ein Kind zum Beispiel auf den Zehen stehen und erst mit etwa sechs Jahren auf einem Bein.

Konzentrierte Bastelstunden schulen die Feinmotorik – und die ist ebenso wichtig wie schnelles Laufen und hohes Springen.

Feinmotorik: eine Frage der Geschicklichkeit

Auch in der exakten Koordination differenzierterer Bewegung gibt es deutlich erkennbare Schritte: Ein Kleinkind hält seinen Löffel fest, kann aber noch nicht geschickt damit hantieren. Ein paar Monate später zieht es schon seine Socken an, kann aber seine Bluse noch nicht zuknöpfen – das kommt später. Im Kindergartenalter lernt es, mit Stiften und Schere umzugehen: Aus ungelenken Kritzeleien entstehen jetzt erste Zeichnungen, immer gekonnter. Irgendwann vor Schulbeginn ist das Schuhebinden an der Reihe – bei dem einen Kind früher, beim anderen später – eine Hürde der Feinmotorik. Viele Knirpse müssen lange üben, um sie zu nehmen.

Entwicklung ist individuell

Mit der Zeit zeigen sich zwischen den Kindern in der feinen wie auch der groben Motorik immer deutlichere Unterschiede. Die Grobmotorik ist der Feinmotorik übrigens in der Entwicklung immer ein Schrittchen voraus. Aber eines ist wichtig: Egal ob Ihr Kind ein Springinsfeld oder ein geschickter Bastler ist – es sollte immer in Bewegung bleiben, seine Fähigkeiten permanent trainieren.
Die Koordinationsfähigkeit und Beweglichkeit entwickelt sich während der gesamten Kindheit laufend weiter – je nach Übung gut oder nicht ganz so perfekt. Die einzelnen Funktionen differenzieren und spezifizieren sich bis hin zur Pubertät.

ÜBERBLICK: DIE MOTORISCHE ENTWICKLUNG

Die Tabelle verdeutlicht die durchschnittlichen motorischen Fähigkeiten. Kein Kind gleicht dem anderen – jedes hat sein eigenes Entwicklungstempo. Diese Daten können deshalb nur eine ungefähre Richtlinie sein.

Alter	Was Ihr Kind in diesem Alter schon kann oder jetzt bald lernt
Im zweiten Lebensjahr	
Erste Hälfte	Ihr Kind lernt, Dinge loszulassen. Es greift mit zwei Fingern zu (das ist der so genannte Pinzettengriff). Es lernt, sich in den Stand hochzuziehen. Es robbt und/oder krabbelt sicher. Jetzt wagt es erste Schritt an der Hand. Das Kind kann stehen und laufen – bald auch freihändig. Jetzt wagt es sogar schon erste kleine Kletterversuche. Es wirft mit Bauklötzen.
Zweite Hälfte	Das Kind beginnt, ein paar Schritte rückwärts zu gehen. Es hält einen Stift und kritzelt. Es lernt, die Treppe zu bewältigen (mit Nachstellschritt). Es steigt auf einen Stuhl und richtet sich freihändig auf. Es fädelt große Perlen auf. Ihr Kind hüpft jetzt auf beiden Beinen.
Im dritten Lebensjahr	
Erste Hälfte	Nun muss es sich beim Treppensteigen nicht mehr festhalten. Das Kind kann in die Hocke gehen. Es kickt einen Ball weg, ohne umzukippen.
Zweite Hälfte	Einen Moment lang kann das Kleine nun schon auf einem Bein stehen. Das macht stolz: Jetzt kann es eine Jacke zuknöpfen. Es hüpft kurz auf einem Bein.
Im vierten Lebensjahr	
Erste Hälfte	Platz da, jetzt komme ich: Ihr Kind lernt Dreiradfahren. Es steigt die Treppe hoch wie die Großen.
Zweite Hälfte	Der kleine Sportler kann einen Ball werfen, vielleicht auch schon auffangen. Der junge Bastler versucht, mit der Schere eine gerade Linie zu schneiden. Ihr Kind rennt und hüpft, ohne hinzufallen. Und: Es kann jetzt schon ziemlich schnell rennen. Das Kind kann mit beiden Beinen gleichzeitig in die Luft springen. Jetzt lernt es Rad zu fahren – vielleicht schon ohne Stützräder.
Im fünften und sechsten Lebensjahr	
	Es übt seinen Gleichgewichtssinn mit einem Roller. Das Kind kann länger auf einem Bein hüpfen. Es kann auf einer Linie oder einem Mäuerchen balancieren. Es kann von einem Hocker springen. Das Kind hantiert immer geschickter mit Werkzeugen (Schere, Messer). Es lernt, mit kleinen Spielzeugen umzugehen. Ein Vorschulkind kann auch schon längere Zeit wandern. Es kann Purzelbaum schlagen – und eine „Rolle rückwärts“ machen.

Die motorische Entwicklung im Alltag fördern

Fitness wird heute in vielen Familien groß geschrieben: Der Vater joggt, ist viel mit dem Rennrad unterwegs. Die Mutter geht ins Fitness-Studio. Manches Kind mag oder kann da nicht mithalten. Verständlich, dass die aktiven Eltern ihrem Kind auf die Sprünge helfen wollen und mahnen: „Beweg dich endlich mal!“ Leider bewirken solche Sprüche wenig bei einem kleinen Faulpelz.

Selbstsicher durch Sport

Besser als der erhobene Zeigefinger: Lob und Liebe, denn freundliche und verständnisvolle Zuwendung gibt dem Sprössling ein gutes Gefühl: „Ich bin in Ordnung, so wie ich bin! Meine Eltern respektieren mich mit meinen Schwächen und Stärken!“ Diese Erfahrung macht selbstsicher. Und wirkt sich letztlich positiv auf ihre Motorik aus – sie haben mehr Lust, sich zu bewegen: aus purer Lebensfreude durchs Zimmer zu hüpfen. Einfach aus Spaß einen Superluftsprung zu wagen. Diese Lust steigert sich noch, wenn dank guter Beweglichkeit Erfolgserlebnisse eintreten: „Ich kann wie ein Weltmeister radeln und um die Ecken flitzen!“ Oder: „Fünfmal ums Haus rennen, ohne Pause zu machen – für mich kein Problem!“

Spontanität möglich machen

Natürlich dürfen sie in Aktion sein. In der Turnhalle. Auf dem Schulhof. Im Park … aber bitte nur nach Stundenplan, nicht spontan, wenn ihnen gerade nach Rennen oder großen Sprüngen zumute ist. Es ist für viele Kinder – vor allem in der Stadt – schwierig geworden, einfach dann loszulegen, wenn sie Lust auf Bewegung haben. Und so entfallen leider immer häufiger die Dinge, die Kinder früher gespielt haben – aus Lust und Laune, aus dem Moment heraus: auf Bäume klettern, über Zäune steigen, auf Mauern und Baumstämmen balancieren, ums Haus rennen …
Aber Kinder sammeln wichtige Erfahrungen, wenn sie sich in der Welt bewegen – durch Räume sausen und dabei ihre Dimensionen begreifen oder über Plätze laufen und dabei eine Vorstellung von Entfernung entwickeln.
Ohne solche grundlegenden Lebenserfahrungen fehlt ihnen auch Sicherheit. Und das verstärkt sich rasch: Kommt solch ein unsicherer Kandidat dazu, wenn andere Kinder auf dem Spielplatz toben, fehlt ihm der Mut mitzumachen: „Ich weiß ja nicht so richtig wie!“

Wie Kinder mobil werden

Kinder brauchen Möglichkeiten, ihren Körper zu erproben – dringender als Vereinsprogramme und Kursangebote. Was können Eltern tun?

➤ Ferien auf einem Bauernhof organisieren, wo es jede Menge Möglichkeiten gibt, sich auf ganz selbstverständliche Weise auszutoben: beim Füttern der Hühner und der Kühe, bei der Heuernte, beim Spielen auf dem Heuboden, bei Ausflügen in einen nahen Wald oder beim Picknick auf der Wiese.

Hüpfen wie die Frösche, watscheln wie die Enten oder schleichen wie samtpfotige Kätzchen – zusammen mit Mama oder Papa machen solche Spiele doppelt so viel Spaß.

➤ Am Wochenende oft ins Grüne: in einen Park, wo man auf der Wiese tollen darf. Auf Frühlingswiesen, an Seen, in Herbstwälder oder auf Schneehänge.

➤ Den Kindern in der Wohnung viele Tobemöglichkeiten bieten – ein größeres Problem in Stadtwohnungen, ein kleineres in einem Einfamilienhaus, wo sich vielleicht ein Keller- oder Speicherraum in eine Tobehöhle mit ausgedienten Matratzen und Kissen verwandeln lässt.

Lob und Einfühlungsvermögen

Ganz wichtig: Egal, ob ein Kind gerade laufen oder sprechen lernt, Eltern sind bei all seinen Entwicklungsprozessen nicht nur Statisten, sondern unentbehrliche Akteure, denn sie beeinflussen die Prozesse durch ihre Haltung ganz wesentlich. Die meisten animieren ihr Kind, bestimmte Fähigkeiten zu entwickeln – machen ihm Angebote in den Bereichen, die ihnen selbst liegen oder wichtig erscheinen.
Wer sein Kind fördern möchte, sollte aufgreifen, was seinem Sprössling momentan gerade entspricht, was ihn interessiert. Der ganz normale Alltag gibt genug Spiele und Anregungen her, an die Eltern anknüpfen können: Verstecken im Keller. Fangen quer über den Rasen. Großer Frosch und kleiner Frosch, die zusammen durchs Wohnzimmer hüpfen ... Das Kunststück besteht für Erwachsene immer darin, die Balance zu halten zwischen anregen, mitspielen, begleiten – und Freiheit lassen. Die meisten Eltern finden den Mittelweg intuitiv.

Fragen & Antworten

1 Unsere vierjährige Tochter tobt unermüdlich durch die Wohnung, ist quicklebendig – manchmal wird uns ihr Bewegungsdrang zu viel. Wie können wir sie bändigen?

Seien Sie froh, dass Ihr Kind lebhaft und munter durch die Räume hüpft und rennt, nicht stundenlang passiv vor dem Fernseher hängt. Das ist gut so. Kleine Kinder, die viel in Bewegung sind, die langes Stillsitzen als Last empfinden, haben oft eine ausgeprägte körperliche Begabung. Sie wollen alles anfassen, im wahrsten Sinne des Wortes „be-greifen“, drücken sich eher in Bewegung aus als in Worten: Zappeln, wenn sie aufgeregt sind. Machen Luftsprünge, wenn sie gut drauf sind. Schleichen lahm durch die Gegend, wenn sie sich mies fühlen. Durch Bewegung teilen sie sich anderen mit: Man sieht ihnen an, wenn sie durch einen Raum laufen, wie ihnen zumute ist. Ihre Mimik, ihre Gestik, ihre Körpersprache – alles zusammen sagt viel über sie aus. Andere nehmen diese Signale auf, gehen darauf ein – auf diese Weise entsteht Kontakt.

Eine weitere gute Nachricht für Eltern kleiner Energiebündel: Bewegung macht nicht nur klug, sondern auch gute Laune – wer viel in Aktion ist, temperamentvoll durch die Tage wirbelt, bekommt dabei gute Gefühle und gute Gedanken; das Leben wird zum sinnlichen Vergnügen. Ein aktives, lebhaftes Kind, das sich gern bewegt, erlebt sich selbst und die Welt in aller Vielfalt: Es rennt vom Garten in die Küche, vom Balkon in das Kinderzimmer ... Einfach um nachzuschauen, was sich überall tut. Es kommt viel herum, schaut und begreift. Wer in Bewegung ist, erweitert also nicht nur seine motorischen, sondern auch seine emotionalen, sozialen, kreativen und kognitiven Fähigkeiten. Körperliche Begabung ist ein Teilbereich der Intelligenz, vergleichbar mit sprachlicher oder mathematischer Begabung. Leider wird die körperliche Begabung heute bei vielen Kindern nicht mehr gefördert, sondern eher gebremst, der Grund liegt häufig in unseren modernen Lebensgewohnheiten und -umständen (siehe Seite 60).

Viele Erwachsene reagieren heute generell überempfindlich auf einen ganz normalen Geräuschpegel, verursacht durch Kinder. Deshalb neigen sie dazu, den bewegungsfreudigen Nachwuchs rasch als unruhig, ewig unter Dampf stehend, zappelig und überaktiv abzustempeln und meinen, für mehr Ruhe sorgen zu müssen. Gar nicht so selten werden besonders lebhafte, bewegungsfreudige Kinder heute dem Kinderarzt vorgestellt, vorschnell als hyperaktiv abgestempelt und medikamentös behandelt, damit sie zu Hause, im Kindergarten, in der Schule weniger stören, sich einfach ruhiger verhalten.

Dabei wird vergessen, dass kleine Kinder von Natur aus keine Stillsitzer sind und auch nicht sein sollten. Sie wollen und müssen sich austoben. Und wenn sie über die Stränge schlagen, besonders wild und wüst herumspringen, dann in der Regel, weil sie einfach zu selten fröhlich pfeifend lospreschen können, zu selten die Möglichkeit haben, über Hecken und Zäune zu gehen und sich richtig zu verausgaben: Stadtkinder toben nur noch etwa 15 Minuten am Tag, hat eine Studie ergeben, und damit wesentlich weniger als Landkinder.

Fazit: Die Schulärzte legen Eltern heute nahe, ihren Kindern zu Hause das Toben zu erlauben, sie in ihrem Bewegungsdrang nicht zu bremsen, sondern zu bestätigen, sich an der Lebhaftigkeit ihres Kindes zu erfreuen – zum Beispiel beim Spielen im Wald oder Park.

2 Am liebsten lümmelt unser Sohn auf der Couch. Hört Kassetten an. Sieht fern. Blättert in einem Buch. Draußen spielen? Davon hält er gar nichts. Was kann ich tun, damit er aus den Puschen kommt? Wie seine Freude an Bewegung wecken?

Zuerst einmal sollten Eltern sich selbst den Spiegel vorhalten: Sie sind immer, ob sie wollen oder nicht, ein Vorbild für ihre Kinder. Wenn Sie etwas für Ihren Körper tun, sich bemühen fit zu bleiben, wird ihr Kind wahrscheinlich in ihre Fußstapfen treten – wird dann gern radeln oder zwei Stufen auf einmal nehmen beim Treppensteigen. Wenn aber Mutter oder Vater am liebsten gemütlich auf dem Sofa liegen und von Sport nichts halten, leben sie ihrem Kind Bequemlichkeit vor.

Sie sind sportlich, Ihr Kind können Sie trotzdem nicht in Gang bringen? Überprüfen Sie, ob es zu Hause genug Freiräume hat: Gestatten Sie ihm ruhig mal, das Kinderzimmer in eine Räuberhöhle zu verwandeln, durch die es kriechen kann, oder den Flur in einen Dschungel, durch den es schleicht.

Eine klassische Bewegungsbremse sind auch überängstliche Eltern: Kinder im Vorschulalter können ihre Kräfte schon einigermaßen gut einschätzen. Wenn sie ein Klettergerüst erklimmen oder auf die Rutsche klettern, trauen sie sich auch zu, wieder hinunterzukommen. Deshalb bitte nicht vorschnell eingreifen, nicht mit Verboten kommen oder helfen, wo gar keine Hilfe gefragt ist (siehe Seite 59).

Bieten Sie Ihrem Kind außerdem immer wieder Anregungen zum Thema Bewegung an: Lassen Sie es andere Kinder nach Hause einladen oder mit der ganzen Gesellschaft draußen im Garten, im nächsten Park spielen. Weitere Möglichkeiten, die für kleine Kinder sehr attraktiv sind: Zusammen ins Schwimmbad gehen, gemeinsam radeln, wandern ...

Je freudiger die Eltern dabei mitmachen, sich bei den unterschiedlichen Aktionen einbringen, desto größer ist die Wahrscheinlichkeit, dass sich ihr Kind von ihrer Begeisterung anstecken lässt und mitzieht.

3 Unser dreijähriger Sohn ist ein echter Abenteurer. Er hat vor nichts Angst, ist auf dem Spielplatz, auf der Rutsche, dem Klettergerüst ein richtiger Draufgänger. Wann sollten wir ihn bremsen?

Wenn solch ein kühnes Bürschchen die Erfahrung macht, dass er heil davonkommt, wird er auf die prickelnde Spannung bei seinen Klettertouren, dieses Gefühl zwischen Angst und Freude, nicht verzichten wollen. Die Spannung wächst, wenn der Klettermaxe von kleinen Spielplatz-Kollegen noch mit einem: „Trau dich!“ angefeuert wird. Traut er sich dann wirklich, schwebt er hinterher auf Wolken in dem Hochgefühl: „Ich habe Mut!“ Dieses Erfolgserlebnis sollten Eltern ihrem Kind lassen, denn solche Erfahrungen machen es selbstsicher. Stoppen sollten Sie ihren Sohn nur, wenn seine Klettertouren zu gewagt werden und sein Mut sichtlich in Übermut umschlägt. Gerade weil zubetonierte Straßen, gepflegte Gärten und kleine Wohnungen lebhaften Kindern nur wenig Platz zum Toben bieten, brauchen sie auf dem Spielplatz ihren Freiraum. Und es ist bemerkenswert, was Kinder auf dem Spielplatz trainieren, ganz nebenbei und spielerisch: Sie messen ihre Kräfte mit Freunden. Sie stärken ihre Muskeln. Sie lernen ihren Körper und seine Möglichkeiten kennen, wenn sie am Klettergerüst baumeln, auf die Schaukel springen und hinter einem Ball herjagen.

Spielerisch in einen bewegten Alltag

Kinder mögen bewegte Spiele. Gut so! Denn wer durchs Leben tanzt und hüpft, fühlt sich dabei stark und wohl. Dafür muss Ihr Kind nicht einmal spezielle Kurse besuchen: Die Förderung der Motorik kann jederzeit nebenbei und ohne großen Aufwand in der Familie stattfinden. Die Feinmotorik wird beim Basteln und Malen geschult, die Grobmotorik beim Toben oder Balgen, bei altbewährten und auch neuen Spielen, die Spaß machen und Kindern viel Körpereinsatz abfordern. Ob Ihr Kind nun lieber gestaltet, malt und kreiert oder hüpft und ausgelassen tobt – mit seiner Aktivität erobert es die Welt.

Für die Feinmotorik: Spielideen mit Hand und Fuß

Mit Händen und Fingern, mit Zehen und Füßen zu spielen, ist wichtig für die Feinmotorik. Fingerspiele und Zehenakrobatik sind aber nicht nur für Hände und Füße gut – kleine Leute machen dabei auch Koordinationsfähigkeit und Gehirn fit.

Der kleine Bär

■ *ab 1 Jahr*

Sie wandern mit vier Fingern einer Hand über den Bauch Ihres Kindes, streicheln, tapsen, kitzeln – mal langsam, mal schneller. Vielleicht zu folgendem Vers:

Ich bin ein kleiner Bär
Und tapse so daher.
Ich trödel und trottel.
Ich zuckel und zottel.
Ganz ohne Sorgen
verleb ich den Morgen.

Ist es angenehm, das zu spüren? Schließlich verkrümelt sich der Fingerbär wieder.

Schleifenmarie

■ *ab 1 Jahr*
Material: 5 kurze rosa Bänder, Filzstift

Die Bänder zu ringgroßen Schlaufen mit Schleife binden. Dann in die Innenfläche Ihrer Hand ein einfaches Gesicht zeichnen und über jeden Finger ein rosa Band mit Schleife streifen. Nun darf Ihr Kind eine Schleife nach der anderen aufziehen.
Für Ältere:
Schleife-Binden trainieren – keine einfache feinmotorische Übung für Anfänger.

Matscheklеckerei

■ *ab 1 Jahr*
Sommerspiel für Sandkasten oder Strand
Material: alte Sahnespritze

Mit viel Wasser und viel Sand matschen – Wonne aller Kinder. In den Sand patschen. Sand zwischen den Händen reiben. Kugeln aus Matsche formen. Was noch? Dabei feinen und groben Sand auf der Haut spüren. Wie fühlt sich das an?
Für Ältere:
Recht feuchte Matsche in eine alte Sahnespritze füllen. Mit der Spritze Matschspuren in trockenen Sand spritzen. Viele Linien ziehen, ganze Matschbilder fabrizieren: einen Hasen vielleicht. Oder eine Blume, ein Haus, Tannenbäume ...
Spiele mit Knete, Lehm, Ton, Matsche schulen die Feinmotorik. Wenn Sie Ihr Kind das Material kräftig durchkneten lassen, kann es außerdem überschüssige Energiereserven friedlich abbauen.

INFO | MEHR ALS SPIELEREI

Schon immer haben Mütter ihre Kinder zu Fingerspielen animiert – und damit genau das Richtige getan: Studien belegten, dass Fingerspiele die Intelligenz eines Kindes trainieren, denn die für Fingerfertigkeit und Sprachvermögen zuständigen Regionen liegen im Gehirn dicht beieinander. Fingerspiele stimulieren beide Bereiche.

Schnipselsalat

■ *ab 2 Jahre*
Material: Buntpapier

➤ Dreißig Papierschnipsel aus Buntpapier reißen und auf dem Boden verteilen.
➤ Zwei Spieler rennen auf ein Signal hin los und sammeln die Papierschnipsel um die Wette auf. Gar nicht so einfach für kleine Hände!
Für Ältere:
Rote, grüne, gelbe, blaue Papierfetzen auf dem Boden verstreuen. Vor Spielbeginn festlegen: Die roten Schnipsel bringen vier Punkte, grüne drei, gelbe zwei, die blauen einen Punkt. Die Schnipsel werden um die Wette aufgepickt. Ein Spielleiter zählt die Punkte später zusammen: Wer sammelt die meisten?

Zeigt her eure Hände

■ *ab 2 Jahre*
Material: Pinsel, Wasserglas, Wasserfarbe, Zeichenpapier, Stifte

Einer pinselt dem anderen die Innenfläche einer Hand mit Farbe an. Dann werden die bemalten Hände auf Papier gedrückt. Für ein kleines Kind ist das Stillhalteprobe und feinmotorische Übung zugleich.

Kleine Wühlmäuse

■ *ab 3 Jahre*
Sommerspiel für Sandkasten oder Strand

➤ Zwei Spieler schaufeln mit den Händen einen Sandberg und klopfen ihn fest.
➤ Sie buddeln einen Tunnel durch den Sandberg. Der eine gräbt von rechts nach links, der andere von links nach rechts. Treffen sich die Hände schließlich tief unten im Berg?

Schlammwaten

■ *ab 3 Jahre*
Ein Spiel für draußen
Material: Heilerde aus der Apotheke, Wasser, Plastikfolie (etwa 2 mal 2 Meter groß)

Ja: Dieses Spiel macht „Dreck" – ist für Kinder aber der Himmel auf Erden. Heilerde auf die Folie geben, mit Wasser anrühren. Nun dürfen alle im Schlamm waten, patschen, rutschen, tapsen ...

Decke verknautschen

■ *ab 3 Jahre*
Material: leichte Decke, Kiste oder Ähnliches

➤ Sie legen eine Decke auf den Boden und beschweren sie mit einer Kiste oder einem schweren Gegenstand.
➤ Alle stellen sich mit nackten Füßen auf die Decke, krallen ihre Zehen in die Decke und versuchen, sie vom Boden anzuheben – eine tolle Zehengymnastik.

Ein Igel unter den Füßen

■ *ab 3 Jahre*
Material: Igelball oder Tennisball

Ihr Kind sitzt auf einem Stuhl und rollt einen Igelball erst unter der rechten Fußsohle hin und her, dann unter der linken.

Wenn Farben laufen

ab 4 Jahre
Material: Fingerfarben, großer Bogen Pack- oder Zeitungspapier

Viel Farbe unter die Fußsohlen geben und dann über das Papier tapsen. Ganz unterschiedliche Farb- und Fußspuren legen – Fußgymnastik, die Spaß macht.

Zehen fangen

ab 4 Jahre
Ein Strandspiel für drei oder vier Mitspieler

Einen Kreis mit einem Durchmesser von einem Meter in den Sand malen. Einer stellt sich mit nackten Füßen in den Kreis und hüpft auf und ab. Die Mitspieler versuchen gleichzeitig, seine Zehen zu berühren. Je wilder er hüpft, desto schwieriger für die anderen, die Zehen zu erreichen – ein Geschicklichkeitsspiel für alle.

Der große Stern

ab 4 Jahre
Ein Spiel für drei oder mehr Mitspieler
Material: große Decke

Alle liegen sternförmig mit geschlossenen Augen auf dem Rücken. In der Mitte des Sterns treffen sich die Füße. Nacheinander versuchen alle, mit den Zehen zu ertasten, wem welcher Fuß gehört.

Einfädeln und knöpfen

ab 4 Jahre
Material: 2 Jacken, Fäden, Perlen

Zwei Jacken mit gleicher Knopfzahl um die Wette zuknöpfen und wieder aufknöpfen – wer ist schneller? Kinder brauchen für dieses Spiel viel Fingerspitzengefühl.
Eine Variante:
Zwei fädeln um die Wette Perlen auf – oder gemeinsam eine Kette: „Erst bist du mit Auffädeln an der Reihe, dann ich."

Greiflinge

ab 4 Jahre
Material: 2 Bleistifte, Glasmurmeln, Papiertaschentücher, Spielfiguren

Wer schafft es, mit den Zehen einen Bleistift – Taschentücher, Murmeln oder Halma-Figuren – vom Boden aufzuheben und dann das Bein hochzuhalten, ohne den Stift fallen zu lassen? Wer nimmt gleichzeitig zwei Bleistifte vom Boden? Welche Zehen sind geschickter – die vom rechten oder die vom linken Fuß?

Prinz und Prinzessin

ab 4 Jahre
Material: 2 alte Briefumschläge oder feste Karten, 2 Bänder, Stifte

➤ Jeder bekommt einen Briefumschlag oder eine ebenso große Karte aus festem Zeichenkarton.
➤ Einer zeichnet eine Prinzessin auf seinen Umschlag, der andere einen Prinzen.

Dann beide Umschläge durchbohren und jeden an ein langes Band knoten.
➤ Jetzt können Kinder mit den beiden wie mit einfachen Marionetten spielen, sie pendeln und tanzen lassen, aufeinander zu bewegen: Der Prinz gibt der Prinzessin einen Kuss ... Gar nicht so einfach, die Bewegungen zu koordinieren.

Äpfel schnippeln

ab 4 Jahre
Material: 2 Äpfel, 2 kleine Messer

Obst mit scharfen Messern zerschneiden – das ist Gymnastik für die Finger: Jeder Schnippler bekommt Apfelschnitze, die er vorsichtig in Scheiben schneidet.
Für Ältere:
Jeder Mitspieler bekommt vier oder sechs Apfelschnitze. Wer schafft es, jedes Stück

auf eine andere Art zu zerschneiden (quer, längs, diagonal – von rechts nach links oder links nach rechts ...)?

Ich mal dich an!

ab 4 Jahre
Material: Schminke

Einer schminkt den anderen mit Faschingsschminke – gleichzeitig ein kreativer Akt und auch eine feinmotorische Übung.

Der schwarze Wolkenkratzer

ab 4 Jahre
Material: 1 Dominospiel

Geduldsspiel und Geschicklichkeitsübung: Einen Dominostein auf Tisch oder Boden legen, den nächsten so darauf platzieren, dass die Steine sich kreuzen, der nächste wieder über Kreuz darüber ... Wer schafft es, einen hohen Wolkenkratzer aus den Steinen zu bauen?

Fußballer mit den Fingern

ab 4 Jahre
Material: Papier, Stifte, Schere, Klebeband, Pingpongball

➤ Zuerst einen handgroßen Fußballer auf Papier zeichnen, ausschneiden und mit Klebeband so an einer Fußleiste befestigen, dass er am Boden steht.
➤ Der Jüngste beginnt: Er stößt mit einem Finger einen Pingpongball an, der in der Nähe des Fußballers auf dem Boden liegt und jetzt in seine Richtung rollt. Trifft der Ball den Fußballer, gibt es einen Punkt. Danach ist der nächste Spieler an der Reihe.
➤ Gewinner ist, wer nach zehn Runden die meisten Punkte eingeheimst hat.

Eintrichtern

ab 4 Jahre
Material: kleiner Trichter, Tusche, helle Flasche mit Wasser, Glas

➤ Eine Geschicklichkeitsübung für die Hand: Eine Flasche zur Hälfte mit Wasser füllen. Den Trichter auf die Flasche setzen.
➤ Einen Schuss Tusche durch den Trichter in die Flasche kippen. Zuschauen, wie sich die Tusche im Wasser verteilt.

Fußgemälde im Sand

ab 4 Jahre
Sommerspiel für Sandkasten oder Strand

Sand an einer ebenen Stelle festklopfen. Mit dem großen Zeh Bilder in den Sand malen. Wer erkennt, was da entsteht?

Fußmalereien

ab 4 Jahre
Material: Wachsmalstifte, Papier

Jeder versucht, einen Wachsmalstift mit den Zehen vom Boden aufzunehmen, mit dem großen Zeh und zweiten Zeh festzuhalten und nun zu malen: große und kleine Kringel, Männchen, Blumen ... Nach einer Weile den Fuß wechseln.

Herr und Frau Kitzlig

■ *ab 4 Jahre*
Material: Filzstift

Zeichnen Sie zwei Gesichter auf die Fußsohlen Ihres Kindes. Diese sind jetzt Herr und Frau Kitzlig und dürfen etwas vorspielen. Danach die Rollen tauschen: Ihre Füße geben nun eine Vorstellung.

Scherenschnitte

■ *ab 5 Jahre*
Material: für jeden Mitspieler eine Schere und ein Blatt Papier

➤ Jeder Mitspieler bekommt eine Schere und Papier. Auf „los“ nennt ein Spielleiter einen Gegenstand, zum Beispiel: „Haus“.
➤ Alle Mitspieler schneiden nun um die Wette ein kleines Haus aus ihrem Papier. Oder ein Huhn, eine Sonne, einen Stern …
➤ Zum Schluss legen alle aus sämtlichen ausgeschnittenen Teilen ein großes Bild.

Gummiziehen

■ *ab 5 Jahre*
Material: 2 starke Gummibänder

Beide Spieler liegen nebeneinander auf dem Rücken, legen jeweils ein starkes Gummiband um die beiden großen Zehen. Dann drückt jeder seine Fersen aneinander und versucht, mit den großen Zehen das Band möglichst weit zu dehnen: erst zur Seite, dann vor, zurück …

Turmball

■ *ab 5 Jahre*
Material: 4 Tennisbälle

Zuerst versucht der Jüngste einen Turm aus vier Bällen zu bauen – drei Bälle unten, einer oben. Nur nicht die Ruhe verlieren! Danach ist der Nächste an der Reihe.

Knoten lösen

■ *ab 5 Jahre*
Material: 1 langer Strick

Den Strick locker verknoten und auf den Boden legen: Wer kann mit den Zehen den lockeren Knoten lösen?

Sich recken, strecken – und entspannen

Zwischendurch sollten kleine Leute sich auch immer wieder richtig dehnen – dabei entspannen sie und tun etwas für eine gute Haltung.

Das Pferdchen

■ *ab 4 Jahre*

Auf die Knie gehen, mit den Händen abstützen. Den Kopf nach oben werfen wie ein stolzes Pferd und laut wiehern. Oder auf die Füße stellen und durch den Raum galoppieren. Ein Großer zeigt, wie's geht!

Das Kätzchen

■ *ab 4 Jahre*

Auf die Knie gehen, mit den Armen abstützen. Jetzt darf Ihr Kind Kätzchen spielen – und einen Buckel machen. Einmal, zweimal, mehrmals.

Rollmops-Bande

■ *ab 5 Jahre*
Ein Sommerspiel für draußen

TIPP | AUSZEITEN

Kinder brauchen im Alltag immer wieder kleine Auszeiten, in denen sie spielen können, was sie wollen. Schon zehn bis fünfzehn Minuten reichen. Danach können sie sich wieder auf Neues konzentrieren.

Alle legen sich auf den Boden, recken und strecken sich – bis Sie als Spielleiter ein Kommando geben. Jetzt rollen alle los: einen Hang hinab. Oder alle nebeneinander auf ebener Fläche.

Ich werde lang und länger!

■ *ab 5 Jahre*

Auf den Rücken legen, alle viere von sich strecken – sich dehnen und wohlig räkeln.
Reck dich, streck dich –
groß bist du ... jetzt im Nu!

Hüppekästchen

■ *ab 5 Jahre*
Ein Spiel für draußen
Material: Kreide

Auf Asphalt acht Kästchen zeichnen. Nun auf einem Bein von einem Kästchen ins andere hüpfen.

Rundum bewegt: Fitness, Ausdauer, Koordination

Bewegungen aufeinander abstimmen, mit Spaß Ausdauer, Koordination und Geschicklichkeit üben, den ganzen Körper fordern und trainieren – all das kann Ihr Kind mit den folgenden Spielen.

Hopp, hopp, hopp

■ *ab 1 Jahr*

Sie nehmen Ihr Kind auf die Knie, halten es an den Händen fest, und dann wird galoppiert: Die Knie erst langsam, dann immer schneller auf und ab hüpfen lassen.
Hopp, hopp, hopp,
Pferdchen lauf Galopp.
Über Stock und über Steine,
aber brich dir nicht die Beine!
Hopp, hopp, hopp, hopp, hopp,
Pferdchen lauf Galopp.

Schaukelspiele

■ *ab 1 Jahr*

Mit Kind auf dem Schoß sitzen Sie auf einer Schaukel, schwingen vor und zurück – und Ihr Baby schwingt mit.
Für Ältere:
Der eine sitzt auf der Schaukel. Der andere stößt ihn an – und bei jedem Anstoß muss der Schaukelnde einen anderen Namen nennen. Nach einer Weile werden die Rollen getauscht. Dieses Schaukelspiel kann ein Kind auch allein spielen: Auf der Schaukel sitzen, Beine strecken, Beine anziehen. Beim Schwungholen jedes Mal einen Namen (oder Tiernamen) nennen.

INFO | SCHAUKELSPASS

Schaukeln, wippen, durch die Luft wirbeln – die meisten Kinder begeistert das. Schaukeln macht nicht nur Spaß, sondern auch fit. Forscher vermuten, dass das Schaukeln das Vestibular-System im Innenohr stimuliert, das für den Gleichgewichtssinn zuständig ist. Das wirkt gleichermaßen lustvoll und beruhigend. Viele Eltern wissen instinktiv um diese Wirkung. Wenn ihr Kind weint, bringen sie es durch schaukelnde Bewegungen wieder zur Ruhe. Je besser der Gleichgewichtssinn entwickelt ist, desto geschickter kann sich ein Kind bewegen.

Treppenspiele

■ *ab 1 Jahr*
Material: Spielkarten

Sobald ein Kind stehen kann, will es hoch: auf den Stuhl, den Tisch, die Treppe ...
➤ Auf jede Stufe verdeckt eine Spielkarte legen.
➤ Ihr Kind erklimmt die Treppe Stufe für Stufe, sammelt die Karten nacheinander ein, schaut sie an – und bringt sie Ihnen.
Für Ältere:
Ihr Kind steigt die Treppe hinauf und nennt auf jeder Stufe einen anderen Jungen- oder Mädchennamen oder einen Tiernamen.

Krabbeltiere

ab 1 Jahr

Sie gehen auf die Knie und krabbeln gemeinsam mit Ihrem Kind auf allen vieren durch die Wohnung. Mal krabbeln Sie neben ihm, mal vor, mal über ihm ...
Für Ältere:
Jetzt wird um die Wette gekrabbelt. Oder im Gleichschritt. Wie verständigen sich die Krabbeltiere? Kommen sie ohne Worte aus? Wer gibt das Tempo vor, wer die Richtung? Ein Spiel, das neben der Beweglichkeit das Einfühlungsvermögen schult.

Stühle rücken

ab 1 Jahr
Material: 5 Stühle, rotes Tonpapier, Schere

- Sie stellen im Zimmer in einigem Abstand voneinander fünf Stühle auf.
- Aus Tonpapier schneiden Sie fünf große Herzen und legen auf jeden Stuhl eines.
- Sie animieren Ihr Kind, von einem Stuhl zum anderen zu wandern und die Herzen einzusammeln. Bald werden die anfangs wackeligen Schritte sicherer.

Blitzsauber geputzt!

ab 2 Jahre
Material: Wasser, Bürste, Wischlappen, Holzbrett, Stifte

Nichts ist schöner für einen Dreikäsehoch als ein Brett (einen Tisch, einen Stuhl ...) mit Wasser, Bürste, Lappen zu bearbeiten und Schmutz oder Farbspuren zu beseitigen. Das anstrengende Tun ist eine ehrgeizige Kraft- und Koordinationsübung: Stelle ich mich geschickt an?

Zielwerfen

ab 3 Jahre
Material: leere Blechbüchse, Tennisbälle

Je mehr mitmachen, desto besser. Eine Büchse im Garten oder im Zimmer aufstellen und dann aus einiger Entfernung mit Tennisbällen danach werfen. Wer zielt und trifft schon gut? Wer mag noch üben?

Schleiertanz

ab 3 Jahre
Material: 2 durchsichtige, farbige Tücher

- Sie werfen von einem Balkon oder oben von einer Treppe aus zwei Tücher in die Luft, schauen gemeinsam zu, wie sie durch die Luft segeln. Unten steht ein Mitspieler und versucht, sie aufzufangen.

TIPP | SPORTGERÄTE

Die folgenden Hilfsmittel bringen Kinder so richtig auf Trab:

- Sprossenwand zum Recken und Strecken,
- Reckstange im Türrahmen zum Schaukeln und Hochziehen,
- Schaumstoffelemente zum Klettern und Umfallen,
- großer Hüpfball zum Balancieren, Hüpfen, Rollen,
- kleines Trampolin.

➤ Der Fänger darf sich dann mit den bunten Tüchern verhüllen. Durch den farbigen Stoff sieht die Welt neu und anders aus: viel geheimnisvoller.

Seiltänzer im Kinderzimmer

■ *ab 4 Jahre*
Material: langes Seil

➤ Das Seil liegt am Boden, ein Kind wandert darüber und spielt dabei mit seinen Zehen – spreizt einen großen Zeh ab, wackelt mit allen Zehen – und versucht dabei das Gleichgewicht zu halten.
➤ Wer kann auf dem Seil auch vorwärts und rückwärts tänzeln, knicksen und sich wieder aufrichten, ohne die Balance zu verlieren? Wer kennt weitere Kunststücke?

Der Purzelbaumkönig

■ *ab 4 Jahre*
Ein Sommerspiel für draußen

Auf einer großen Wiese treten zwei Spieler zum Wettkampf an: Wer schlägt die schönsten, die schnellsten Purzelbäume und purzelt von einem Ende der Wiese zum anderen? Natürlich kann man auch drinnen durch die Wohnung purzeln.

Luftballonrennen

■ *ab 4 Jahre*
Material: mehrere bunte Luftballons

➤ Zuerst die Ballons mit einer Luftballonpumpe aufblasen. Bitte nicht mit dem Mund, weil dabei Schadstoffe frei werden.
➤ Alle klemmen sich nun einen aufgeblasenen Ballon zwischen die Oberschenkel und starten zu einem Wettlauf.

Das Bänderspiel

■ *ab 4 Jahre*
Material: 3 lange, farbige Bänder

Die Bänder an einem Ende zusammenknoten, am Knoten festhalten und sie über dem Kopf im Kreis herum schwingen.

Vorsicht: scharfe Kurven

■ *ab 4 Jahre*
Material: mehrere lange Fadenreste

➤ Aus den Fäden wird eine möglichst lange Schnur geknotet. Diese wird dann zu

einer Straße erklärt und mit vielen Kurven kreuz und quer durch ein Zimmer gelegt.
➤ Wer fährt als Auto die kurvenreiche Strecke dicht an der Schnur entlang?

Auf unserer Wiese

■ *ab 4 Jahre*

Einer spielt den Storch: Schafft er es, ein Weilchen auf einem Bein zu stehen?
Auf unsrer Wiese gehet was,
watet durch die Sümpfe.
Es hat ein schwarzweiß Röcklein an,
trägt auch rote Strümpfe,
fängt die Frösche
schnapp, schnapp, schnapp,
klappert lustig klapperdiklapp.
Wer kann das erraten?

Flaschenkegeln

■ *ab 4 Jahre*
Material: 5 Plastikflaschen, 1 Tennisball

➤ Sie stellen die leeren Plastikflaschen wie Kegel in einiger Entfernung auf.
➤ Jeder versucht sie mit dem Ball umzukegeln. In der nächsten Runde den Abstand vergrößern.

Der Besenakrobat

■ *ab 4 Jahre*
Material: Stock oder Kinderbesen

Balancieren trainiert den Gleichgewichtssinn: Wer schafft es, einen Stock oder einen Kinderbesen – Borsten nach oben – auf der ausgestreckten Hand zu tragen?

Schwammspiel

■ *ab 4 Jahre*
Material: pro Spieler 2 Schwämme

Auf „los" wirft jeder Mitspieler einen Schwamm in die Luft oder zwei Schwämme gleichzeitig und versucht, sie wieder aufzufangen. Gar nicht so einfach: rechts und links, werfen und fangen – und das auch noch alles gleichzeitig!

Stumm wie ein Denkmal

■ *ab 5 Jahre*
Ein Spiel für drei oder mehr Kinder
Material: ein großes Tuch

➤ Ein Kind verschwindet unter dem Tuch, macht darunter erst verschiedene Posen und bleibt dann in einer Position stehen.
➤ Der oder die anderen Mitspieler versuchen nun zu erahnen, was derjenige unter dem Tuch macht – und ahmen es nach. Ganz schön schwierig, dabei die Balance zu halten.
➤ Das Denkmal wird schließlich enthüllt. Wessen Kopie kommt dem Original am nächsten?

Hüpfen wie ein Floh

■ *ab 5 Jahre*

Dieses Spiel ist eine Vorübung für das Radschlagen und den Handstand: In die Hocke gehen, sich mit Armen und Händen auf dem Boden abstützen und dann die Beine und die Füße in die Luft werfen – hoch und höher.

Wie die Spinnen krabbeln

■ *ab 5 Jahre*

Auf den Boden legen, mit Händen und Füßen abstützen, den Bauch anheben. Nun wie eine Spinne vorwärts und rückwärts laufen – ganz schön anstrengend! Wer gewinnt in einem Spinnen-Wettlauf?

So ein Affentanz

■ *ab 5 Jahre*

Laut keifend wie die Affen klettern alle Mitspieler durchs Zimmer: von der Couch auf einen Stuhl. Vom ersten Stuhl auf einen zweiten. Dann auf einen Tisch. Danach auf einen Sessel ... Und zum Schluss landen alle da, wo sie gestartet sind.

Der Gummikönig

■ *ab 5 Jahre*
Ein Spiel für drei oder mehr
Material: 1 Gummiring, 10 Bierdeckel

➤ Einen Parcours mit Bierdeckeln markieren – einmal quer über ein Stück Rasen oder über einen Flur – und einen Mitspieler in einen König verwandeln: Ihm einen Gummiring als Krone aufs Haupt legen.
➤ Den König über den Parcours schicken. Dabei soll er jeden Bierdeckel einmal umrunden, ohne dass ihm die „Krone" vom Kopf rutscht. Dann ist der Nächste dran.

Handtuchakrobaten

■ *ab 5 Jahre*
Material: ein Handtuch

SO HALTEN SIE IHR KIND IN SCHWUNG:

Spiele	Alter ab	Motorische Fähigkeiten	Entwicklung der Sinne	Kreativität	Denken
Der kleine Bär	1	•••	••		
Hopp, hopp, hopp	1	•••	•		
Krabbeltiere	1	•••	•		
Matschekleckerei	1	•••	••	•	
Schaukelspiele	1	•••	•		•
Schleifenmarie	1	•••	•		•
Stühle rücken	1	•••			
Treppenspiele	1	•••			•
Blitzsauber geputzt!	2	•••			
Schnipselsalat	2	•••			•••
Zeigt her eure Hände	2	•••	••	•••	
Decke verknautschen	3	•••	••		
Kleine Wühlmäuse	3	•••	••		
Schlammwaten	3	•••	••		
Schleiertanz	3	•••	••	•	
Zielwerfen	3	•••			
Äpfel schnippeln	4	•••	•		••
Auf unserer Wiese ...	4	•••			
Das Bänderspiel	4	•••	••		

Ein Mitspieler legt sich rücklings quer über ein Handtuch, drückt den Rücken kräftig auf den Boden und versucht das Handtuch festzuhalten. Der andere versucht, das Handtuch unter dem Rücken hervorzuziehen. Ein Kraftakt, der die Muskeln stärkt.

Für Ältere:
Wer stellt sich aufs Handtuch-Ende, lässt sich ziehen und hält dabei das Gleichgewicht? Die meisten kippen um.

Ball-Waage

■ *ab 5 Jahre*
Material: 3 gleich große Bälle

Das Kind legt sich bäuchlings auf drei hintereinander aufgereihte Bälle. Anfangs kann es sich ruhig ein bisschen mit Armen oder Beinen am Boden abstützen. Schafft es den Balance-Akt schließlich ganz allein und ohne sich abzustützen?

ALLE SPORTLICHEN SPIELE AUF EINEN BLICK

Konzentration	Sprachliche Fähigkeiten	Musikalische Fähigkeiten	Selbst-erkenntnis	Soziales Verhalten	Seite	Spiele
•	••	•	•		69	Der kleine Bär
•	••	•	•	•	76	Hopp, hopp, hopp
•			•	••	77	Krabbeltiere
	•		••	•	69	Matschekleckerei
•	••		••	•	76	Schaukelspiele
••					69	Schleifenmarie
					77	Stühle rücken
•	••		•		76	Treppenspiele
••				•	77	Blitzsauber geputzt!
•				••	70	Schnipselsalat
•			••	••	70	Zeigt her eure Hände
••				•	70	Decke verknautschen
•				••	70	Kleine Wühlmäuse
			••		70	Schlammwaten
•			•		77	Schleiertanz
••				•	77	Zielwerfen
			•		72	Äpfel schnippeln
	••	•			79	Auf unserer Wiese ...
•		•	•		78	Das Bänderspiel

SO HALTEN SIE IHR KIND IN SCHWUNG:

Spiele	Alter ab	Motorische Fähigkeiten	Entwicklung der Sinne	Kreativität	Denken
Das Kätzchen	4	●●●			
Das Pferdchen	4	●●●		●	
Der große Stern	4	●●●	●●●		
Der Purzelbaumkönig	4	●●●			
Der schwarze Wolkenkratzer	4	●●●			●
Ein Igel unter den Füßen	4	●●●	●●		
Einfädeln	4	●●●	●		
Eintrichtern	4	●●●			
Flaschenkegeln	4	●●●			
Fußball mit den Fingern	4	●●●		●	●
Fußgemälde im Sand	4	●●●	●●	●●	
Fußmalereien	4	●●●	●●	●●●	
Greiflinge	4	●●●	●●		
Herr und Frau Kitzlig	4	●●●	●●	●	
Ich mal dich an!	4	●●●	●●	●●●	
Luftballonrennen	4	●●●	●●		
Prinz und Prinzessin	4	●●●	●●	●	
Schwammspiel	4	●●●	●●		
Seiltänzer im Kinderzimmer	4	●●●	●●	●●	
Vorsicht, scharfe Kurven!	4	●●●			
Wenn Farben laufen	4	●●●	●●	●●	
Zehen fangen	4	●●●	●●		
Ball-Waage	5	●●●	●●		
Der Besenakrobat	5	●●●			
Der Gummikönig	5	●●●		●	
Gummiziehen	5	●●●	●		
Handtuchakrobaten	5	●●●			
Hüpfen wie ein Floh	5	●●●			
Hüppekästchen	5	●●●			
Ich werde lang und länger!	5	●●●	●		
Knoten lösen	5	●●●			●
Rollmops-Bande	5	●●●	●		
Scherenschnitte	5	●●●		●	
So ein Affentanz	5	●●●		●●	
Stumm wie ein Denkmal	5	●●●	●●	●●	●
Turmball	5	●●●			●
Wie die Spinnen krabbeln	5	●●●			

Das angegebene Spiel fördert die Fähigkeiten in diesem Bereich ...
●●● hervorragend ●● gut ● ein wenig (neben anderen Fähigkeiten)

ALLE SPORTLICHEN SPIELE AUF EINEN BLICK

Konzentration	Sprachliche Fähigkeiten	Musikalische Fähigkeiten	Selbst-erkenntnis	Soziales Verhalten	Seite	Spiele
•			••		75	Das Kätzchen
			••	•	75	Das Pferdchen
•				••	71	Der große Stern
••			•	•	78	Der Purzelbaumkönig
•••					73	Der schwarze Wolkenkratzer
			•		70	Ein Igel unter den Füßen
••				•	72	Einfädeln
••					73	Eintrichtern
••				•	79	Flaschenkegeln
••				••	73	Fußball mit den Fingern
•					73	Fußgemälde im Sand
•				•	73	Fußmalereien
••			•		72	Greiflinge
	••		•		74	Herr und Frau Kitzlig
				•	73	Ich mal dich an!
••			•	•	78	Luftballonrennen
	•			•	72	Prinz und Prinzessin
••			•	•	79	Schwammspiel
••			•		78	Seiltänzer im Kinderzimmer
••			•		78	Vorsicht, scharfe Kurven!
			•		71	Wenn Farben laufen
•			•	•••	71	Zehen fangen
•					81	Ball-Waage
•••			•		79	Der Besenakrobat
••			•	•	80	Der Gummikönig
••			•	••	74	Gummiziehen
•			•	••	80	Handtuchakrobaten
••			•		79	Hüpfen wie ein Floh
••			•		75	Hüppekästchen
•	••		•		75	Ich werde lang und länger!
••			•		74	Knoten lösen
			••	•	75	Rollmops-Bande
				••	74	Scherenschnitte
			•	•	80	So ein Affentanz
•			•		79	Stumm wie ein Denkmal
••					74	Turmball
••			•	••	80	Wie die Spinnen krabbeln

Kreativität: vom Spinnen und Träumen

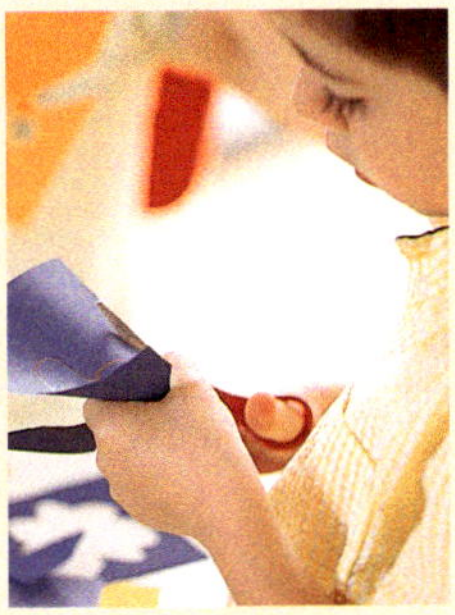

Kinder sind Meister im Fabulieren, Erfinden, Malen ... Es macht Freude, ihren Ideenreichtum wahrzunehmen, ihre kreative Meisterschaft zu erkennen, sie zu fördern und gleichzeitig eine Menge von ihnen zu lernen. Denn in punkto Erfindungsgabe sind Kinder uns meist haushoch überlegen, weil sie noch offen sind für alles Neue.

Kreativität fördern, Ideen entwickeln

Sie unterhalten sich mit Stofftieren und Bauklötzen, mit Blumen und Bäumen wie mit guten alten Freunden, zaubern aus Tischen und Stühlen Höhlen und Burgen – für Vorschulkinder ist die Welt reich und bunt. Alles um sie herum ist lebendig, märchenhaft und wunderbar. Als »Nahrung« für ihren Ideenreichtum brauchen Kinder viele Erlebnisse und Erfahrungen. So kann sich ihre Kreativität entfalten – sie kommen auf originelle Spielideen. Und diese Spiele sind pures Intelligenztraining. Wichtig dabei: Gerade die kleinen Dinge, die oft gar nicht spektakulär sind, kurbeln die Kreativität an.

Fantasie anregen – warum und wie das geht

Die Kreativität, die ein Kind von Anfang an mitbringt, entfaltet sich durch behutsame Förderung. Kreativität braucht, um sich entwickeln zu können, bestimmte Bedingungen. Die wichtigste Zutat heißt sicher Fantasie – und davon hat ein Kind im Vorschulalter normalerweise reichlich, wenn man ihm seine Freude an kuriosen Geschichten und verrückten Ideen nur lässt. Viele Erwachsene erleben diese blühenden Fantasien fasziniert mit.

Ein Ausflug in die fantastische Kinderwelt

Im Vorschulalter haben Kinder noch eine besondere, ganz eigene Weltsicht, die sich deutlich von der Sicht Erwachsener unterscheidet. Ein magisches Denken bestimmt ihre Sichtweise. Das heißt: Ein Kind „zaubert" sich das Leben in seinem Kopf so zurecht, wie es seiner Meinung nach sein sollte. Es widmet die Dinge seinen Wünschen entsprechend einfach um, gibt ihnen eine andere Bedeutung – nämlich genau die Bedeutung, die gerade in seine eigenen Vorstellungen passt. Diese speziellen „Zauberkünste" eines Vorschulkindes zeigen sich vor allem beim Spielen: Hokuspokus – Sand wird in Kuchenteig verwandelt, Grashalme in frischen Salat. Was nicht da ist, wird dazuerfunden. So ist ein Sessel eigentlich ein ziemlich langweiliges Möbelstück, auf das man sich setzen kann. Wird er jedoch umgekippt, verwandelt er sich auf wundersame Weise in ein Piratenschiff mit Segel, auf dem ein Vier-, Fünfjähriges um die Welt schippert. Gegenstände, Tiere werden nach dem Motto „Ich tu einfach so als ob" mit viel Fantasie verzaubert. Alles kann im kindlichen Denken vermenschlicht werden, alles kann Gefühle zeigen, und zwar die gleichen Empfindungen, die das Kind gerade selbst beschäftigen.

So verwandelt ein Drei-, Vier- oder Fünfjähriges die Sonne in null Komma nichts in die strahlende Frau Sonne – in ein lebendiges Wesen, das freundlich zu ihm spricht. Und wenn es über einen Stein stolpert und sich das Knie aufschlägt, dann hat der böse Stein das zu verantworten und wird gewaltig ausgeschimpft, er solle gefälligst aus dem Weg gehen. Ganz klar auch, dass man sich mit einem Plüschhasen unterhalten kann und die Tassen höchst lebendig im Küchenschrank herumhopsen.

Die Welt ist dank dieser überbordenden Lebendigkeit prall, bunt, fantastisch wie im Märchen und damit ziemlich span-

TIPP | KREATIV ZU ZWEIT

Spiele erfinden, Bilder malen, sich Geschichten ausdenken – zusammen mit anderen macht das doppelten Spaß. Malend taucht man ab: „Zeig mal, was malst du gerade? Eine Höhle auf dem Meeresgrund mit einem Kraken?" Oder man baut eine Westernstadt – wie am besten? Man spornt sich gegenseitig an: Im Team fällt einem meist mehr ein.

nend – viel spannender, als der Alltag in Wirklichkeit ist. So kann ein Dreikäsehoch im ganz normalen Wohnzimmer Abenteuer mit Eisbären bestehen oder sich im gepflegten Garten mit Wesen von fernen Sternen auseinander setzen – alles kein Problem für einen kleinen Zauberer. Beim Spielen erweitert er seinen Horizont, erobert er sich die Welt Stück für Stück – eine reizvolle, spannende Angelegenheit und eine sinnvolle dazu.

Zusammen mit Gleichaltrigen in fantastische Gefilde abzutauchen macht besonders viel Freude, denn einem Altersgenossen muss man das alles nicht lange erklären. Er schwimmt auf der gleichen Welle, kapiert auf Anhieb, dass Mäuse ihren Mäusestaat unter den Küchendielen haben und der Mond nachts auf dem Fensterbrett im Kinderzimmer hockt.

Die Erfahrung, dass ihre Altersgenossen genauso denken wie sie, bestärkt kleine Kinder darin, sich in ihrer Gedankenwelt zu Hause zu fühlen und gibt Sicherheit.

Wofür Fantasiewelten gut sind

Welchen Sinn hat das Ganze, warum ist Fantasie so wichtig – gerade und besonders bei der Entwicklung der Kreativität? Im Vorschulalter macht ein Kind die Erfahrung, dass es mit seiner eigenen Vorstellungskraft die Welt neu erfinden kann. Beim Malen und Zeichnen. Beim Erzählen. Beim Basteln und Spielen. Hier stößt es nicht an Grenzen. Auf dem Papier kann es die schönsten Paradiesgärten schaffen, die gefährlichsten Monster besiegen, sein eigenes Schlaraffenland erfinden ...

Als Schöpfer seiner eigenen Welt sammelt und stärkt ein kleiner Erfinder sein Selbstbewusstsein, verarbeitet Eindrücke, Erlebnisse, Gefühle. All das bildet den Nährboden für Kreativität. Ein Kind, das über diese Basis verfügt, hat die Fähigkeit, den Mut und die Lust, eigene Ideen zu produzieren und mitzuteilen. Es freut sich an seinem inneren Reichtum und teilt ihn gern mit anderen.

Fazit: Je intensiver ein Kind seine Fantasie auskosten kann, desto bereichernder für die Entwicklung seiner Kreativität.

Kreativität erkennen

Kreativität hat viel mit Intelligenz zu tun. Das heißt aber nicht, dass jedes Kind, das fix im Denken ist, ein brillantes Gedächtnis hat, logisch und schlüssig argumentieren und sich perfekt ausdrücken kann, auch kreativ ist. Kreativität ist ein besonderer Bereich der Intelligenz.

Besonders deutlich sieht man diese Fähigkeiten bei Künstlern – auch schon bei den ganz kleinen. Aber Kreativität ist nicht nur beim Malen und Basteln gefragt, sondern

INFO | WAS IST KREATIV?

Kreativ ist, wer beim Denken gewohnte Muster verlässt, neugierig auf Ungewohntes ist, quer denkt, jemand, der öfter Neues ausprobiert. Kinder sind meist kreativer als Erwachsene, weil sie noch nicht in vorgegebenen Bahnen denken. Sie sind neugierig, experimentieren gern. Wichtig für die Entwicklung kindlicher Kreativität: Eltern, die ihre Wissbegier unterstützen.

geht weit darüber hinaus. Sie betrifft die Gestaltung des gesamten Lebens – soziale Beziehungen, Zukunftsvisionen, gesellschaftliche Vorgänge: Kreativen Köpfen fällt es leicht, wahrzunehmen, was rundum vorgeht. Sich in Probleme einzufühlen – und spontan zu reagieren. Die Wirklichkeit im Kopf umzugestalten.
Das spielerische Denken, das Kinder vor allem beim Malen, Basteln, Erzählen üben, ist also auch und vor allem eine Investition in die Zukunft, weil Originalität und Einfallsreichtum heute in der Schule, der Ausbildung und im Beruf zunehmend gefragt sind. Immer häufiger geht es darum, sich eine eigene Meinung zu bilden, Ungewöhnliches zu entdecken, Neues zu erfinden, unbekannte Wege zu erkunden, Probleme auf ungewöhnliche Weise zu lösen. Eigenschaften wie soziale Intelligenz, Flexibilität, Kreativität werden heute dringend gebraucht, um anstehende Zukunftsaufgaben zu bewältigen.

Wie sich Kreativität entwickelt

Im ersten Lebensjahr ist die Welt genau das, was ein Kind sehen und erleben kann: Sie ist leer und öde, wenn Mama oder Papa nicht anwesend sind.
Im zweiten Lebensjahr ist eine kurze Trennung schon weniger beängstigend für einen kleinen Spatzen, weil er sich die Abwesenheit der Eltern jetzt langsam so zurechtlegen kann, dass sie erträglicher wird. Nach und nach entwickelt er jetzt die Fähigkeit, sich vorzustellen, Mutter und Vater seien noch da, gleich hier neben ihm – ein tröstliches Gefühl, das ihm ein bisschen die Angst nimmt.

Was gibt es denn hier zu entdecken? Für kleine Kinder ist die Welt voller Geheimnisse und täglich aufs Neue eine Überraschung.

Dass ihr kleiner Sohn, ihre kleine Tochter eine immer regere Fantasie entwickelt, merken Eltern um den dritten Geburtstag. Jetzt ist der Nachwuchs ein Stück selbstständiger geworden (kindergartenreif), fühlt sich stark, jongliert immer gekonnter mit Wörtern, erzählt erste Geschichtchen. Er plappert und plaudert begeistert, pendelt dabei zwischen Fantasie und Realität hin und her. Wahrscheinlich berichtet er jetzt häufiger von geheimnisvollen, märchenhaften Welten, in die er in seiner Fantasie entschwinden kann.

Fantasien sind für ein Kind im Vorschulalter ganz real, denn es kann zwischen dem, was sich in seinen Gedanken abspielt, und dem, was wirklich ist, kaum unterscheiden. Alles ist Wirklichkeit: sowohl die Bilder, die es vor Augen, als auch die Bilder, die es im Kopf hat.

Ein weiterer Entwicklungsschritt: In Gedanken wachsen jetzt vielen Kindern Flügel; sie breiten ihre „Schwingen" aus und heben von der Wirklichkeit ab, überwinden auf diese Weise einengende Grenzen der Logik und der Vernunft. Sie denken sich die aufregendsten Geschichten aus – Ereignisse, die mit der Wirklichkeit nichts zu tun haben. Im Kopf finden bei manchem jetzt eindrucksvolle Abenteuer statt. So viel Fantasie zu entwickeln, ist eine hohe Kunst des Denkens.

Wer füllt eigentlich die Osternester? Der Osterhase wird in der Regel spätestens zu Beginn der Schulzeit endgültig enttarnt.

INFO | GRENZEN ERKENNEN

Unbewusstes und Bewusstes decken sich für ein kleines Kind. Erst nach und nach, mit zunehmender Lebenserfahrung, lernt es zu verstehen, dass außerhalb seines Sinnens und Trachtens noch eine Welt mit eigenen Gesetzen existiert, welche es nicht beeinflussen kann.

Ich bin schon groß – Realität wird jetzt Trumpf

Mit der Zeit und mit der nächsten Entwicklungsstufe – dem nahenden Schulbeginn – versteht ein Kind dann langsam, dass die Welt nicht nach seinen eigenen Vorstellungen gestrickt ist und dass manche Geschichten einfach nur Märchen sind. Spätestens jetzt enttarnt es den Weihnachtsmann und den Osterhasen als „erfunden". Von da an nimmt das realitätsbezogene, folgerichtige Denken bei den meisten Kindern immer mehr Raum ein. Jetzt sind wahre Geschichten Trumpf, denn mit zunehmendem Wissen wird die Realität interessanter, fehlendes Verständnis muss nicht länger durch Fantasien ersetzt werden (siehe Seite 88).

ÜBERBLICK: DIE ENTWICKLUNG DER KREATIVITÄT

Die Tabelle verdeutlicht die durchschnittlichen kreativen Fähigkeiten: Kein Kind gleicht dem anderen, jedes hat sein eigenes Entwicklungstempo. Diese Daten können deshalb nur eine ungefähre Richtschnur sein.

Alter	Was Ihr Kind in diesem Alter schon kann oder jetzt bald lernt
Im zweiten Lebensjahr	
Erste Hälfte	Ihr Kind fabriziert wahrscheinlich erste Krikelkrakelbilder. Es spielt mit Händen und Füßen.
Zweite Hälfte	Das Kind verfremdet Spielsachen nach seinen Ideen. Es produziert Kritzeleien, die man langsam erkennen kann. Gern ahmt es Tätigkeiten nach, variiert sie.
Im dritten Lebensjahr	
Erste Hälfte	Ihr Kind bringt andere mit lustigen Einfällen zum Lachen.
Zweite Hälfte	Es experimentiert mit seinen Spielsachen. Der kleine Erfinder probiert jetzt gern neue Spiele aus.
Im vierten Lebensjahr	
Erste Hälfte	Ihr Kind entdeckt einfache Rollenspiele für sich. Es baut aus Klötzen und Bausteinen seine eigene Welt.
Zweite Hälfte	Ihr Kind findet originelle Lösungen für Probleme. Es baut fantasievolle Gebilde aus Bauklötzen. Hokuspokus: Ihr Kind verwandelt sich in seinen Spielen! Grüße aus der Märchenwelt: Ihr Kind spielt immer fantasievoller, oft vermischt es Fantasie und Wirklichkeit. Langsam entwickelt es kompliziertere Spiele.
Im fünften Lebensjahr	
	Die meisten Kinder malen jetzt gern und bringen die Bilder aus ihrer Fantasie zu Papier. Sie träumen viel, lassen ihre Fantasie spielen. Das Kind hat Freude an einfachen Bastelarbeiten. Fantastisch: Jetzt erzählt es selbst erfundene Geschichten. Es spielt mit Knetmasse und modelliert Figuren. Das Kind erzählt jetzt gern „Lügenmärchen“, baut sich seine eigene Welt auf. Es schlüpft in andere Rollen und verkleidet sich gern. Es entdeckt Märchen und orientiert sich daran. Das Kind „verwandelt“ Alltagsdinge in Spielsachen.
Im sechsten Lebensjahr	
	In diesem Alter erfindet es mit Freunden eigene Spiele. Ihr Kind bestimmt beim Spielen gern, legt Rollen fest. Es kann jetzt Fantasie immer besser von Wirklichkeit trennen. Das Kind malt Bilder, die langsam realistischer werden. Es entdeckt das Theaterspielen und komplexere Rollenspiele. Ihr Kind entwickelt seine eigenen Vorstellungen. Genial: Es findet originelle Lösungen für Probleme. Kleine Poeten spielen jetzt gern mit Reimen und Liedern.

Die Kreativität im Alltag fördern

Die für die Kreativität, für die Erfindungsgabe und Entdeckerfreude wichtigen Verknüpfungen und Schaltstellen im Gehirn und die entsprechenden Fähigkeiten entwickeln sich nicht von allein, so bequem das auch aus Sicht mancher Erwachsener wäre. Es ist an den Eltern, Erziehern, Großeltern, den Kindern die Bedingungen zu bieten, die sie brauchen, um ihre Kreativität zu entdecken und zu entfalten. Und welche Bedingungen sind hilfreich?

➤ Ausreichend Platz und Zeit zum Spielen. Spielsachen in Maßen und nicht in Massen, denn ein Knirps, der wenig Zeug um sich hat, muss erfinderisch werden, lernt zu improvisieren – der beste Motor für mehr Kreativität.

➤ Mütter und Väter, die manchmal mitspielen. Ein Kind braucht Eltern, die sich auf seine Gedankenwelt einlassen – nicht jeden Tag und dauernd, aber immer wieder einmal. Eltern, die dabei ihrer eigenen Verspieltheit und Kreativität nachgeben.

➤ Lob und Anerkennung, Wohlwollen und Geduld. Wollen sie die Fantasie und die Kreativität fördern, kommen Eltern weiter, wenn sie ihr Kind ermuntern und loben – ohne Bewertung.

Malen: auf Fantasiereise gehen

Ein Wüstenbild mit Kamel und Oase entsteht – alles in Gelb- und Brauntönen. Beim Malen ist ein Kind ganz bei der Sache – hochkonzentriert strichelt und pinselt es vor sich hin. Tief versunken bringt es fremde, fantasievolle Welten aufs Papier. Nichts anderes zählt im Moment als zu malen, zu zeichnen. Die kindliche Ausdauer, Geschicklichkeit und Fantasie zu beobachten ist eine Freude.

Aber Eltern sollten dem kleinen Künstler vor lauter Begeisterung bitte nicht zu dicht auf den Pelz rücken. Also: Auf Abstand gehen. Und später Interesse am entstehenden Bild zeigen: „Wer ist denn da mit dem Kamel in der Wüste unterwegs?“ Das Malen und Zeichnen anerkennen: „Dein Bild gefällt mir so gut, weil ich die Farben so schön finde ...“

Wenn Sie ein Bild Ihres Kindes loben, sollte das auch ehrlich sein. Übertriebenes oder permanentes Lob nimmt einem Kind die Freude. Es fühlt sich dann nicht ernst genommen: „Das sagen die ja nur so!“

Wie Sie die Malfreude fördern

Sie können:

➤ eine Malecke einrichten, wo Farben, Pinsel, Stifte auch nach dem Malen liegen bleiben können,

➤ außer Wasserfarben und Stiften weitere Materialien anbieten, zum Beispiel Wachsmalstifte, Kreiden ...,

➤ gemeinsam Kunstpostkarten oder Bücher betrachten. Wenn möglich, öfter gemeinsam in Ausstellungen oder Galerien gehen und über die Bilder reden.

Einfach märchenhaft: Geschichten erfinden

Kinder lassen sich gern Geschichten erzählen. Aber viele Eltern schreckt das Erzählen: „Vorlesen ja. Vielleicht auch eine schon mal vorgelesene Geschichte nacherzählen – aber ganz frei draufloserzählen? Das kann ich nicht, ich bin nicht so kreativ!“ Vielleicht schlummert die Kreativität nur. Das Erzählen ist einen Versuch wert. Wenn sie sich darauf einlassen, merken viele Mütter und Väter, dass ihnen das Drauflos-Fabulieren gar nicht so schwer fällt. Oft helfen die Zuhörer, wenn der Redefluss stockt. Eine andere Erzähl-Möglichkeit: von der eigenen Kindheit berichten. Erzählende Eltern animieren ihr Kind, ebenfalls Geschichten zu erfinden, und signalisieren: „Das ist gar nicht so schwierig!“

Bühne frei: Theater spielen

Das Rollen- und Theaterspiel hilft, sich selbst und andere besser kennen zu lernen. Kinder im Vorschulalter mögen es:

➤ Sie ahmen Leute nach, die sie kennen: Die Frau im Bäckerladen, bei der sie morgens die Brötchen holen, oder den Nachbarn, der immer schimpft, wenn sie im Garten Fußball spielen.

➤ Sie spielen bekannte Erzählungen nach: ihre Lieblingsbilderbuchgeschichte oder ein Märchen.

➤ Sie verkleiden sich, räubern den Kleiderschrank der Eltern aus oder bedienen sich aus einer Altkleiderkiste, suchen Hüte, Laken, Modeschmuck, Faschingszeug und verwandeln sich in ein Hochzeitspaar oder in Zirkusleute.

➤ Sie schminken sich mit Faschingsschminke oder mit Mutters Schminkzeug, verwandeln Gesichter in bunte Fantasiegemälde oder traurige Clownsgesichter.

➤ Sie denken sich Geschichten fürs Kasperletheater aus und spielen sie mit Handpuppen nach.

Fantasie braucht Raum: An einem schönen Platz macht Ihrem Kind das Malen, Fabulieren und Erfinden gleich nochmal so viel Freude.

Fragen & Antworten

1 Morgens Kindergarten, nachmittags Ballettkurs oder Flötenstunde … und kaum hat sich unsere Tochter ihren Bauernhof aufgestellt und fragt sich gerade, ob die Kühe auf der Weide oder lieber im Stall sein sollten, müssen wir los – der nächste Kurs beginnt gleich. Wie viele solcher Kurse sind eigentlich gut für ein Vorschulkind?

Psychologen empfehlen für Vorschulkinder maximal einen festen Nachmittagstermin pro Woche, damit genug Zeit fürs spontane Spielen bleibt. Vielen Eltern ist das zu wenig. Weil sie seine musischen und sportlichen Fähigkeiten gezielt fördern möchten, sind sie mit ihrem Kind nachmittags häufiger unterwegs. Nicht der Ehrgeiz treibt viele an, sondern vor allem der Wunsch, dass ihre Kinder alle Chancen haben sollen und zu zufriedenen Menschen heranwachsen, die mit ihrem Leben viel anzufangen wissen. Sie haben die Vorstellung, dass alles, was sich außerhalb der Familie tut, für ihr Kind reizvoller ist als das, was sich zu Hause abspielt. Die Kunst besteht für Eltern sicher darin herauszufinden, wie viele Anregungen von außen ihr Kind braucht und wie viel Zeit es zu Hause für sich selbst und seine Spiele benötigt – Zeit, über die es selbst verfügen kann. Ein Kind braucht diese Freiräume, denn neben allen Aktivitäten sehnt es sich nach der Möglichkeit zu spielen – tief versunken, mit nichts anderem beschäftigt als mit seinen Gedanken, seinen Gefühlen.
Studien haben gezeigt, dass kreative Menschen sich besonders viel Zeit zum Träumen gönnen und nicht auf die Idee kommen, diese als vertane Zeit zu empfinden, sondern als eine schöpferische Pause – so wichtig für die Entwicklung wie das Malen und Erzählen, das Basteln und das Festefeiern.

2 Nachmittags verschwinden unsere Söhne, fünf und sieben Jahre alt, oft im Wäldchen hinter unserem Haus, bepackt mit Milchtüte, Hammer, einem alten Kissen. Was sie da treiben, sei ihr Geheimnis, sagen sie. Mir macht das Sorge: Ich habe Angst vor Entführung oder Unfällen.

Kinder brauchen Geheimnisse und ihre kleinen Freiheiten. Diese sind Inseln in einem von Erwachsenen bestimmten, oft durchgeplanten Alltag. Wichtig ist ihnen, mit Geschwistern und Freunden ihr eigenes Ding zu machen oder auch ganz allein loszuziehen. Dieses Gefühl von Selbstbestimmung tut Kindern gut, setzt schöpferische Kräfte frei. Der sicherste Freiraum: ein Garten, kein ordentlich gestutzter, sondern einer mit ein paar verwunschenen Winkeln. Das reicht, um mit Decke und Kissen hinter ein paar Büschen ein Zauberreich zu haben. Ein Dachboden oder Kelleraum ist für kleine Zauberer ebenso brauchbar, auch da kann man Buden, Höhlen, Verstecke bauen – je geheimnisvoller die Winkel, desto besser.
Fehlen solche Winkel zu Hause, können Wochenendausflüge in den nächsten Wald mit Moosbudenbau als Ersatz dienen und Kinder animieren, neue Ideen zu entwickeln.

3 Bei uns haben Drachen die Herrschaft übernommen, jedenfalls nach Meinung unseres Sohnes. Überall wittert er Gruseliges, das ihn ängstigt. Wie können wir seinen Realitätssinn fördern?

Kleine Kinder denken anders als Erwachsene. Sie können zwischen Fantasie und Wirklichkeit nicht immer unterscheiden. In dieser so genannten magischen Phase ist die Maus aus dem Fernsehen für Vorschulkinder so echt wie

der Freund von nebenan. Ihre Gedankengebilde sind kein Spleen, keine Lügengeschichten, keine Luftmalereien und Wolkenkuckucksheime, sondern ein wichtiger Meilenstein in ihrer Entwicklung. Sie helfen Kindern, sich zu orientieren. Die magischen Vorstellungen werden gebraucht, um Unbekanntes zu erobern, Neues auszuprobieren, eigene Vorstellungen zu entwickeln. Manchmal ist die Welt dank ihrer magischen Kräfte für kleine Zauberer nicht nur prall und bunt, sondern auch bedrohlich: In allen Ritzen und Ecken verstecken sich dann Monster und Ungetüme. Die bunten Märchen, die reiche Fantasie wird zum bösen Traum. Kein Wunder also, dass sich in dieser Phase manches Kind ängstlich unter seine Bettdecke verkrümelt und unbeirrt bei seiner speziellen Weltsicht bleibt. Es hat keinen Zweck, ihm jetzt mit Vernunft zu kommen und an seine Einsicht zu appellieren. Dadurch wachsen die Probleme höchstens noch, denn es verwirrt einen kleinen Knirps ziemlich, dass Mutter und Vater die Welt ganz anders sehen als er selbst – bei weitem nicht so bunt, fantastisch und märchenhaft. Wieso können sie Fragen wie: „Warum lebt Pumuckl im Fernseher?“ nicht „richtig“ beantworten und einem nicht sagen, wie man in die Welt der Drachen kommt?
Eltern wiegeln gern ab, wenn ihr Kind in fantastische Gefilde abdriftet. Mit einem: „Komm auf den Teppich!“ oder „Nun hör mal auf zu spinnen!“ versuchen sie gegenzusteuern. Manche haben nur eine vage Ahnung davon, was sich in den Köpfen ihrer Töchter und Söhne abspielt. Wenn Eltern sich gar nicht erst die Mühe machen, einen Zugang zur kindlichen Welt zu finden und Gespräche über Hexen und ähnliche Märchenwesen gleich abwürgen, verletzen sie ihren Sprössling. Sinnvoller: Verständnis für die Turbulenzen aufbringen, die sich jetzt in den Kinderköpfen abspielen. Vielleicht an die eigene Kinderzeit zurückdenken: War da nicht auch jeder Wald ein Hexenwald, jede Nacht von Gespenstern bevölkert?
Wichtig ist auch, dass Eltern Schutz bieten, wenn Fantasien Angst machen, und liebevoll auf ihre Kinder eingehen – ihnen Mut machen, ohne ihnen ihre Vorstellungen auszureden. Häufiger mit ihnen über die grausigen Zwerge sprechen oder die dicken Monster, die nachts im Kinderzimmer ihr Unwesen treiben. Vielleicht verschwinden sie schneller, wenn man sie aufmalt und das Bild hinterher zerreißt?

4 *Statt zu spielen, reißen unsere Kinder ihre Spielzeuge aus den Regalen und pfeffern sie ins Zimmer. Wie können wir ihre Spielfreude fördern?*

„Ich weiß nicht, was ich machen soll!“ Alle Eltern kennen gelangweilte Kinder, die mit sich selbst, mit ihren Spielsachen nur wenig anzufangen wissen. Sie kommen dann mit Extrawünschen wie: „Schenkst du mir deinen neuen Filzstift?“ oder: „Kaufst du mir was Süßes?“ Geben Eltern diesen Wünschen gleich nach, fühlt sich ihr Sprössling keinen Deut besser, stattdessen wächst die Unzufriedenheit noch. Die Frage ist in diesem Moment nämlich: „Wo ist der nächste Kick für mich?“ Ein Mechanismus, den Eltern durchbrechen sollten, damit sich die Spirale nicht hochschraubt.
Eine Möglichkeit: Alle Spielsachen für eine Weile wegräumen. Nicht gleich für Ersatz sorgen, denn wer unter Langeweile leidet, muss sich etwas einfallen lassen. Gelingt es, die Leere durch Eigeninitiative zu füllen, neue Spiele zu erfinden, entdeckt ein Kind dabei seine innere Stärke, seinen Ideenreichtum und freut sich an seiner Kreativität.

Kreativ und fantasievoll spielen

Kreative Spiele zeigen, über welchen Reichtum an eigenen Gedanken Kinder verfügen, wenn man sie einfach fantasieren, malen, basteln, reden lässt – und ihre Werke würdigt und lobt. Solche Spiele animieren auch Eltern, sich auf die Fantasie ihrer Kinder einzulassen und sich für verrückte Ideen zu begeistern. Natürlich brauchen Kinder zum Spielen nicht unbedingt eine Anleitung durch die Großen. Aber manchmal finden sie einen guten Anfang für ihr Spiel, wenn Erwachsene ihnen im passenden Moment die richtige Anregung liefern – Spieltipps, die ihnen zeigen, wie ideenreich sie selbst sind.

Fantastische Geschichten und Rollenspiele

Das mögen Kinder: sich verkleiden, fantastische Rollen spielen. Geschichten erzählen: von Geistern und vom Hexenzauber. Mit den folgenden Spielen genießen kleine Kreative die Lust am Fabulieren und erschaffen spielend die Welt neu.

Im Riesenland

■ *ab 2 Jahre*
Material: große Decke

➤ Ihr Kind thront auf Ihren Schultern. Sie beide verstecken sich unter einer Decke.
➤ Der „Riese“ wandert durch die Wohnung, die jetzt das Riesenland ist. Beim Herumlaufen wird dieses Riesenland beschrieben. Was ist da zu sehen?
Für Ältere:
Sie erzählen von Nilpferden, die von den Riesen wie Hunde gehalten werden, von Blumen, die so groß sind wie bei uns ein Haus. Wer spinnt die Geschichte weiter?

Die Zapfels

■ *ab 3 Jahre*
Material: 2 Tannenzapfen oder 2 Socken

Zwei möglichst unterschiedliche Zapfen spielen Theater: Die Zapfen verwandeln sich dafür in der Fantasie in zwei komische Burschen, die viel Blödsinn machen.
Eine Variante:
Zwei Socken über die Hände ziehen, mit ihnen Theater spielen. Erst spielen Sie vor, dann zusammen mit Ihrem Kind. Worüber unterhalten sich die Sockenhände?

Wenn Tiere plaudern

■ *ab 3 Jahre*
Material: 2 Stofftiere

Ein erstes Rollenspiel – mit Stofftieren. Die Tiere kommen ins Gespräch miteinander. Was haben sie sich zu erzählen?

Wie lacht der Opa?

■ *ab 3 Jahre*

Zusammen mit Ihrem Kind machen Sie vertraute Menschen nach. Wie guckt der Opa, wenn er ärgerlich ist, wie die Oma, wenn sie reinkommt? Kinder lieben es, wie die Großen zu gucken und zu reden.

Der Schaumprinz

■ *ab 3 Jahre*
Ein Badewannenspiel
Material: Badeschaum, Spiegel

➤ Sie produzieren zusammen mit Ihrem Kind im Badewasser jede Menge Schaum.
➤ Aus dem Schaum Fantasie-Perücken formen, Schnurrbärte – und was noch? Dann alles im Spiegel begutachten.

Herr Rechts und Frau Links

■ *ab 3 Jahre*
Material: Filzstifte

➤ Mit ein paar Strichen verwandeln Sie Ihre rechte Hand (Innenfläche) in Herrn

Rechts und Ihre linke Hand in Frau Links.
➤ Sie lassen Herrn Rechts und Frau Links herumkaspern, ein Gespräch mit ihrem kleinen Zuschauer beginnen, und beteiligen sich daran.

König und Königin

■ *ab 3 Jahre*
Material: Filzstifte

➤ Sie verwandeln Ihre linke Hand in einen König und bemalen sie: Aus der Hand wird das Gesicht des Königs (im Profil gesehen) – Auge und Mund einzeichnen. Aus dem Daumen die Nase. Die ausgestreckten Finger sind die Zacken der Krone. Danach wird Ihre rechte Hand von einem Mitspieler in die Königin verwandelt.
➤ Nun spielen die „Handpuppen“ vor.
Für Ältere:
Mehrere Kinder bemalen ihre Hände gegenseitig, verwandeln sie alle in „Majestäten“ und spielen dann Theater: Was haben die Figuren miteinander zu tun? Worüber unterhalten sie sich? Welche Geschichten erzählen oder erleben sie? Ein Spiel, das viel Fantasie verlangt.

Marionetten aus Papier

■ *ab 4 Jahre*
Material: Briefkarten, Stifte, Schere, Fäden

➤ Zuerst werden zwei oder drei Figuren auf Briefkarten gezeichnet, ausgeschnitten und an Fäden geknüpft.
➤ Mit den Papiermarionetten wird Theater gespielt: Von den Mitspielern an Fäden gehalten, „hüpfen“ sie über den Tisch, laufen übers Fensterbrett und kommen miteinander ins Gespräch. Was erzählen sie?

Pantomime

■ *ab 4 Jahre*
Ein Spiel für vier oder mehr Mitspieler

➤ Jeweils zwei Mitspieler tun sich zusammen, möglichst ein größerer und ein kleinerer. Das erste Spielpaar geht vor die Tür, verabredet, welche Szene es den anderen vorspielen will, zum Beispiel Zähne putzen, Suppe löffeln oder Rad fahren.
➤ Zurück in der Gruppe spielen die beiden vor, was sie sich ausgedacht haben. Wer findet heraus, was sie darstellen?
Für Ältere:
Die Vorspieler denken sich eine Szenenfolge aus, etwa das Thema Autofahren mit einsteigen, Tür schließen, Schlüssel einstecken, starten. Eine wichtige Sequenz wird ausgelassen. Die Mitspieler müssen herausfinden, welche.

Der Schattenriese

■ *ab 4 Jahre*
Material: Tischlampe

Einer verwandelt sich in den Schattenriesen. Tanzt im dunklen Kinderzimmer vor einer auf den Boden gestellten Lampe und erzählt vom Schattenriesen. Erklärt, wo er wohnt. Was er am liebsten macht ...

Wenn die Räuber kommen

■ *ab 4 Jahre*

Wer sich vor Räubern fürchtet, verwandelt sich am besten selbst in einen – und fühlt sich gleich viel stärker. Dieses Rollenspiel hilft, Ängste abzubauen (siehe Seite 100).

Hoch zu Ross

■ *ab 4 Jahre*
Material: Kindermatratze

Eine Kindermatratze, hochkant gestellt, verwandelt sich in ein Pferd. Wer reitet auf ihm durch die Lande? Wohin geht die Reise? Was erlebt der Reiter unterwegs? Der Reitersmann erzählt beim Spielen davon.

Das Hexenspiel

■ *ab 4 Jahre*
Material: Stift und Papier

Eins, zwei, drei, vier, fünf, sechs, sieben,
eine alte Frau kocht Rüben,
eine alte Frau kocht Speck
und du bist weg!

TIPP | GENUG SPIELRAUM

Wir leben in einer Gesellschaft, in der in erster Linie Erfolg wichtig ist. Neues, die Welt Bereicherndes entsteht aber oft nicht durch Erfolgsstreben, sondern vielmehr durch ungezieltes, kreatives Entdecken des Lebens und der eigenen Fähigkeiten. Wer seinen Kindern entsprechende Spielmöglichkeiten schafft, gibt ihnen einen Fundus, aus dem sie ein Leben lang schöpfen können.

➤ Auf Papier zeichnen Sie einen Kreis, teilen diesen in sechs Felder ein und zeichnen in jedes Feld ein Teil vom Hexenzubehör: einen Besen, einen Raben, ein Hexenhaus, einen spitzen Hut, einen Zauberstab und ein Glas mit Hexengebräu.
➤ Es wird ausgezählt, wer zuerst dran ist. Derjenige darf auf ein Hexenfeld zeigen und eine passende Hexengeschichte erzählen. Wer weiß etwas zum Besen, zum Raben oder zum Hexenhut zu erzählen? Danach wird wieder ausgezählt. Wer darf jetzt munter drauflosfabulieren?

Das weiße Schloss

■ *ab 4 Jahre*
Material: 2 alte weiße Bettlaken, Wäscheklammern, Leinen, dicke Filzstifte

➤ Zusammen bemalen Sie die Laken, verwandeln diese in Schlossmauern, zeichnen Fenster, Mauerwerk, Rosenranken auf.
➤ Sie ziehen zwei Leinen kreuz und quer

TIPP | ROLLENSPIELE

Egal, ob Kinder ängstlich, wütend oder traurig sind: Fantasievolle Spiele helfen ihnen, ihr inneres Gleichgewicht wieder zu finden. Diese Spiele sind aus Sicht der Eltern oft beunruhigend drastisch, weil Kinder unverfälscht Gefühle äußern. Rollenspiele sind so wichtig für die kindliche Entwicklung, weil die Knirpse dabei ihre Sorgen und Nöte verarbeiten und gleichzeitig Kreativität entwickeln (siehe Seite 93).

durch einen Garten oder einen größeren Keller- oder Speicherraum und befestigen die „Schlossmauern“ mit Wäscheklammern an den Leinen.

➤ Wer mag wohl in dem Schloss wohnen? Wer denkt sich spannende Geschichten dazu aus und spielt sie nach?

In Mamas Kleidern

■ *ab 4 Jahre*
Material: was Mamas Schrank hergibt, zum Beispiel Kleider, alte Hüte, Tücher (vor allem durchsichtige), Stöckelschuhe

Ein faszinierendes Rollenspiel: Die interessantesten Klamotten aus Mutters Kleiderschrank fischen, sich damit fantasievoll verkleiden – und sich dabei groß und schön fühlen wie die Mama. Danach in ihren Schuhen durch die Wohnung stöckeln, sich mit ihrem Hut auf dem Kopf vor einem großen Spiegel drehen, sich bewundern und – vielleicht zusammen mit anderen Kindern – wie die Großen auftreten (siehe Seite 93).

Wer fliegt denn da?

■ *ab 5 Jahre*
Ein Spiel für draußen
Material: kleine Steine

Alle stellen sich an einer Startlinie auf und werfen um die Wette Steinchen auf ein Spielfeld. Jedes Steinchen verwandelt sich dabei in etwas, das fliegen kann. In einen Hubschrauber. In einen Papagei. In einen

Fesselballon. Wer das Steinchen wirft, muss dazu sagen, in was es sich verwandelt hat, und noch ein paar Worte mehr. Wer fliegt mit dem Hubschrauber wohin? Warum ist der Papagei unterwegs? Wer reist mit dem Fesselballon wohin?

Geisterstunde

■ *ab 5 Jahre*
Ein nächtliches Spiel für Große und Kleine
Material: Isomatten, Luftmatratzen, Decken, Proviant, Taschenlampen, Wecker

Bereiten Sie im Kinderzimmer ein Matratzenlager vor. Mehrere Kinder dürfen darauf übernachten, gut ausgerüstet mit allem, was ihnen schmeckt, dazu mit Taschenlampen und einem Wecker, der um zwölf Uhr die Geisterstunde ansagt. Um Mitternacht wird reihum von Geistern erzählt – lauter ausgedachte Geschichten von Gespenstern, die durch Schlösser schweben, und Moorgeistern, die im Nebel spuken.

Die Fledermaussuche

■ *ab 5 Jahre*
Ein nächtliches Spiel für draußen, für Große und Kleine
Material: schwarzes Tonpapier, Klebestreifen, Schere, Taschenlampen

➤ Aus schwarzem Tonpapier schneiden Sie eine große Fledermaus aus.
➤ Unbemerkt von allen anderen schleichen Sie nach draußen und verstecken die Fledermaus: befestigen sie zum Beispiel mit Klebestreifen an einem Garagentor.
➤ Spät am Abend wird die Fledermaus draußen per Taschenlampe gesucht. Auf der Suche werden reihum Fledermaus-Geschichten erzählt. Gruselige Geschichten oder besonders lustige. Wer entdeckt die Fledermaus zuerst?

Es war einmal ...

■ *ab 5 Jahre*

Treffen Sie sich zur Märchenstunde: Alle denken sich zusammen eine Geschichte aus und erzählen abwechselnd: „Es war einmal ...“ Eine Prinzessin? Ein Meeresungeheuer? Ein verwunschener Elefant? Wenn Sie eine Weile erzählt haben, ist der Nächste dran, greift den Faden auf und spinnt die Geschichte weiter.
Eine Variante:
Alle Mitspieler – je mehr, desto besser – gehen in Gedanken gemeinsam durch ein großes Schloss, das zwischen Hügeln liegt, gleich neben einem See. Der Jüngste beginnt zu erzählen, beschreibt einen Raum aus dem Schloss und denkt sich aus, wer in diesem Raum ist und was dort geschieht. Dann ist der Nächste an der Reihe, geht in einen anderen Saal des Schlosses und erzählt, was dort passiert. Nach und nach wird das ganze Schloss besichtigt.

Wenn ein Blatt auf Reisen geht

■ *ab 5 Jahre*
Ein Wasserspiel für draußen
Material: mehrere Blätter

➤ Gespielt wird am besten am Ufer eines Bachs oder auf einer Brücke. Der Jüngste beginnt: Er wirft ein Blatt ins Wasser, verfolgt es mit den Augen und erzählt seinen Mitspielern, wohin es reisen und wen es unterwegs treffen wird. Einen Frosch? Einen Fisch? Ein altes Boot? Was erlebt es?
➤ Später werfen die anderen ihre Blätter und denken sich neue Geschichten aus.

Wer mag das sein?

■ *ab 5 Jahre*

Ein kreatives Spiel, mit dem man sich die Zeit vertreiben kann, wenn man im Stau steht: Wer guckt sich einen Autofahrer aus und erfindet einen Namen und eine Lebensgeschichte zu ihm?

Nun spinn mal los!

■ *ab 5 Jahre*

➤ Ein Fabulierspiel, besonders geeignet für lange Autofahrten oder Wartezeiten: Ein Mitspieler gibt einem anderen drei Wörter vor, beispielsweise: Apfel, Hase und Sonnenbrille. Wem fällt dazu eine Geschichte ein – vielleicht sogar eine besonders verrückte? So wie die folgende:
➤ Die Sonnenbrille sagt zum Hasen: „Setz mich auf deine Nase, dann kann ich mehr sehen von der Welt, und du siehst auch viel besser, weil dich die Sonne nicht so blendet.“ Der Hase setzt sich die Brille auf. „Ein tolles Paar sind wir!“ meint die Sonnenbrille. Da rollt ein Apfel über die Straße und ruft: „Wir könnten ein gutes Dreigespann sein! Ihr müsst nur aufsteigen, denn ich kann fliegen!“ Der Hase mit der Sonnenbrille setzt sich auf den Apfel. Der Apfel nimmt Anlauf, hebt ab und fliegt los.
➤ Wer gibt die nächsten drei Wörter vor? Abendrot, Auto und Veilchen. Oder Kuchen, Fliege und Sonnenstrahl? Es ist auch erlaubt, kurze Geschichten zu erzählen, die nur aus ein paar Sätzen bestehen.

Das einsame Pferd

■ *ab 5 Jahre*

In einem einsam gelegenen Tal auf einem einsam gelegenen Bauernhof lebt ganz allein ein schwarzes Pferd. Es ist traurig und sehnt sich nach Gesellschaft. Wer erzählt die Geschichte weiter? Wer weiß, wie man dem Pferd helfen könnte?

Der lange Lulatsch

■ *ab 5 Jahre*
Material: Stifte und Papier

Mitten im Zwergenland – und das ist kein besonders großes Land – liegt ein Riese auf dem Rücken, alle viere von sich gestreckt. Er schnarcht wie zehn Nilpferde, rührt sich nicht von der Stelle. Eine gute Gelegenheit für die Zwerge, ihn wegzuschaffen: nur wie? Wer weiß eine Lösung und malt sie auf?

Von Hund und Katze

ab 5 Jahre
Material: Stifte und Papier

Jeder Mitspieler bekommt Stifte, Papier und eine Aufgabe: „Du hast einen Hund und eine Katze, die sich nicht vertragen. Wie lässt sich das Problem lösen?“ Den Hund und die Katze jeweils in einen Käfig sperren? Anleinen? Mit Wurst und Milch bestechen? Wem fällt eine Lösung ein, wer kann sie aufzeichnen? Wem fallen weitere und ähnliche Probleme ein? Es macht Kleinen mehr Spaß, nach Lösungen zu suchen, wenn Große dabei etwas helfen.

Die Stühleklauer

ab 5 Jahre

Sie erzählen die Geschichte von den gestohlenen Stühlen: „Nachts kamen Diebe und haben alle Stühle geklaut. Kein einziger ist mehr da!“ Wer findet eine Lösung?

Im Märchenland

ab 5 Jahre

➤ Jeder sucht sich ein Märchen aus. Einer beginnt und stellt eine Figur aus seinem Märchen vor. Wer Rotkäppchen darstellt, könnte fragen, wo denn der Korb mit Kuchen und Wein geblieben ist. Wer Schneewittchen spielt, tut so, als decke er den Tisch: „Sechs Tellerchen habe ich hingestellt, jetzt fehlt noch das siebte!“
➤ Wer das betreffende Märchen erraten hat, ist als Nächster dran.

Vom Mondkalb, das so großes Heimweh hat

ab 5 Jahre
Material: Stifte und Papier

Auf dem Mond lebt seit ewigen Zeiten ein Mondkalb. Wer weiß, wie es von der Erde dorthin gekommen ist? Das Mondkalb hat Heimweh. Es will zurück zur Erde! Wer löst das Problem, erzählt die Geschichte weiter oder zeichnet sie auf?

Die Schlaraffenlandmaschine

ab 5 Jahre
Material: Stifte und Papier

Wer erfindet eine Schlaraffenlandmaschine, die den Menschen ein paradiesisches Leben beschert und einfach jeden Wunsch erfüllt? Wer zeichnet sie auf?

Die Roboter

■ *ab 5 Jahre*
Material: Kartons, etwas größer als ein Kinderkopf, Wachsmalstifte, Schere

➤ Zuerst wird gebastelt. Jeder Mitspieler verwandelt einen Karton in eine Robotermaske. Schneidet Augenschlitze, bemalt den Karton, lässt dabei seine Fantasie spielen: „Wie soll mein Roboter aussehen?"
➤ Alle setzen nun ihre Robotermasken auf und bewegen sich wie ferngesteuert durch den Raum. Was tun die Roboter? Wie bewegen sie sich? Können Sie miteinander reden, oder verständigen sie sich mit anderen Zeichen?

Der Freudenhupfer

■ *ab 5 Jahre*

Sie geben den Fingern einer Kinderhand Namen. Der Daumen heißt vielleicht Freudenhupfer, der Zeigefinger Glücksbringer, der Mittelfinger Lachhansel, der Ringfinger Muntermacher, der kleine Finger Witzbold. Dann tippen Sie einen Finger nach dem anderen an und erzählen zu jedem eine Geschichte: „Freudenhupfer ist mit dem Motorrad unterwegs. Auf einem Hügel, unter einer Linde, trifft er Glücksbringer ..." Und wie geht's weiter?
Für Ältere:
Am Ende werden die Rollen getauscht. Ihr Mitspieler ist jetzt an der Reihe, denkt sich Namen für Ihre fünf Finger aus und erzählt eine Geschichte zu jedem Finger.

Ratet, was ich spiele!

■ *ab 5 Jahre*
Ein Spiel für drei oder mehr Mitspieler

➤ Jeder denkt sich eine bestimmte Situation aus, vielleicht: „Im Zoo vor dem Affenkäfig" oder „Krach in der Familie".
➤ Der Jüngste beginnt, sucht sich einen Mitspieler, wenn er ihn braucht, und versucht das nachzuspielen, was er sich vorgestellt hat. Die Zuschauer versuchen herauszufinden, was sie da gerade zu sehen bekommen. Wer es erraten hat, ist als Nächster an der Reihe.

Malen, basteln, werkeln: Eine Fantasiewelt entsteht

Mithilfe von Papier und Stift kann man ins Weltall abzischen oder Zirkusabenteuer erleben. Oder lieber grüne Krokodile und lustige Stehaufmännchen schneiden und kleben? Beim Zeichnen und Basteln werden kindliche Träume wahr.

Die erste Sonne

■ *ab 2 Jahre*
Material: gelbe Lebensmittelfarbe, Papier

Sie geben einen dicken Klecks gelbe Lebensmittelfarbe auf einen großen Bogen festes Papier. Abwechselnd tunken Ihr Kind und Sie einen Finger in die Farbe und zeichnen rundum Strahlen an den gelben Fleck, bis er eine große, schöne Sonne ist. Dabei erzählen Sie Ihrem Kind eine Geschichte von der Sonne.

Im Farbrausch

■ *ab 2 Jahre*
Ein Wasserspiel für draußen
Material: 1 Stück Tapete, Fingerfarben

Ein Tapetenstück, Farbe und viel Fantasie genügen – und Ihr Kind kreiert mit Händen und Füßen leuchtend bunte Bilder.
Eine Variante:
Im Sommer, splitternackt im Planschbecken, bemalen sich Kinder gegenseitig und verwandeln sich dabei in strahlende Paradiesvögel. Hinterher werden die Farben mit einem Gartenschlauch wieder abgespritzt – das ist für Kleine nochmal ein extra Vergnügen!

Sammelsurium aus dem Wald

■ *ab 3 Jahre*
Material: Steine, Pflanzen, Stöckchen

Alle sammeln im Wald oder Park Steine, Stöckchen – was so am Wegesrand liegt. Sie legen aus den Dingen ein Bild auf dem Boden und beraten einander dabei.
Für Ältere:
Jeder Spieler legt aus seinem Sammelsurium ein Reliefbild. Hinterher begutachten alle die Kunstwerke. Wie kann man sie am besten beschreiben, wie begründen, warum dieses gefällt und jenes nicht so gut?

Bildergalerie

■ *ab 4 Jahre*
Material: Stifte, Papier

Im Vorschulalter malen viele Kinder für ihr Leben gern – und bringen oft Erstaunliches zu Papier, wenn man sie nur lässt.

TIPP | GENAU HINHÖREN

Fantasiebegabte Kinder lassen Bälle, Schuhe, Stifte oder andere Gegenstände lebendig werden und miteinander reden. Wenn sie genau zuhören, können Eltern aus diesen Dialogen eine Menge über ihr Kind erfahren. Sie lernen dabei seine Gedanken kennen, seine Ängste, Nöte und Freuden – das, was ihm auf der Seele liegt.

Die beste Förderung und Anregung: Respekt vor dem zeigen, was ein kleiner Künstler zustande bringt. Es tut Selbstwertgefühl und Kreativität gut, wenn die Bilder später in der ganzen Wohnung hängen, nicht nur im Kinderzimmer.

Lauter bunte Männchen

■ *ab 4 Jahre*
Material: Tapetenreste oder Packpapier, Klebestreifen, Schere, Wachsmalstifte

➤ Sie befestigen einen großen Bogen Papier mit Klebestreifen auf dem Boden.
➤ Gemeinsam zeichnen Sie viele kinderhandgroße Figuren aufs Papier: Leute mit roten oder gelben Locken, mit Strubbelhaar, knallbunten Klamotten, dünn oder dick ... Vielleicht findet sich ein Platz, an dem die lustige Gesellschaft eine Zeit ausgestellt werden kann?

Im Weltall

■ *ab 4 Jahre*
Material: alte Zahnbürste, schwarzes Tonpapier, Acrylfarbe

Kinder staunen, wenn sie in einer sternklaren Nacht aus dem Fenster schauen: Das Weltall mit den unendlich vielen Sternen ist riesig. Versuchen Sie, es aufs Papier zu bringen. Vielleicht so: Farbe auf die Zahnbürste geben, mit dem Finger über die Borsten fahren, dabei Farbe aufs Papier spritzen. Jeder Spritzer ist ein Stern.

Große Malerei

■ *ab 4 Jahre*
Material: Kunstpostkarten, Kunstbücher, Stifte, Kreide, Papier

➤ Sie schauen zusammen Kunstkarten und -bücher an. Welches Bild gefällt besonders gut – welches nicht? Und warum?
➤ Alle lassen sich von den Bildern zum Malen anregen. Kinder genießen es, wenn die Großen auch malen, in ihrer Nähe, aber mit eigenen Sachen beschäftigt sind.

Der bunte Vogelbaum

■ *ab 4 Jahre*
Ein Sommerspiel
Material: Zeichenpapier, bunte Stifte, Schere, bunte Bänder

➤ Auf Zeichenpapier zeichnen Sie, stark vereinfacht, für jeden Mitspieler ein- oder zweimal den Umriss eines großen Vogels. Schneiden Sie die Vögel aus.

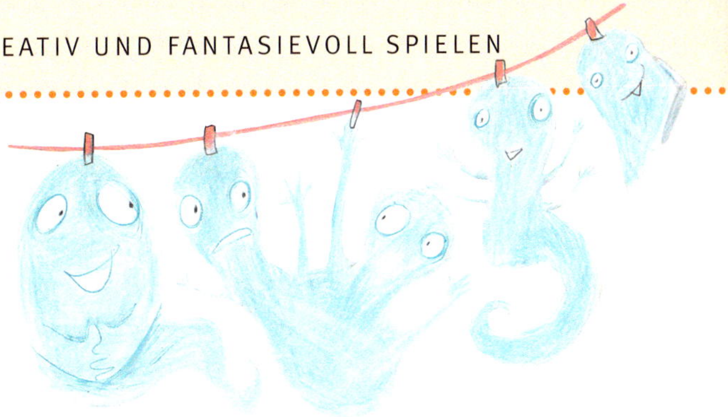

➤ Die Kinder malen die Vögel aus. Dem einen Vogel geben sie ein gepunktetes Gefieder, dem anderen ein gestreiftes. Alle Vögel unterscheiden sich voneinander.
➤ Die Vögel an lange Bänder knüpfen und draußen an einen Busch hängen.

Die Rindenmonster

■ *ab 4 Jahre*
Material: große Rindenstücke, Moos, Blätter, Tannenzapfen, Hölzchen, kleine Steine, Gräser, Schnur

➤ Im Wald wird das Bastelmaterial zusammengesucht.
➤ Jeder nimmt sich ein großes Stück Rinde und verwandelt es in ein Monstergesicht mit Grashaaren, Blätteraugen, Tannenzapfennase ... Alles feststecken oder mit etwas Schnur festbinden.
➤ Zum Schluss werden die verschiedenen Gestalten begutachtet: Welche Figur sieht ganz besonders gruselig aus, welche richtig nett und freundlich?

Die Geisterfamilie

■ *ab 4 Jahre*
Material: dünnes Zeichenpapier, Wäscheklammern, Wäscheleine; oder: altes weißes Laken, Schere, Kleister, schwarzer Filzstift

Aus dem Papier verschiedene Geister schneiden, dünne und dicke, kleine und große mit Kulleraugen – runden Löchern im Gesicht – und breiten Grinsemündern. Die Geister mit Wäscheklammern an einer Wäscheleine befestigen: Antreten zum Schönheits- oder Gruselwettbewerb!

Für Ältere:
Aus Stoffresten Grusel-Geister basteln.
➤ Das Laken in Karos (etwa 40 mal 40 Zentimeter groß) zerschneiden.
➤ Die Karos anfeuchten, mit Kleister durchkneten und anheben. Dann verschiedene Geister daraus formen: lange dünne oder kurze knubbelige – ganz unterschiedliche Typen.
➤ Die Geister zum Trocknen an eine Wäscheleine hängen und ihnen später mit schwarzem Filzstift noch Geistergesichter aufmalen.

Fallschirmspringer

■ *ab 5 Jahre*
Material: Papierserviette, Papier, Stifte, Klebstoff, Fäden, Schere, Wäscheklammer

➤ An die vier Zipfel einer Papierserviette lange Fäden knüpfen. Die vier Fäden zusammennehmen und eine Wäscheklammer daranknoten, die mit Papier beklebt und in ein Männchen verwandelt wurde. Nach diesem Muster ganz verschiedene Fallschirmspringer fabrizieren.
➤ Jetzt lassen Sie gemeinsam die Fallschirme vom Balkon fliegen und erfinden dazu Geschichten: In der Wüste, über den Bergen – wo landen die Fallschirmspringer? Was erleben sie dort?

Kartoffeldruck

■ *ab 5 Jahre*
Material: Kartoffeln, Messer, Tuschfarbe, Pinsel, Wassergläser, Papier

➤ Aus Kartoffeln Stempel schneiden, etwa die Form eines spitzgiebligen Hauses.
➤ Den Stempel mit Pinsel und Farbe anmalen, dann auf Papier abdrucken. Aus vielen Häusern entsteht eine Stadt.
➤ Wer malt oder zeichnet noch mehr dazu? Holzstücke, Steine, Rinde – was eignet sich außerdem noch als Stempel?

TIPP | IDEENWERKSTATT

Geübte kleine Bastler sind erfinderisch. Und die folgenden Materialien fordern ihren Erfindergeist zusätzlich heraus:
➤ Blechbüchsen
➤ Bierdeckel
➤ Schachteln
➤ Wellpappe
➤ Toilettenpapierrollen
➤ Stöcke und Hölzer
➤ Stoffreste

Drahtiges aus Holz

■ *ab 5 Jahre*
Material: Hammer, Zange, Nägel, Draht, Holzbrettchen

Kinder lieben ihre Freiheit – auch beim Basteln. Deshalb die Kreativität nicht durch vorgegebene Themen zu stark einengen wie „Heute bauen wir ein Haus, und das wird so und so gemacht!“, sondern lieber fragen: „Was fällt euch zu Draht, Holz und Nägeln ein?“ In Ruhe abwarten, was dabei herauskommt.

Der leuchtende Roboter

■ *ab 5 Jahre*
Material: kleinere und größere Schachtel, Schere, Transparentpapier, Klebstoff, kleine Taschenlampe

➤ In die kleinere Schachtel Löcher für Augen, Nase und Mund schneiden und mit Transparentpapier von innen zukleben.
➤ Nun schneiden Sie in die größere Schachtel nach Belieben runde und eckige Löcher, die Sie ebenfalls mit Transparentpapier abkleben.
➤ Aus den Schachteln einen Roboter bauen und kleben. Diesen von innen mit einer Taschenlampe beleuchten.

Die neue Erde

■ *ab 5 Jahre*
Material: Tapetenreste, bunte Stifte, Tuschfarben, Pinsel, Wassergläser

➤ Sie schneiden aus einer Tapetenbahn einen möglichst großen Kreis und legen ihn mitten auf einen Maltisch.
➤ Die Kinder teilen sich den Kreis: Jeder bekommt einen Teil zum Gestalten.
➤ Dann pinseln und stricheln alle drauflos und verwandeln den weißen Kreis in eine bunte, fremde Weltkugel. Wie sieht diese Welt aus? Was ist Meer, was Land? Wer lebt auf den Kontinenten dieser Fantasieweltkugel?

Glitzerland

■ *ab 5 Jahre*
Material: Tinte in verschiedenen Farben, Alufolie, schwarzes Tonpapier

➤ Jeder bekommt ein Stück Alufolie, knautscht diese, zieht sie vorsichtig wieder auseinander, sodass eine Landschaft mit Hügeln und Tälern entsteht – ein Relief.
➤ Jetzt wird Tinte auf die Alufolie gegeben – ein Schuss blaue, ein Schuss rote, ein Schuss grüne. Nach dem Trocknen zeigt sich eine glitzernde Fantasielandschaft, die auf schwarzes Tonpapier geklebt noch eindrucksvoller wirkt.

Maus und Elefant

■ *ab 5 Jahre*
Material: Stifte und Papier

Maus und Elefant sind dicke Freunde. Was erleben die beiden zusammen? Wer erzählt von ihren Abenteuern, wer zeichnet ihre Erlebnisse auf?

Vogelscheuche

■ *ab 5 Jahre*
Ein Spiel für draußen, für zwei oder vier
Material: langer und kürzerer Stock, Luftballon, Stoffreste, alte Kleider, Hüte und Tücher, Bindfaden, Filzstifte, Schere

Wer hat Lust, eine witzige, bunte oder gruselige Vogelscheuche zu basteln?
➤ Einen Stock in die Erde stecken, einen zweiten als „Arme" quer zum „Körper" mit viel Bindfaden daran festbinden.
➤ Einen Ballon mit einer Luftballonpumpe aufblasen, in Stoff einwickeln oder damit bekleben, ein Gesicht aufmalen.
➤ Die Vogelscheuche anziehen, mit Tüchern oder alten Klamotten dekorieren.

Das alte Krokodil

■ *ab 5 Jahre*
Material: Zeitungspapier, Kleister, Luftpolsterfolie, grüne Tusche, Pinsel, Wasserglas, Papier, Schere

➤ Eine Wurst aus Zeitungspapier formen, gut einkleistern, durchkneten, schließlich mit der Luftpolsterfolie umwickeln. Die Noppen der Folie grün anmalen.
➤ Aus Papier Beine und Augen schneiden, anmalen und auf das Krokodil kleistern.
➤ Welche wilden Urwaldtiere könnte man noch auf diese Art fabrizieren?

Neue Welten errichten und eigene Spiele erfinden

Eine Fantasiewelt schaffen, sich selbst ganz eigene Spiele ausdenken – Eltern kommen ins Staunen, wenn Kinder erst einmal loslegen. Lassen Sie sich von den kleinen Kreativen dazu inspirieren, Neues auszuprobieren und erfinderisch zu sein.

Sommerlandschaft

■ *ab 3 Jahre*
Material: Tücher, Decken, Kissen, Schirme

➤ Egal, ob draußen die Sonne scheint – im Kinderzimmer herrscht bei diesem Spiel Sommer: Aus Kissen und Decken Zelte bauen.
➤ Ein Lager daraus bauen, eine möglichst sommerliche Atmosphäre schaffen und dann in der Zeltlandschaft spielen.

TIPP | KEINE ANGST

Messer, Gabel, Schere, Licht sind für kleine Kinder nicht – eine angestaubte Weisheit. Schon Dreijährige können und wollen mit Messer, Säge und Hammer hantieren, können aus Gläsern trinken, von Porzellantellern essen. Sie verletzen sich nicht, zerbrechen (fast) nichts, wenn man sie üben lässt. Eltern sollten natürlich immer ein Auge auf die Experimente haben, aber möglichst nicht eingreifen. Das stärkt das Selbstvertrauen der Kleinen.

Selbst gemachte Bauklötze

■ *ab 4 Jahre*
Material: Äste, Säge

➤ Von einem Waldspaziergang einige dickere und dünnere Äste mitbringen und zu Hause in verschieden lange Holzklötze zersägen. Unter Aufsicht können ältere Kinder dabei schon mitmachen.
➤ Zusammen Ideen ausbrüten: Was kann man aus diesen Rundhölzern bauen? Mauern, Brücken, Fantasielandschaften? Wer mischt sie mit anderen Bauklötzen?
➤ Eine weitere Anregung: Sie besorgen im Baumarkt Holzleisten, die doppelt so breit wie dick sind, und zersägen sie in gleichmäßige Stücke. Anschließend die Kanten fein schleifen. Je mehr Klötze zum Bauen zur Verfügung stehen, desto besser.

Das Pfützenspiel

■ *ab 4 Jahre*
Ein Spiel für draußen (nach dem Regen)

➤ Eine große Pfütze wird gesucht. Ist sie gefunden, stellen sich alle vor die Pfütze.
➤ Wer erfindet Pfützenspiele und probiert sie aus (auf passende Kleidung achten)?
Eine Variante:
Einen Sandberg anhäufen und gemeinsam überlegen, was man damit spielen könnte. Wer hat gute Ideen? Eine Kullerbahn daraus bauen? Oder Anlauf nehmen und hinein hüpfen? Wer hat neue Spielideen zu Seifenblasen, Wasser, Wind, Gummibärchen oder Farbwürfeln?

Im Urwald

■ *ab 4 Jahre*
Material: Kissen, Decken – alles, was man braucht, um Buden zu bauen

Alle Mitspieler verwandeln sich in Affen, die sich gemeinsam eine Höhle im Urwald bauen. Sie müssen vor Schlangen auf der Hut sein, sich vor Elefanten verstecken und durch das Dickicht kämpfen.
Das Kinderzimmer ist der Urwald. Kissen und Decken sind die Affenhöhle. Kinder haben genug Erfindungsgabe, um aus alltäglichen Dingen eine fantastische Umwelt zu zaubern – und genau das herzustellen, was sie für ihre Spiele brauchen.

Im Orient

■ *ab 5 Jahre*
Material: selbsthärtende Modelliermasse, Nylonschnur, bunte Tücher und Schals, Decken, Gold- und Silberfolie, bunte Bänder, Packpapier, Pinsel, Tusche, Wasserglas, Schere, Wachsmalstifte, Plastikfolie, Wäscheklammern, Wäscheleine

Ob zum Fasching, am Geburtstag oder einfach so aus Lust und Laune: Solch ein orientalisches Märchenfest macht Kindern Spaß. Schon bei der Vorbereitung können alle mitdenken und miterfinden:

➤ Perlenketten herstellen: Aus selbsthärtender Modelliermasse fertigen Sie zusammen viele große und kleine Perlen, härten sie im Backofen, fädeln Ketten daraus.

➤ Glitzerwand installieren: An einer Wäscheleine wird eine Plastikfolie mit Wäscheklammern befestigt, die vorher mit Wachsmalstiften bemalt wurde. Wer malt orientalische Muster auf die Folie oder Paradiesvögel und Paradiesblumen?

➤ Turbane herstellen: Sie üben, aus einem Schal eine Turban zu drehen.

➤ Mond und Sterne: Aus Gold- und Silberfolie schneiden Sie Halbmonde und Mondsicheln, kleine und große Sterne und basteln Girlanden daraus: Mond und Sterne auf Bänder fädeln.

➤ Palmen: Auf Packpapier malen Sie zusammen mit Ihrem Kind große Palmen, schneiden die Palmen aus, befestigen sie mit Klebeband an der Wand.

➤ Zum Fest werden alle mit Turban oder Mütze, Tüchern und Ketten verkleidet und mit Faschingsschminke verschönert.

Hinter den sieben Bergen

■ *ab 4 Jahre*
Ein Spiel, das Zeit braucht
Material: Moos, Stöcke, Steine, Rinde, Blätter, Gräser, Blüten, Schnur, Hammer, Nägel

➤ Im Wald Baumaterial: Rindenstücke, Moospolster, Blätter, Stöckchen ...
➤ Die Fantasie spielen lassen: Aus den Sammelstücken eine Märchenlandschaft gestalten mit Hütten und Häusern. Dafür alles zusammenbinden oder -hämmern.

Die Kartonstadt

■ *ab 4 Jahre*
Material: viele große Kartons, Fingerfarben, Messer, Packpapier, Klebestreifen, Klebstoff

➤ Das wird eine Stadt mit farbenfrohen Fantasiehäusern: Türen und Fenster in die Kartons schneiden oder ritzen, das macht am besten ein Erwachsener. Die Fenster- und Türflügel nach außen klappen.
➤ Jetzt sind die Kinder am Zuge, verwandeln die langweiligen Kartons mit viel Fingerfarbe in knallbunte Häuser.
➤ Später werden aus Packpapierstreifen – so breit wie die Kartons – Dächer gebaut: Die Streifen bemalen, in der Mitte knicken, auf die Kartons setzen, mit Klebeband befestigen.

In der Stadt

■ *ab 5 Jahre*
Material: Packpapier, dicke Filzstifte, Schere, Wäscheleinen, Wäscheklammern

➤ Packpapier im Keller oder auf der Terrasse auslegen. Jeden Bogen in ein Haus verwandeln: Fenster, Türen, Balkons aufmalen. Jeder entwirft sein eigenes Haus.

FÜR FINDIGE KINDER:

Spiele	Alter ab	Kreativität	Entwicklung der Sinne	Motorische Fähigkeiten	Denke
Die erste Sonne	2	•••	••	•	••
Im Farbrausch	2	•••	•••		••
Im Riesenland	2	•••		•	••
Der Schaumprinz	3	•••	•	•	
Die Zapfels	3	•••	•	•	
Herr Rechts und Frau Links	3	•••	•	•	
König und Königin	3	•••	•	•	
Sammelsurium	3	•••	•	•	
Sommerlandschaft	3	•••	••	•	
Wie lacht der Opa?	3	•••			
Wenn Tiere plaudern	3	•••			•
Bildergalerie	4	•••	•	•	
Das Hexenspiel	4	•••		•	•
Das Pfützenspiel	4	•••			••
Das weiße Schloss	4	•••	•	•	
Der bunte Vogelbaum	4	•••	•	•	
Der Schattenriese	4	•••		••	•

➤ Die Wäscheleinen kreuz und quer durch ein Zimmer oder einen Garten spannen. Die „Häuser“ mit Wäscheklammern an die Leinen hängen – und in der neuen Stadt zusammen spielen.

Holzköpfe

■ *ab 5 Jahre*
Material: Holzleiste (etwa 1 Meter lang, 6 Zentimeter dick), Säge, dicke Filzstifte

➤ Im Baumarkt kaufen Sie eine Holzleiste, die Sie in Klötze zersägen – fünf Teile etwa 10 Zentimeter lang, die übrigen etwa 15 Zentimeter lang.
➤ Zusammen bemalen Sie die Holzklötze, zeichnen auf die fünf kürzeren Klötze (Vorder- und Rückseite, Querformat) Gesichter und verzieren die übrigen Klötze mit bunten Mustern. Jeder Klotz bekommt andere Farben und Muster.
➤ Die Muster- und Gesichterklötze zu immer neuen Figuren zusammensetzen.

Die Spiele-Erfinder

■ *ab 5 Jahre*
Material: 10 kleine Kieselsteine, 6 Murmeln, 6 Pingpongbälle, 10 Papierschnipsel

➤ Sie legen die Kieselsteine auf den Boden, in einigem Abstand dazu Pingpongbälle, Murmeln und Papierschnipsel.
➤ Jeder entscheidet sich für ein Material und denkt sich ein Spiel dazu aus.
➤ Eine Möglichkeit: das Pingpongspiel. Die Spieler sitzen einander gegenüber, jeder hat drei Bälle, sie kullern die Bälle abwechselnd aufeinander zu. Für jeden Treffer gibt es einen Punkt. Gewinner ist, wer zum Schluss die meisten Punkte hat.
➤ Wer denkt sich neue Spiele zu den übrigen Gegenständen aus?

ALLE KREATIV-SPIELE AUF EINEN BLICK

Konzentration	Sprachliche Fähigkeiten	Musikalische Fähigkeiten	Selbsterkenntnis	Soziales Verhalten	Seite	Spiele
	•		•		105	Die erste Sonne
			•		105	Im Farbrausch
•	••			••	97	Im Riesenland
				••	97	Der Schaumprinz
•	••			•	97	Die Zapfels
	••			•	97	Herr Rechts und Frau Links
•	••			••	98	König und Königin
••			•	•	105	Sammelsurium
	•			••	110	Sommerlandschaft
•				••	97	Wie lacht der Opa?
	••			•	97	Wenn Tiere plaudern
•			••	•	105	Bildergalerie
•	••			••	99	Das Hexenspiel
	•			••	110	Das Pfützenspiel
	••			••	99	Das weiße Schloss
•			•	••	106	Der bunte Vogelbaum
	••				107	Der Schattenriese

FÜR FINDIGE KINDER:

Spiele	Alter ab	Kreativität	Entwicklung der Sinne	Motorische Fähigkeiten	Denken
Die Geisterfamilie	4	•••		••	
Die Kartonstadt	4	•••	•	••	
Große Malerei	4	•••	•	•	
Hinter den sieben Bergen	4	•••	•	•	
Hoch zu Ross	4	•••		••	
Im Orient	4	•••	••	•	
Im Weltall	4	•••	•	•	••
In Mamas Kleidern	4	•••	•		
Lauter bunte Männchen	4	•••			
Marionetten aus Papier	4	•••	•	•	
Pantomime	4	•••	•	••	
Selbst gemachte Bauklötze	4	•••	•	•	
Wenn die Räuber kommen	4	•••		•	
Das alte Krokodil	5	•••		••	
Das einsame Pferd	5	•••			••
Der lange Lulatsch	5	•••			•••
Der Freudenhupfer	5	•••		•	•
Der leuchtende Roboter	5	•••		••	
Die Fledermaussuche	4	•••	•		
Die neue Erde	5	•••	•	•	•
Die Rindenmonster	5	•••	••	••	
Die Roboter	5	•••		••	
Die Schlaraffenland-maschine	5	•••		•	•••
Die Spiele-Erfinder	5	•••		••	•
Die Stühleklauer	5	•••			•••
Drahtiges aus Holz	5	•••		••	•
Es war einmal ...	5	•••			•
Fallschirmspringer	5	•••		••	
Geisterstunde	5	•••	•		
Glitzerland	5	•••		•	
Holzköpfe	5	•••		•	
Im Märchenland	5	•••	•	•	•
Im Urwald	5	•••	•		•
In der Stadt	5	•••		•	
Kartoffeldruck	5	•••		•	
Maus und Elefant	5	•••		•	••
Nun spinn mal los!	5	•••			•
Ratet, was ich spiele	5	•••			•
Vogelscheuche	5	•••		••	••
Vom Mondkalb	5	•••	•	•	•••
Von Hund und Katze	5	•••	•	•	•••
Wenn ein Blatt verreist	5	•••		•	
Wer fliegt denn da?	5	•••		••	••
Wer mag das sein?	5	•••			•

Das angegebene Spiel fördert die Fähigkeiten in diesem Bereich ...
••• hervorragend •• gut • ein wenig (neben anderen Fähigkeiten)

ALLE KREATIV-SPIELE AUF EINEN BLICK

Konzentration	Sprachliche Fähigkeiten	Musikalische Fähigkeiten	Selbst-erkenntnis	Soziales Verhalten	Seite	Spiele
•				••	107	Die Geisterfamilie
•				••	112	Die Kartonstadt
•	••				106	Große Malerei
•				••	112	Hinter den sieben Bergen
	••		•		99	Hoch zu Ross
•				••	111	Im Orient
•	•		•	•	106	Im Weltall
•	••		••		100	In Mamas Kleidern
				••	106	Lauter bunte Männchen
•	••			••	98	Marionetten aus Papier
•			••	•	98	Pantomime
•				•••	110	Selbst gemachte Bauklötze
	••		•••		99	Wenn die Räuber kommen
•					109	Das alte Krokodil
•	•••			••	102	Das einsame Pferd
•	••			•	102	Der lange Lulatsch
•	••		•	••	104	Der Freudenhupfer
•					108	Der leuchtende Roboter
•	••		•	••	101	Die Fledermaussuche
•	•			••	108	Die neue Erde
•					107	Die Rindenmonster
•				•	104	Die Roboter
•	•				103	Die Schlaraffenland-maschine
•				••	112	Die Spiele-Erfinder
•	•			•	103	Die Stühleklauer
•					108	Drahtiges aus Holz
•	••			••	101	Es war einmal ...
•	••			••	107	Fallschirmspringer
	••		•	•	101	Geisterstunde
••					109	Glitzerland
•				••	112	Holzköpfe
•	•		••	••	103	Im Märchenland
			•	••	111	Im Urwald
•				•	112	In der Stadt
•					108	Kartoffeldruck
	••			••	109	Maus und Elefant
•	••			••	102	Nun spinn mal los!
	•		••	••	104	Ratet, was ich spiele
•	••			•	109	Vogelscheuche
•	••			•	103	Vom Mondkalb
•					103	Von Hund und Katze
•	••			••	102	Wenn ein Blatt verreist
	••			•	100	Wer fliegt denn da?
•	••			•	102	Wer mag das sein?

Denken macht Spaß!

Intelligenz hat in unserer Gesellschaft einen sehr hohen Stellenwert. Auch deshalb wollen die meisten Eltern die geistige Entwicklung ihrer Kinder fördern. Sie können es: vor allem, indem sie zu Hause eine anregende Umgebung schaffen, die zum Experimentieren einlädt, Neugier immer wieder weckt – und diese auch befriedigt.

Bestes Denkfutter: Fragen und Forschen

Das Wissen der Menschen verdoppelt sich alle paar Jahre. Keine leichte Aufgabe, all die neuen Informationen zu verarbeiten und zu speichern. Messerscharfes logisches Denken steht in der Rangfolge gewünschter Fähigkeiten ganz oben. Daher wünschen sich Eltern heute mehr denn je, dass ihr Kind diese gesellschaftlichen Anforderungen möglichst perfekt erfüllt – und von Anfang an logisch denkt, mathematisch begabt ist, gut zählen und rechnen kann … Beste Bedingungen für eine optimale Entwicklung des Denkens sind schon in der Vorschulzeit gegeben, weil ein Kind jetzt ganz besonders aufnahmebereit ist.

Intelligenz fördern – Entdeckerfreude stärken

Viele Eltern begleiten den Entwicklungsprozess ihres Kindes aufmerksam, freuen sich besonders an seinen Fortschritten im kognitiven Bereich und reagieren besorgt, wenn sich ihr Sprössling beim Spielen nicht durch Cleverness auszeichnet, wenn er eher verträumt durchs Leben spaziert, nicht topfit zupackt oder wenn sich seine Experimentierfreude und Neugier in Grenzen hält.

Wie können Eltern aber überhaupt die Intelligenz ihres Kindes einschätzen? Was ist damit eigentlich genau gemeint? Folgende Anhaltspunkte können helfen: Wer intelligent ist, kann ...

- konkrete und abstrakte Probleme gezielt angehen und lösen,
- Beziehungen, Vorgänge, Zusammenhänge verstehen, analysieren und altersgemäß in Worte fassen,
- neue Ideen entwickeln (siehe auch Kreativität, ab Seite 87).

Ein Kind will die Welt erforschen, seinen Radius erweitern, sich austoben – und dabei nicht ständig durch die ängstlichen Rufe Erwachsener gebremst werden. Es verschafft sich so neue Impulse, die seinen Denkapparat in Schwung bringen. Und auch seine vielen Fragen zu tausend Dingen treiben die kognitive Entwicklung an. Ein lebhafter Quirl hält dabei auch seine Eltern mit auf Trab. Und umgekehrt bringen auch diese ihr aktives Kind dazu, noch ein bisschen aktiver zu werden – je nachdem, wie sie mit seinem Drang nach Wissen, Erfahrungen und Erkenntnis umgehen. Wie weit ein Kind in seiner Denkfähigkeit kommt, hängt nämlich neben seinen genetischen Voraussetzungen wesentlich von den Anforderungen der Kultur und der Gesellschaft ab, in der es lebt. Schließlich muss, soll und will es die von der Gesellschaft vorgegebenen Anforderungen erfüllen.

Vieles auf einmal und alles zugleich

Kleine Denker ahnen schon bald, dass es für sie viele Geheimnisse zu enträtseln gibt – und sie erarbeiten sich erste Grundlagen für eigene Problemlösungen.

Jeden Tag stürmen unendlich viele neue Erlebnisse auf ein Kind ein. Und entsprechend anstrengend ist es für einen Knirps, dieses Chaos an Eindrücken, die alle gleichzeitig und gleichrangig auftreten, zu verarbeiten. So registriert ein Dreikäsehoch zum Beispiel im gleichen Moment einen Tisch, der genau vor ihm steht, ein sanftes Streicheln von der Mama, ein lautes „Nein", das der Bruder im Hintergrund ruft ...

Was soll er anfangen mit diesem Wirrwarr von ungeordneten Wahrnehmungen? Eine Mammutaufgabe für einen Winzling, diese Eindrücke „auf die Reihe" zu bekommen. Das klappt erst, wenn die Basis dafür gegeben ist. Denn die Entwicklung des Denkvermögens setzt bei einem Kind zahlreiche Einzelerkenntnisse und grundsätzliche Erfahrungen aus verschiedenen Lebensbereichen voraus, die kombiniert und geordnet, in Beziehung zueinander gesetzt werden müssen: Der Tisch ist ein Ding, an das man sich setzt. Eine Strei-

Für die Kleinsten gibt es ständig etwas zu entdecken: Was ist das? Wie fühlt es sich an? Was passiert, wenn ich hier ziehe – oder da?

cheleinheit eine liebevolle Berührung. Das Nein ein Signal, das „Stopp!“ bedeutet. Eltern können oft gar nicht nachvollziehen, welche geistigen Höhenflüge ihr Kind täglich vollbringt, wenn es versucht, seine Gedanken zu ordnen, alle Erfahrungen und Erlebnisse zu gliedern und später – wenn es sprechen gelernt hat – auch andere daran teilhaben zu lassen. Alles ist so neu und spannend. Es ist für ein kleines Kind wirklich nicht einfach, ein System hinter den Dingen des Lebens zu erkennen. Aber sein innerer Antrieb, diese Aufgabe zu bewältigen, ist riesengroß.

Interessen und Neugier – was das Lernen und Denken steuert

Das, was ein Kind an Informationen gedanklich oder handelnd aufnimmt, im Gedächtnis behält und verarbeitet, ist geprägt durch seine Motivation zu lernen und durch seine speziellen Interessen. Daneben spielt in dieser Zeit auch die Neugier eine große Rolle sowie die Gefühle, denn in den ersten Lebensjahren ist das Lernen vor allem an Emotionen gekoppelt: Alles, was es innerlich nicht berührt, ist für ein kleines Kind kaum von Belang – und deshalb bald wieder vergessen.
Nur wer es also schafft, einen Knirps schon im Vorschulalter auf Unbekanntes wirklich neugierig zu machen und gleichzeitig seine Gefühle anzusprechen, kann ihn langfristig fürs Lernen begeistern. Alle anderen Bemühungen werden bald spurlos verpuffen.
Außerdem wichtig: Je mehr Freiräume ein Kind hat, umso wissbegieriger wird es. Denn beim Rennen, Hüpfen, Balancieren, Bilderbuch anschauen, Malen sammelt es ständig neue Erfahrungen – alles Nahrung fürs Gehirn.
Und das Gehirn destilliert aus allen Gefühlen und Gedanken den Teil heraus, den es für wichtig und brauchbar hält – diese Informationen werden verankert. Sie sind jederzeit wieder abrufbar. Um sich vor einer Überflutung mit Informationen zu schützen, muss das Gehirn dabei vor allem zwei Aufgaben bewältigen:

- Erstens: Wichtiges von Unwichtigem unterscheiden,
- zweitens: Die Informationen nach Kategorien ordnen.

Nur wenn ein Kind fähig ist, Kategorien und Zusammenhänge zu verstehen – also zum Beispiel in einer Kirsche, einer Pflaume und einer Banane die Einheit „Obst“ zu erkennen –, zeigt sich die Welt geordnet, strukturiert.

Ein weiterer Lernmotor für kleine Denker ist die Tatsache, dass Kinder auf Erfolgserlebnisse aus sind: Es macht Freude, das eigene Köpfchen und seine Kapazitäten zu spüren. So ist es zum Beispiel ein riesiges Erfolgserlebnis, erste vage Ideen davon zu entwickeln, was mathematisches Denken ist. Spätestens, wenn ein Kind zum ersten Mal ein Stück Schokolade in zwei Hälften bricht, beginnt es zu ahnen, dass sich Dinge teilen und zählen lassen. Diese Vorstellung scheint es zu faszinieren, denn ab jetzt wird geübt und dauernd gezählt: die Finger an der Hand. Die Autos auf der Straße. Die Äpfel in der Obstschale ...

Wie sich das Denken entwickelt

Wie wird aus einem Baby ein erfolgreicher Grundschüler, der schon recht anspruchsvolle Denkaufgaben lösen und mit seinem guten Gedächtnis punkten kann? Und später ein kluger Erwachsener, der sein Leben intelligent meistert? Vom ersten Lebenstag an bereitet sich ein Kind auf die immer komplexer werdenden Aufgaben vor, die es im Leben erwarten.

Die sinnliche Wahrnehmung schulen

Zunächst wird das Denkvermögen durch intensive sinnliche Erfahrungen trainiert. Beispielsweise durch konzentriertes, genaues Schauen: Mit großen Augen sieht sich ein Säugling das Leben an, beobachtet, registriert ... Später werden Spielzeuge abgetastet, abgelutscht. Ein Riesenentwicklungsschritt ist es schließlich, wenn ein Baby seine Spielsachen in den Händen halten und „be-greifen“ kann: In der rechten Hand hält es einen Bauklotz, in der linken ein Holzauto. Beides wird genau untersucht: Wie fühlt sich der Bauklotz an – schwer, leicht, rau, glatt? Und wie das Holzauto? Mit großer Ausdauer und unermüdlichem Forscherdrang erkundet ein Winzling, was er da in den Händen hält. Jedes Detail ist wichtig: die Räder vom Auto. Die Löcher in den Bauklötzen, ihre Ecken und Kanten.

INFO | KEIN PAUKEN

Das Denken entwickelt sich in ersten Lebensjahren besonders rasant (siehe Seite 125). Daraus schlussfolgern manche Eltern, dass ein Kind von frühem Unterricht profitieren würde. Viele Fachleute meinen jedoch: Unterricht im Kindergarten, herabgesetztes Schuleintrittsalter, zeitige Lese- und Schreibübungen – all das ist nicht sinnvoll. Besser: die Aufmerksamkeit eines Kindes erobern, sein Interesse behutsam auf Menschen, Ereignisse und Gegenstände lenken. Dem kleinen Entdecker dabei helfen, der Welt eine Struktur zu geben. Sich ausreichend Zeit nehmen, um das Kind zum Fragen anzuregen – und seine Fragen zu beantworten.

Schon von Anfang an setzt ein Kind sich mit logischen Fragen auseinander. Etwas zählen und über das Ergebnis nachsinnen: Das ist für kleine Denker eine faszinierende Beschäftigung.

Unterscheiden und ordnen

Bereits im Baby- und Kleinkindalter gruppiert ein Kind verschiedene Dinge in Kategorien, wie zum Beispiel Tiere, Pflanzen, Fahrzeuge. Mit der Zeit entdeckt es immer neue, immer speziellere Kategorien, in die sich die Welt einteilen lässt. So gibt es nicht nur Tiere, sondern Tiere mit zwei und mit vier Beinen. Nicht nur Pflanzen, sondern Bäume und Blumen ... Das Raster wird feinmaschiger. Laufend wertet ein Kind aus, was es hört, sieht, fühlt und versucht zu verstehen: Was oft auftaucht, wie Löffel und Becher, muss irgendwie wichtig sein. Was zusammen vorkommt, hat wahrscheinlich miteinander zu tun.
Ein nächster Lernschritt: Welche speziellen Eigenschaften muss ein bestimmtes Ding haben? Was macht ein Auto zum Auto? Die Räder nicht, denn Räder hat auch ein Fahrrad. Oder bedeutet Auto etwas, mit dem man vorwärts kommt? Das funktioniert aber auch mit einem Dreirad. Ist der Motor das Entscheidende? Ein weiter Weg bis zur Erkenntnis ...
Der kleine Denker lernt auch, die Dinge in ihrer Form, Farbe und Größe zu begreifen und kann sie nach bestimmten Merkmalen ordnen: Äpfel, rund und rosig, auf die eine Seite, Birnen, spitzer und hellgrün, auf die andere Seite. Später beginnt es, die Dinge innerhalb einer Kategorie miteinander zu vergleichen: Welcher Apfel ist größer, kleiner, weicher, härter als andere Äpfel? Und bald stellt sich für den kleinen Forscher die Frage: „Nach welchen Kriteri-

en kann ich noch vergleichen?“ Gleichzeitig entsteht nun die Vorstellung von Mengen: Was ist viel, was wenig? Bis zur Pubertät bleibt das Denken übrigens konkret und anschaulich: „Habe ich viele Bonbons in meiner Hand? Weniger Bonbons als Schokoladentaler?“

Besonders beliebt sind im Vorschulalter Bücher mit Bildern, auf denen unendlich viel zu entdecken und zu ordnen ist. Mit der Zeit kann ein Kind Beobachtungen miteinander verknüpfen, Bilder aus dem Buch zu eigenen Erlebnissen in Beziehung setzen: „Das schwarze Kaninchen im Buch sieht fast so aus wie das Kaninchen vom Opa!“ Oder: „Unsere Katze sieht anders aus als die im Buch!“ Das sind erste Schritte zum Abstraktionsvermögen.

Um den zweiten Geburtstag herum beginnt ein Kind in Worten zu denken. Darin zeigt sich seine Fähigkeit zur Symbolisierung. So erkennt es das Wort „Hund“ als Bezeichnung für ein Tier, das bellt, und das Wort „Huhn“ als Bezeichnung für ein Tier, das uns Frühstückseier liefert.

Das räumliche Denken

Eine weitere Frage, die sich ein Kind immer häufiger stellt: „Wie bewegt sich was?“ Wie bewege ich mich, wie bewegen sich die Dinge? In welcher räumlichen Beziehung steht alles zueinander?

Das räumliche Denken beginnt ebenfalls schon im Babyalter. Beim Robben, Krabbeln, Laufen orientiert sich ein Kind im Raum. Auch um das räumliche Denken anzuregen, ist die motorische Förderung so wichtig (siehe ab Seite 59).

Eine Folge dieser Fähigkeit: Zwischen dem dritten und vierten Lebensjahr wird beim Spielen der Raum ausgenutzt. Jetzt entstehen im Kinderzimmer aus Bauklötzen Burgen, Brücken und Wolkenkratzer.

Das folgerichtige Denken

Etwa mit einem Jahr kann sich ein Kind langsam einfache Handlungsabläufe vorstellen, so weiß es: Beim Frühstück wird zuerst der Kakao in den Becher gegossen, dann eine Scheibe Brot mit Butter bestrichen. Beim Anziehen kommt zuerst das Hemd an die Reihe, dann die Hose. Die Strümpfe sind vor den Schuhen an der Reihe. Wenn ein Knirps einmal weiß, wie der Hase läuft, sollen die Dinge bitte eine Weile so bleiben, wie sie sind. So muss die Gute-Nacht-Zeremonie zum Beispiel im Kleinkindalter möglichst immer gleich ablaufen – und andere lieb gewordene Rituale ebenso. Weil das Kind die Welt durchschauen will, sucht es zuerst nach klaren Orientierungspunkten, nach Beständigem. Denn was bleibt, darauf ist Verlass. Feste Gewohnheiten versprechen ein Stückchen Sicherheit – deshalb auch das Verlangen kleiner Kinder nach Wiederholungen. Was vom Gewohnten abweicht, erfordert eine Umstrukturierung des gerade erworbenen Weltbildes.

Schritt für Schritt gewöhnt sich ein Kind dann langsam daran, dass die Dinge nicht für immer so bleiben, wie sie mal waren, sondern Veränderungen an der Tagesordnung sind. Dabei nimmt es die vielen Varianten des Lebens wahr und passt sein Denken mit der Zeit entsprechend an. Ein sensibleres Kind braucht für diese Entwicklung oft länger als ein robusteres, weil es sich leichter überfordert fühlt, deshalb erst einmal den Kopf in den Sand steckt

und Veränderungen nicht wahrhaben will. Ein anderer Entwicklungsschritt: Das Kind lernt, dass sein Handeln Folgen hat: „Wenn ich auf den Schalter drücke, geht die Lampe an." Oder: „Wenn ich gegen die angelehnte Tür drücke, öffnet sie sich." Es entwickelt recht bald eine Vorstellung vom Erscheinungsbild der Dinge, die es umgeben, durchschaut aber komplexere Zusammenhänge wie Ursache und Wirkung des Handelns erst nach und nach.
In der Vorschulphase ist dann das Fragen ganz wesentlich. Wenn das Kind zwei Jahre alt ist, fragen noch die Großen: „Was ist in dem Becher?" – „Wo ist die Gummiente?" Begeistert beantwortet ein Kind

Stein auf Stein: Beim Turmbau lernen kleine Baumeister nebenher ganz spielerisch Gesetze der Logik kennen.

diese Fragen. Und fragt dann bald auch zurück: „Was ist ein Matrose?" – „Was ist Schnee?" Später kommen die Fragewörter „wie" und „wann" dazu.

Ich und die anderen ...

Etwa um den zweiten Geburtstag herum fängt ein Kind an, eigene Vorstellungen zu entwickeln – und wehe, einer wagt es, seine Pläne zu durchkreuzen, dann gibt es ein Mordsgeschrei: „Ich bestimme, was ich anziehe und wenn's ein Sommerkleid im Winter ist!" Das „Ich", gerade entdeckt, wird nun ganz groß geschrieben (siehe auch ab Seite 213).
Ebenso spannend: Dem kleinen Denker dämmert irgendwann, dass andere auch Gedanken im Kopf haben – ganz eigene, ihm unbekannte. Kein Wunder, dass er darüber mehr wissen möchte und immer öfter nachfragt: „Was magst du lieber, Möhren oder Kartoffeln?"

Das Wissen hinterfragen

Ist einiges an Basiswissen angesammelt, wollen Kinder mehr über die Hintergründe wissen und Details erkennen. Jetzt fragen sie mit Hingabe und gern: „Warum?" „Warum schwimmen Eisschollen auf dem Wasser, während ein kleiner Stein untergeht?" – „Warum geht die Sonne abends unter?" Nicht einfach für Erwachsene, auf die kindlichen Fragen immer die richtige Antwort zu wissen (siehe auch Seite 129). Oft muss jetzt auch das Internet oder ein Lexikon herhalten.
Die Warum-Fragen krönen die geistige Entwicklung im Vorschulalter, denn damit dokumentiert ein kleiner Frager, dass er sich Gedanken zu allem und jedem macht.

ÜBERBLICK: DIE ENTWICKLUNG DES DENKENS

Die Tabelle verdeutlicht die durchschnittliche Entwicklung der geistigen Fähigkeiten – aber jedes Kind hat sein eigenes Entwicklungstempo. Diese Daten können deshalb nur eine ungefähre Richtschnur sein.

Alter	Was Ihr Kind in diesem Alter schon kann oder jetzt bald lernt
Im zweiten Lebensjahr	
Erste Hälfte	Ihr Kind zeigt auf Dinge, wenn sie genannt werden. Es macht erste kleine Pläne.
Zweite Hälfte	Das Kind übt sein Gedächtnis (Es weiß jetzt zum Beispiel, wo in der Regel sein Ball liegt). Der kleine Forscher untersucht genau, was er in die Hände bekommt. Ihr Kind kennt jetzt Rituale, weiß in etwa, was wann geschieht. Es versteht und merkt sich erste einfache Spielregeln. Es imitiert andere immer treffender.
Im dritten Lebensjahr	
Erste Hälfte	Es entdeckt auf Spaziergängen Neues: Enten, Hunde ... Ihr Kind beginnt zu experimentieren. Der kleine Denker beherrscht einfache Puzzlespiele immer besser und baut gezielt mit Klötzen. Jetzt entwickelt Ihr Kind eine erste Vorstellung von Zeit (vorher – nachher). Es versteckt Dinge, packt Gegenstände ein und aus.
Zweite Hälfte	Das Kind kann jetzt bestimmte Dinge zuordnen („Was gehört wem ?"). Es durchschaut das Prinzip einfacher Verschlüsse. Es beginnt, Farben zu erkennen.
Im vierten Lebensjahr	
Erste Hälfte	Langsam bekommt es eine Vorstellung, was wenig und viel bedeutet. Jetzt liebt Ihr Kind Sortierspiele („Wohin kommen die Socken?"). Es kann Symbolen die entsprechenden Gegenstände zuordnen. Der kleine Architekt baut höhere, kompliziertere Bauwerke aus Klötzen. Ihr Kind erkennt erste Wege wieder.
Zweite Hälfte	Es kann einen Kreis oder einen geraden Strich nachzeichnen.
Im fünften Lebensjahr	Jetzt beginnt ein Kind zu zählen. Es sammelt Wissen über Tiere, Pflanzen, Autos ... und ordnet sein Wissen. Der kleine Denker macht umfassendere Pläne, versucht Probleme zu lösen. Ihr Kind beginnt, auch etwas komplexere Spielregeln zu verstehen. Immer besser kann es anwenden, was es gelernt hat. Ihr Kind entdeckt sein Erinnerungsvermögen. Es hat eine erste Vorstellung von morgen und übermorgen. Es kann mitteilen, was ihm durch den Kopf geht.
Im sechsten Lebensjahr	Ihr Kind stellt jetzt immer häufiger „Warum"-Fragen. Es gewinnt allmählich eine Vorstellung von Geld. Es beginnt zu vergleichen und entwickelt Vorstellungen von Mengen. Das Kind lernt Schleifen zu binden.

Die geistige Entwicklung im Alltag fördern

Zweierlei ist wichtig, damit ein Kind seine Fähigkeiten entfalten kann: Eltern sollten sich immer wieder bewusst machen, dass ihr Kind von Anfang an eine Persönlichkeit ist. Und dass es über viel Energie verfügt – auch über die Kraft, früh selbstständig zu werden.

Viele Eltern beschäftigen sich gern mit ihrem Kind, unterstützen es, lenken seine Aufmerksamkeit behutsam auf bestimmte Themen, strukturieren sein Spiel, gehen auf seine Gefühle ein, spielen freudig mit.

Das Denken lernen: Viele Wege führen zum Ziel

Besonders gern mögen viele Kinder „So-tun-als-ob-Spiele“. Ein typisches Spiel dieser Art: Die kleine Tochter füttert den Teddy mit einem Bauklotz, tut so, als ob er tatsächlich aus dieser „Flasche“ trinken könne. Später werden immer differenziertere Rollenspiele daraus.

Auch Bewegung ist für die geistige Entwicklung wichtig (siehe ab Seite 59). So können Raumvorstellung und Raumerfahrung – wichtige Grundlagen, um zu begreifen, was Zahlen eigentlich bedeuten – durch Spiel und Bewegung gefördert werden. Und: Beim Laufen Schritt für Schritt vorwärts zu kommen ist eine Erfahrung, die ein Kind eher zum Zählen motiviert als lange Erklärungen.

Neben Rollen- und Bewegungsspielen eignen sich Mal-, Wort-, Denkspiele, um die kognitive Entwicklung anzuregen.

TIPP | RAUM-SPIELE

Diese Spiele verstärken das räumliche Vorstellungsvermögen:

- **Purzelbaum schlagen:** vorwärts, rückwärts. Dreimal vorwärts. Dreimal rückwärts. Mitzählen.
- **Blinde Kuh spielen:** An Mamas Hand fünf Schritte mit geschlossenen Augen gehen. Augen wieder öffnen: „Wo bin ich?“

Denken – immer und überall

Kleine Kinder quirlen durchs Leben, getrieben von Neugier. Stromern durch den Wald. Erkunden den Garten. Experimentieren in der Küche als Köche oder Laboranten – gut so, denn ihr Gehirn, dieser ungeheuer aufnahmebereite, enorm anpassungsfähige Lernapparat, will laufend mit neuen Reizen gefüttert werden. Das Kunststück für Eltern besteht darin, neue Anreize zu bieten, ohne das Kind mit Anregungen zu überfluten. Wenn Sie sich dabei auf Ihre elterliche Intuition, Vernunft und Beobachtungsgabe verlassen, liegen Sie meist richtig.

Je mehr Freiräume ein Kind hat, je intensiver es seine Umwelt erforschen kann und darf, umso wissbegieriger wird es und damit auch klüger. Das Beste, was Eltern tun können, um die Denkfähigkeit ihres Kindes zu fördern, ist:

- Wissen vermitteln,
- Fragen anregen und beantworten,
- ein spannendes Umfeld schaffen,
- das Gedächtnis trainieren.

Mit wenig Mühe lassen sich zu Hause Experimentierfelder schaffen: Die Küche verwandelt sich in ein Labor, das Kinderzimmer in eine Werkstatt. Und die meisten Fünfjährigen sind begeistert und neugierig dabei, wenn zu Hause erste naturwissenschaftliche Experimente stattfinden. Probieren Sie es aus. Durch „learning by doing" verstehen auch Vorschulkinder einfache physikalische Gesetzmäßigkeiten.

Einige Versuche im Heimlabor

Die Welt und die Dinge und Erscheinungen sind faszinierend für Kinder: Manche Stoffe sind sichtbar, andere unsichtbar. Das, womit wir es im Leben zu tun haben, ist entweder fest, flüssig oder gasförmig. Wer sucht und findet solche Stoffe? Was ist Dampf? Was ist eine Wolke? Was ist Milch? Und was ein Löffel?

Luftblasen produzieren

Luft ist unsichtbar. Und für Unsichtbares interessiert sich jedes Kind – erst recht, wenn es gelingt, es sichtbar zu machen. Um diese „Zauberei" geht es bei den folgenden Versuchen:

➤ Jeder Mitspieler hält einen dicken Trinkhalm in eine mit Wasser gefüllte Schüssel und bläst durch ihn Luft ins Wasser. So werden herrliche Blubberblasen fabriziert, und damit wird die Luft sichtbar.

➤ Ihr Kind taucht ein umgestülptes Glas senkrecht und vorsichtig in eine mit Wasser gefüllte Schüssel und hält es dann schräg. Wieder hören und schauen alle zu, wie Luftblasen aus dem Glas entweichen.

Die Erklärung: Weil Luft leichter als Wasser ist, steigt sie nach oben, wenn sie ins Wasser gelangt.

TIPP | DRAUSSEN LERNEN

Immer neu, unterhaltsam und zuverlässig regt die Natur zum Denken an. Wald, Wiese, Bach, Meer, Strand, Berge – wunderbare Experimentierfelder und Beobachtungsräume, die naturwissenschaftliches Interesse wecken. Einige Anregungen:

➤ Mit Schnecken die Zeit erleben! („Die brauchen ja ewig, um von A nach B zu gelangen!")

➤ Die Adern eines Blattes mit denen auf Omas Hand vergleichen.

➤ Daheim ein „Naturkundemuseum" einrichten mit Vogelfedern und getrockneten Blumen. Mithilfe von Blumen- und Tierbüchern die Namen bestimmen.

Warum Kerzen brennen

Beim folgenden Versuch ein Kind bitte nicht allein lassen: Was braucht eine Kerze, um zu brennen? Das sieht man am besten, wenn sie nicht bekommt, was sie braucht – und deshalb erlischt.

➤ Ein angezündetes Teelicht auf einen Teller stellen. Dann wird ein Glas darüber gestülpt. Die Folge: Das Licht erlischt. Wird ein größeres Glas über das brennende Teelicht gestülpt, dauert es länger, bis die Flamme erlischt.

Die Erklärung: Um zu brennen, braucht eine Kerze Sauerstoff – und der ist in Luft enthalten. Ist der Sauerstoff unter dem umgestülpten Glas verbraucht, bekommt die Kerze nicht mehr das, was sie zum Brennen benötigt: Die Flamme erlischt.

Fragen & Antworten

1 *Unser dreijähriger Sohn ist ein waches Bürschchen. Über seine schnelle Auffassungsgabe haben wir uns immer gefreut. Aber plötzlich spielt er wieder mit Klötzen und Autos wie ein Kleinkind. Warum nur?*

Klar: Eltern sind vom Forscherdrang ihres Kindes angetan und begrüßen jeden Fortschritt begeistert: Beruhigend, wenn sich der Nachwuchs gut entwickelt. Aber die stete Aufwärtstendenz hält meist nicht an. Viele Kinder verlieren zwischendurch den Schwung, wollen auf einmal wieder wie ein Kleinkind bemuttert werden, sind nicht mehr so gut drauf wie ein paar Wochen vorher – und scheinen in ihrer gesamten Entwicklung zu stagnieren.

Erst vorwärts preschen, dann innehalten – das ist normal, weil sich das zentrale Nervensystem in Schüben entwickelt. Nach einem Entwicklungssprung sieht die Welt anders aus: Plötzlich verfügt das Kind über neue Fähigkeiten in der Wahrnehmung und im Denken. Es kann einordnen, was ihm bisher ein Rätsel war. Versteht auf einmal mehr vom Leben. Kein Wunder, dass dieses Erlebnis – alles ist irgendwie anders – zunächst verunsichert. Man muss sich neu orientieren. Bis das geschehen ist, braucht ein Knirps eine Verschnaufpause, Mutters Rockzipfel oder Papas Rücken, hinter dem er sich Schutz suchen kann. Manches Kind ist in solch einer Übergangsphase empfindlich oder kränkelt. Doch nach einer Ruhepause geht es mit frischen Kräften aufwärts, vor allem dann, wenn die Eltern Zuversicht ausstrahlen. Ihr Kind weiß dann: Mutter und Vater stehen mir zur Seite, sind mit mir auch einverstanden, wenn ich weniger gut funktioniere. Ein solches Erlebnis ermutigt jeden und macht es leichter, die nächsten Entwicklungsaufgaben couragiert zu bewältigen.

2 *Unser vierjähriger Sohn lernt gern, ist hochmotiviert. Trotzdem behagen mir die Ideen mancher Experten nicht, zukünftig Bildungspläne für Drei- bis Sechsjährige zu erstellen, Kinder früher einzuschulen. Ich möchte, dass mein Sohn viel Zeit zu Hause mit seinen Geschwistern verbringt, draußen tobt, spielt – das tun kann, wozu später weniger Zeit ist. Was ist richtig?*

Weil Vorschulkinder besonders lernfreudig sind, begeistert aus eigenem Antrieb weiterkommen möchten, plädieren viele Experten dafür, diese Phase gezielter zu nutzen. Ihre Argumente: Viele der kognitiven Möglichkeiten, die genetisch angelegt sind, verpuffen, wenn sie nicht gefördert werden. Später können sie kaum noch oder nur mit Mühe genutzt werden. Deshalb sollen Kindern frühzeitig mehr Herausforderungen geboten werden – mehr Anreize als bisher im Kindergarten oder zu Hause. Ein Bildungsangebot im technischen und naturwissenschaftlichen Bereich gebe es zum Beispiel für Vorschulkinder kaum, die Spracherziehung sei meist mies, mathematisches Verständnis werde vernachlässigt. Der Kindergarten müsse eine wichtige Bildungseinrichtung werden, heißt es.

Den meisten Fachleuten geht es nicht darum, die Schule vorzuverlegen und den Kindern Fremdsprachen, Mathe, Chemie und Physik optimal einzutrichtern, sondern vielmehr darum, ein umfassendes Angebot zu schaffen – ausreichend Freiraum für Tobe- und Turnspiele, eine Werkstatt für Kreativität, ein Forum für Gedankenspiele und viele Möglichkeiten zu reden, zu lachen, sich zurückzuziehen oder mit anderen in Kontakt zu kommen. Dabei könnten Kinder lernen, zu denken, Wissen zu erwerben und Probleme zu lösen.

3 Unsere Tochter ist mehr als neugierig aufs Leben, sie fragt uns Löcher in den Bauch. Viele ihrer Fragen kann ich nicht beantworten – wie soll ich reagieren, wenn ich nicht weiterweiß?

„Warum kann eine Ente fliegen?“, „Warum ist der Mond mal klein, mal groß?“, „Wieso müssen wir sterben?“ ... ein Vier-, Fünfjähriges, das mit offenen Augen durchs Leben spaziert, kommt aus dem Fragen nicht mehr heraus: Rundum lauter Geheimnisse, die es nicht versteht, aber unbedingt lösen will. Die vielen Fragen sind ein Hinweis darauf, dass sich in seinem Köpfchen gerade jetzt eine Menge tut. Der Steppke hat das Denken entdeckt und will mit seinem Geist genauso experimentieren wie mit seinem Körper, den ein lebhaftes, hellwaches Kind dauernd in Bewegung hält.
Noch kann es nicht zwischen sinnvollen und vielleicht eher sinnlosen Fragen unterscheiden, sondern fragt einfach alles, was ihm gerade einfällt. Dabei gehen Eltern schon mal die Antworten aus. Das ist ganz normal, denn Mütter und Väter sind in der Regel keine Experten in Physik, Chemie, Philosophie und anderen Wissenschaften. Weil sie das aber nur ungern zugeben, speisen viele ihren neugierigen Nachwuchs mit Sprüchen ab wie: „Du bist noch viel zu klein, um das zu verstehen!“
Ein Tipp: Wenn ein Kind fähig ist, eine Frage zu stellen, ist es auch fähig, die Antwort auf diese Frage zu verstehen – wenn sie kindgemäß, klar und deutlich formuliert ist. Und das ist nicht einfach! Was also tun? Erstens: Zugeben, dass man am Ende seines Lateins ist. Wer sagt denn, dass Mütter und Väter ein wandelndes Lexikon sein müssen? Zweitens: Im wirklichen Lexikon nachschlagen, im Internet nach Antworten suchen und dem Kind so gleich zeigen, wie es später selbst an Antworten kommen kann, die es sucht. Drittens: Beim Antworten nicht zu weit ausholen. Damit überfordern Sie ein Kind und ersticken seine Fragelust. Besser: Das Kind – vielleicht mit ein paar behutsamen Hinweisen – anregen, möglichst selbst auf eine Antwort zu kommen.
Fragen nach dem tieferen Sinn des Lebens – „Wieso erlaubt der liebe Gott, dass es Krieg gibt?“ oder „Warum sind manche Menschen so krank?“ – sind besonders schwer zu beantworten. Vielleicht erwartet ein Fünfjähriges auch gar keine präzise Antwort auf diese Sinnfragen – keine „richtigen“ Lösungen für alle Probleme. Vielmehr ist es davon fasziniert, seinen Verstand zu entdecken, immer neue Gedanken, neue Fragen zu haben und damit „Wieso, warum, weshalb“ zu spielen.
Zu diesem Spiel gehört es auch, die Grenzen zwischen zwei Polen auszutesten: Einerseits scheint heute alles machbar und erklärbar zu sein: Das Auto hat eine Panne? Es wird sofort repariert. Die Schuhe sind hin? Dann kaufen wir neue. Auf der anderen Seite gibt es aber so viel Unergründliches, Geheimnisvolles, Rätselhaftes im Leben. Wo ist die Grenze zwischen dem einen und dem anderen – genau das wollen Kinder mit ihren Fragen nach Gott und der Welt ausloten.
Geht es um den Sinn des Lebens, sind Eltern oft nicht klüger als ihre Kinder. So weiß keiner, ob sich Blumen freuen, wenn man mit ihnen spricht, und ob Hasen Rehe mögen. Für kleine Geister ist es ein einzigartiges Erlebnis, dass Erwachsene vor manchen Rätseln gleichermaßen unwissend wie die Kleinen stehen – endlich mal ebenbürtig. Und Erwachsene kommen durch Kinderfragen oft ins Staunen: Hatten sie doch fast vergessen, wie viele Wunder, Rätsel und Geheimnisse es gibt.

Spiel und Knobelei – mit Köpfchen dabei

Hier sind sie: Denkspiele und Anregungen, die einem Kind Lust aufs Nachdenken machen und den Gehirnzellen Nahrung geben. Denn öde Förder- und Trainingsprogramme entsprechen sicher keinem Kind: Kleine Denker wollen beim Spielen Spannendes, Lustiges, Buntes erleben und mit Freude dabei sein. Nur dann sind sie hellwach und wirklich ganz dabei. Die Lust am Lernen wird durch innere Kräfte entfacht, die das Handeln antreiben und zum Ziel lenken. Diese Lust wird aber auch durch die engeren Bezugspersonen eines Kindes geprägt – und durch deren Einstellung zum Spielen.

Bauwerke konstruieren und Abenteuer planen

Puzzleteilchen zu Bildern zusammensetzen, spielerisch Pläne machen und fantastische Wolkenkratzer bauen – Spiele wie die folgenden fördern die Freude am Konstruieren und am Umsetzen von Plänen.

Der Kissenturm

■ *ab 2 Jahre*
Material: viele Kissen, Bücher, Kartons

Wichtige Überlegungen bei jedem Turmbau: Wo und mit was anfangen? Wie hält der Turm? Stimmt das Fundament? Wer schafft es, mehr als fünf, sechs Dinge zu stapeln, ohne dass der Turm umkippt? Eigentlich eignet sich beinahe jedes Material zum Stapeln. Aus Kissen lässt sich zum Beispiel ein besonders weicher Turm bauen, auf den man zum Schluss den Kopf zum Ausruhen legen kann.
Eine Variante:
Auch aus Büchern, Kartons oder anderen Dingen lassen sich tolle Türme bauen.

Wo ist die zweite Hälfte?

■ *ab 3 Jahre*
Material: Kunstpostkarten, Schere

Puzzlespiele sind ein gutes Gedächtnistraining. Kinder durchschauen das Prinzip schnell, können sich rasch orientieren.

➤ Sie zerschneiden einige Kunstpostkarten in Hälften: quer, längs oder diagonal.

➤ Eine Hälfte jeder Karte legen Sie auf den Tisch, die zweiten Hälften verstreuen Sie auf dem Boden.

➤ Ihr Kind nimmt die erste „Halbkarte" vom Tisch und sucht dann auf dem Boden nach der passenden zweiten Hälfte.

Für Ältere:
Die Karten in mehrere Teile zerschneiden, alle Stücke auf den Boden streuen. Wer kann alle wieder zusammenpuzzeln?

Hochhäuser

■ *ab 3 Jahre*
Material: Bauklötze

Ein Klassiker unter den Spielen: einen möglichst hohen Turm aus Bauklötzen bauen, vielleicht auch eine riesige Treppe oder eine lange Mauer. Recht anspruchsvoll für kleine Baumeister, denn das Fundament muss stimmen, sonst fällt ja alles um. Ein paar Fehlversuche gehören dazu – und helfen, aus Schaden klüger zu werden.

INFO | AUF DER BAUSTELLE

Die große Freude am Bauen erwacht im dritten Lebensjahr. Dabei übt der kleine Baumeister seine Motorik, lernt, dass Steine mal schwerer, mal leichter, kürzer und länger sind. Erfährt viel über Gleichgewicht und Schwerkraft, über kleine und große Räume. Er ordnet zu. Erkennt Größen, Muster, Farben, Formen. All das ist bestes Gehirntraining. Bausteine helfen, die eigenen Vorstellungen umzusetzen (siehe Seite 105).

Staudamm

■ *ab 4 Jahre*
Ein Sommerspiel am Wasser
Material: Äste, Steine

Der Spielplatz ist ein flacher, möglichst sauberer Bach. Aus Steinen und Ästen wird ein stabiler Staudamm konstruiert. Wie muss das Fundament gelegt werden, damit es den Wassermassen standhält? Wie hoch darf der Damm sein? Pläne werden geschmiedet, verwirklicht oder wieder verworfen – lauter wichtige Erfahrungen für die Anfänger unter den Baumeistern.

Der Dominokreis

■ *ab 5 Jahre*
Material: 1 Dominospiel

Man muss nicht immer nur in die Höhe bauen: Lassen Sie Ihr Kind lauter Dominosteine dicht hintereinander aufstellen, und zwar so, dass möglichst auf Anhieb ein Kreis entsteht oder eine Acht oder vielleicht ein Viereck ...
Was geschieht, wenn man den ersten Dominostein anstößt? Kinder haben ihren Spaß an Kettenreaktionen.

Indianerzelt

■ *ab 5 Jahre*
Ein Frühlings- und Sommerspiel im Wald
Material: 12 lange, gerade Äste, Paketschnur, Blätter, Zweige, Gräser

➤ Sie sammeln gemeinsam mit Kindern 12 möglichst lange, gerade Äste im Wald.
➤ Sie stecken die Stöcke im weichen Waldboden zu einem Kreis und binden sie oben zusammen: Das ist das Grundgerüst für ein Indianerzelt. Wie wird es standfest?
➤ Die Zeltwände werden aus Zweigen, Blättern und langen Gräsern gesteckt.

TIPP | SANDWELTEN

Spannend, was sich aus Sand alles bauen lässt: Burgen, Mauern ...
Und mit diesem tollen Spielmaterial können auch schon kleine Kinder die Welt verändern, indem sie kleine und große Berge anhäufen, Sand festklopfen, Treppen und Terrassen bauen, Löcher graben oder Sandberge in Murmelbahnen verwandeln. Dabei lernen kleine Baumeister auch, dass sie Konzentration und Ausdauer aufbringen müssen – denn es dauert, bis ein Sandberg angehäuft ist.

Wie Murmeln wohnen

■ *ab 5 Jahre*
Ein Sandkastenspiel
Material: mehrere Stöckchen, 2 große und 2 kleine Glasmurmeln

➤ Den Sand glätten und festklopfen.
➤ Mit dem Stöckchen den Grundriss einer 4-Zimmer-Wohnung mit Türen, Fenstern und Möbeln in den Sand zeichnen.
➤ Die Bewohner – zwei große Glasmurmeln – ziehen in die aufgezeichnete Wohnung ein. Das sind die Eltern. Zwei kleine Murmeln kommen dazu: die Kinder.
➤ Was macht die Murmelfamilie in der Wohnung? Wer bewegt sie von einem Zimmer ins andere?
➤ Später plant und zeichnet ein anderer der Murmelfamilie eine neue Wohnung. Gar nicht so einfach, sich die Räume von oben gesehen vorzustellen und zu malen.
Eine Variante:
Den Wohnungsgrundriss auf dem Kinderzimmerboden mit verschieden langen Fäden markieren, mit Bauklötzen nachbauen oder mit Stiften auf Papier zeichnen.
Für Ältere:
Wer kann schon ganz einfache Stadtpläne entziffern?

Puppenstuben

■ *ab 5 Jahre*
Material: Kästen oder Schachteln, Klebstoff, Schere, Buntpapiere, Bauklötze

Das macht Spaß: Die Kästen werden in Stuben verwandelt! Dafür jeweils eine „Kartonwand“ wegschneiden und die nun nach einer Seite offenen Kästen mit Buntpapier tapezieren, mit Bauklötzen möblieren. Mit kleinen Figuren darin spielen. Aus vielen Stuben kann man ein Haus bauen oder ein ganzes Dorf.

Das Schachteldorf

■ *ab 5 Jahre*
Material: Streichholzschachteln, Klebstoff, Papier, Schere, Stifte

➤ Viele leere Streichholzschachteln mit passenden Papierstreifen bekleben und in Häuser verwandeln: Fenster, Türen, Dächer aufmalen.
➤ Aus den Schachteln ein Dorf bauen. Villeicht alle Häuser im Kreis um einen Platz herum anordnen. Oder ein langes Straßendorf aufstellen, in dem alle Häuser nebeneinander an einer Straße aufgereiht sind? Gibt es noch mehr Möglichkeiten, ein Dorf zu planen?

INFO | BEWÄHRT UND GUT

Im Computerzeitalter verlieren manche Kinder traditionelles Spielzeug wie Puppen, Autos, Bausteine zunehmend aus den Augen – leider. Viele können damit nur noch wenig anfangen. So soll es schon vorgekommen sein, dass Kinder einen Turm von oben nach unten bauen wollten. Übrigens: Bauklötze sind kein „Jungenspielzeug“ – auch das räumliche Vorstellungsvermögen von Mädchen profitiert bei solchen Spielen!

Kombinieren und Gedanken ordnen

Eigene Vorstellungen zu entwickeln, spielerisch Probleme zu lösen und ab und zu Detektiv zu spielen – all das macht Kindern riesige Freude und bringt die kleinen grauen Zellen so richtig in Schwung. Ganz nebenher gelingt es Kindern dabei, eine Ordnung in ihre Gedanken bringen.

Kuckuck!

■ *ab 1 Jahr*
Material: einige Tücher und Spielsachen

Papa, gerade noch hier, verschwindet auf einmal hinter einem Tuch und ruft: „Kuckuck!" Für Kleine ein tolles Gefühl zu wissen, dass er nicht wirklich weg ist. Begeistert wird er mit einem lauten: „Da!" begrüßt, wenn er wieder auftaucht.

Eine Variante:
Verschiedene Spielzeuge auf dem Boden ausbreiten, unter mehreren Tüchern verschwinden lassen und das Baby dann auf die Suche schicken.
Übrigens: Auch „Matrjoschkas", bei denen jede Puppe jeweils in eine größere gesteckt wird, faszinieren Kinder in diesem Alter.

Auf und zu – an und aus

■ *ab 18 Monate*

Ein Klassiker unter den Babyspielen: ausprobieren, was geschieht, wenn man bestimmte Schalter und Knöpfchen betätigt. Abends den Lichtschalter drücken – an und aus, hell und dunkel. An Radioknöpfen drehen oder am Wasserhahn ... Der nächste Gedanke eines kleinen Forschers: Mal sehen, ob Ähnliches geschieht, wenn ich einen anderen Schalter ausprobiere ...

Roter Schal und grüne Mütze?

■ *ab 2 Jahre*
Material: Mützen, Schals, Handschuhe ...

Sie breiten viele Kindermützen, Schals und Handschuhe im Zimmer aus – alles, was zum Anziehen für einen Spaziergang taugt. Ihr Kind stolziert von einem Ding zum anderen und macht seine Pläne. Ein erhebendes Gefühl für einen Dreikäsehoch, im Spiel selbstständig Entscheidungen fällen zu können: „Diese Mütze nehme ich und diese Handschuhe! Und das da kann ich nicht gebrauchen."

Wo steht der Stuhl?

■ *ab 4 Jahre*
Material: Fotos von der Wohnung und von Plätzen und Straßen in der näheren Wohnumgebung

Sie zeigen Ihrem Kind ein Foto, auf dem ein Gegenstand aus Ihrer Wohnung zu erkennen ist – vielleicht ein bestimmter Stuhl. Weiß Ihr kleiner Mitspieler, um welchen Stuhl es sich handelt? Dann wird das nächste Foto gezückt.
Für Ältere:
Vorher müssen Fotos von Dingen aus der näheren Wohnumgebung gemacht werden: von einem Sonnenschirm im Garten, dem Gartentor oder dem Auto des Nachbarn zum Beispiel. Diese Bilder werden später gezeigt. Später während eines Spaziergangs werden die auf den Fotos gezeigten Dinge oder Plätze ausfindig gemacht.

Geheimnis unterm Schrank

■ *ab 4 Jahre*
Material: Geschenkpapier, Band, Kekse

➤ Sie wickeln ein paar Kekse in Papier ein, binden ein Band um das Päckchen und deponieren es unter einem Schrank.
➤ Es werden gemeinsame Überlegungen angestellt: Wie kommt man am schnellsten, wie am bequemsten an das Päckchen unter dem Schrank?
➤ Wer macht einen Plan und verwirklicht diesen dann? So könnte man das Päckchen zum Beispiel mithilfe eines Handfegers unter dem Schrank hervorholen oder mit einem Spazierstock.

Wohin des Weges?

■ *ab 5 Jahre*
Ein Spiel für unterwegs

Dieses Frage-und-Antwort-Spiel eignet sich besonders für lange Autofahrten – oder für das Warten im Stau.
➤ Ein Spieler sucht sich einen Fußgänger oder Autofahrer aus und beschreibt ihn.
➤ Der zweite Spieler versucht, den Beschriebenen zu erkennen, und denkt sich dann eine Minigeschichte aus: Er überlegt, was der Betreffende vorhaben könnte. Wenn er einen Korb in der Hand hält, wird er möglicherweise zum Einkaufen gehen. Trägt er einen Ranzen, ist er wohl unterwegs zur Schule …
➤ Nach einer Weile werden die Rollen getauscht.

„Und-dann“-Geschichten

■ *ab 5 Jahre*

➤ Sie erzählen Ihrem Kind eine Geschichte, in der einiges passiert. Zum Beispiel könnten Sie berichten: „Mutter, Vater, Kind fahren mit dem Auto nach Italien. Plötzlich steht quer vor ihnen mitten auf der Autobahn ein großer Laster, und dann …“
➤ An diesem Punkt greift Ihr Kind die Geschichte auf und vollendet Ihren Satz „… und dann muss der Vater bremsen!“ Ihr Kind kann nun die Geschichte zu Ende erzählen.
➤ Danach beschreiben Sie eine neue brenzlige Situation, und wieder bringt Ihr Zuhörer die Geschichte zu Ende.

Das Leben entdecken, die Umwelt erkunden

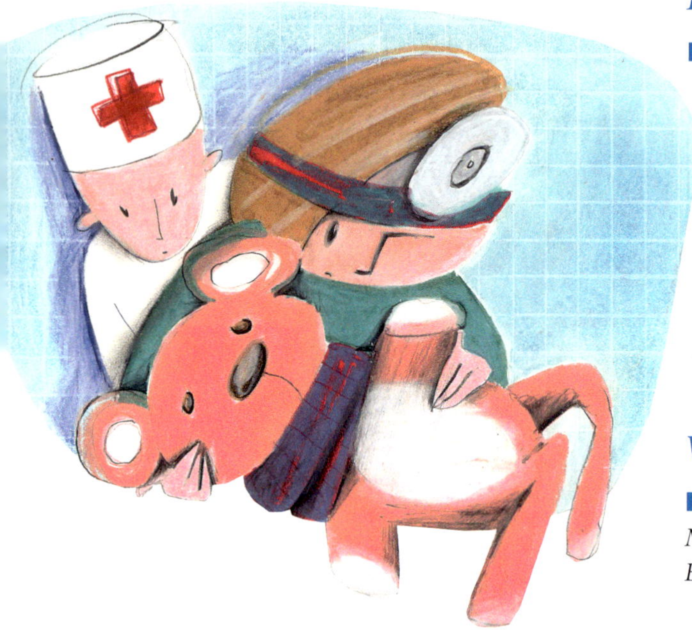

Kinder fragen ständig, wollen ihre unbezähmbare Neugier stillen und alles wissen: über die Dinge um sich herum, über Tiere, Pflanzen, Phänomene ...

Was fliegt denn da?

■ *ab 1 Jahr*

Ein Lieblingsspiel aller Hochstuhlkönige: Brot, Obst – alles, was sie in die Hände bekommen, auf den Boden fallen lassen. Kein Unsinn, wie viele Erwachsene meinen, sondern ein Experiment: Mal sehen, ob das, was ich werfe, auf dem Boden landet. Fliegt tatsächlich alles in dieselbe Richtung? Wo landet das, was ich werfe? Wie lange braucht es, um anzukommen?

Der Teddy ist krank

■ *ab 2 Jahre*

Material: Teddy (oder Puppe) und Arztkoffer zum Spielen

Zuerst wird der Teddy gründlich untersucht und dabei kennen gelernt: „Das ist der Bauch! Das sind die Ohren, das die Pfoten ..." Danach wird er verarztet: Der Bauch bekommt einen dicken Verband.

Was löst sich auf?

■ *ab 3 Jahre*

Material: Zutaten aus der Küche, je nach Experiment

Etwas selbst zu tun – das hilft einem Kind, die Welt zu verstehen. Es ist spannend, selbst auszuprobieren, ob sich ein Stück Würfelzucker im Tee wirklich auflöst und wie sich der Geschmack durch den Zucker verändert. Kinder finden die Antworten selbst, wenn sie munter drauflosexperimentieren dürfen. Die Küche ist ein ideales Forschungslabor. Weil Küchenexperimente manchmal gefährlich sein können, sollten Sie das Treiben allerdings im Auge behalten. Hier ein paar Ideen für einfache Experimente:

➤ Was geschieht, wenn ich ein Gummibärchen in Wasser gebe?

➤ Was passiert, wenn ich Kakaopulver in Milch verrühre?

➤ Was geschieht, wenn ich Puddingpulver in Milch einrühre?

Eisschmelze

■ *ab 3 Jahre*
Material: pro Mitspieler ein Eiswürfel

➤ Jeder bekommt einen Eiswürfel.
➤ Wer lässt seinen am schnellsten schmelzen? Da muss erst einmal überlegt werden: Welche Möglichkeiten gibt es, einen Eiswürfel zu schmelzen? Auf die Heizung legen, heißes Wasser über den Würfel laufen lassen, ihn in die Hände nehmen ...
Eine Variante:
Was kann man noch mit einem Eiswürfel anfangen? Ihn auf die Erde werfen und zuschauen, wie er zersplittert. Den Würfel mit anderen Würfeln um die Wette über glatten Boden rutschen lassen. Welcher schlittert am schnellsten? Oder probieren, ob der Eiswürfel im Wasser schwimmt ...

Schneeflöckchen, Weißröckchen

■ *ab 3 Jahre*
Ein Winterspiel für draußen
Material: Lupe

Sie können Ihrem Kind helfen, die Welt immer besser zu verstehen. Ein wichtiger Schritt dahin: den Blick zu schärfen und alles miteinander zu vergleichen.
➤ Eine Schneeflocke fangen, auf die Hand legen. Sie ganz genau begucken und zuschauen, wie sie schmilzt.
➤ Neue Schneeflocken fangen. Anschauen, am besten durch eine Lupe: Sieht jede Schneeflocke gleich aus oder nicht?
➤ In den Schnee pusten. Und was passiert, wenn man ihn zusammendrückt, einen Schneeball formt?

Wald- und Wiesenforscher

■ *ab 3 Jahre*
Ein Spiel für draußen im Wald
Material: Lupe, Taschenspiegel

Ausflüge in den Wald, um die Natur zu erforschen – da wird alles getestet: Wie fest sitzt die Blüte auf dem Stängel? Lassen sich Blätter zerreißen? Erwachsene sollten sich von der kindlichen Entdeckerfreude anstecken lassen, mit ihren Kindern möglichst viel Zeit im Wald verbringen, immer neue Spiele in der Natur anregen: Wie sieht die Erde unter einem Stein aus? Was verbirgt sich zwischen Baumwurzeln?
➤ Im Wald angekommen, schwirren zuerst alle auf der Suche nach einem Lebewesen aus. Nach einem Regenwurm. Einem Käfer. Nach Ameisen.
➤ Und nun die Tierchen beobachten: Wohin schleppt die Ameise die Tannennadel? Durch eine Lupe betrachten: Wie sieht ein Regenwurm aus? Und wie fühlt es sich an, wenn ein Käfer über die Hand krabbelt?

INFO | WIEDERHOLUNGEN

Ein kleines Kind hat phasenweise bestimmte Lieblingsbeschäftigungen: Es möchte beispielsweise ständig etwas ein- und auspacken oder Dinge durch die Gegend schleppen. In einer solchen Phase sind nur Spiele nach diesem bestimmten Schema „in" und werden unermüdlich wiederholt. Danach kommen Spiele nach einem neuen Muster dran.

Für Ältere:
Was tut sich in der Baumkrone? Mithilfe eines Taschenspiegels kann man Bäume und Büsche von unten, aus einer neuen Perspektive, betrachten.

Wie viele Schritte brauche ich?

■ *ab 4 Jahre*
Ein Spiel für draußen im Wald

Bei diesem Spiel kommt es auf ein gutes Auge an: Wie lang ist der Baumstamm, der neben dem Weg liegt?

➤ Zuerst werden Schätzungen abgegeben: Ist er zehn Kinderschritte lang? Oder zwölf? Und wie viele Erwachsenenschritte?

➤ Dann wird gemessen und gezählt: Wer lag mit seiner Schätzung am besten?

Eine Variante:
Es gibt noch viel mehr Schrittzählspiele: Wie viele Schritte brauchen wir, um den Waldrand zu erreichen? Wie viele, um einmal quer über eine Waldlichtung zu kommen? Anfänger probieren ihre Zählkünste gern überall und immer aus – erst recht, wenn ein Spiel daraus wird.

Wetterstation

■ *ab 4 Jahre*
Ein Spiel für draußen
Material: kleine Windmühle aus dem Spielzeugladen, Plastikbecher, Stifte, Heft, Lineal

➤ Sie bauen zusammen draußen eine kleine Wetterstation auf: Stecken die Windmühle in die Erde, stellen den Plastikbecher in eine windgeschützte Ecke, in dem Regen gesammelt und der Wasserstand mit dem Lineal gemessen wird.

➤ Dann jeden Morgen nach dem Aufwachen gemeinsam das Wetter anschauen und beurteilen.

TIPP | FIT FÜRS LEBEN: NATURKINDER

Kleine Kinder brauchen die Möglichkeit, ihre Wissbegierde zu befriedigen, und das können sie nirgends so gut wie in Wald und Wiese, denn dort sehen sie zum Beispiel, wie riesig sie im Vergleich zu einem Marienkäfer sind und wie winzig klein sie unter einer mächtigen Eiche wirken. Wer draußen erlebt hat, wie Bäume erst grün werden und später ihr Laub wieder verlieren, wie Blumen sich öffnen und später verblühen, kommt ins Nachdenken und begreift einiges vom Leben. Studien haben ergeben: Kinder, die auf dem Land groß geworden sind oder viel Zeit in der Natur verbracht haben, finden sich später besser zurecht, haben weniger Angst vor unbekannten Gefilden. Erkundungen in der Natur fördern besonders die Wahrnehmungsfähigkeit, die Konzentration. Nach Meinung der Forscher ist die Natur ein idealer Spielplatz und eine einzigartige Lernumgebung. Deshalb sollten auch Stadtkinder möglichst viel mit Natur zu tun haben und sie auf eigene Faust erkunden können – im Garten, im Park oder am Wochenende im Wald.

Für Ältere:
Größere Kinder können ihre Wetterbeobachtungen Tag für Tag in einem Heft notieren. Wenn es regnet, wird eine Regenwolke eingezeichnet, wenn die Sonne scheint, eine Sonne ...

Mit dem Wind spielen

■ *ab 4 Jahre*
Ein Spiel für draußen, für windige Tage
Material: Regenschirm, Fahne oder Ball

➤ Mit einem aufgespannten Regenschirm gegen den starken Wind ankämpfen und dabei die Kraft spüren, die der Wind haben kann. Oder dabei zuschauen, wie der Wind einen Ball vor sich hertreibt. Oder draußen eine Fahne aufstellen, Windstärke und -richtung damit überprüfen.

Flieg, mein kleiner Drache!

■ *ab 4 Jahre*
Ein Spiel für draußen, für windige Tage
Material: Briefbogen, Schere, Klebestreifen, Faden, volle Garnrolle

➤ Bauen Sie gemeinsam einen Minidrachen: Von einem Briefbogen die vier Ecken so abschneiden, dass die typische Drachenform entsteht (siehe Bild oben). An der rechten und linken Ecke etwa zwei Zentimeter vom Rand entfernt jeweils ein Loch bohren. Die Löcher mit Klebestreifen umkleben, damit sie nicht so rasch einreißen.
➤ Zwei gleich lange Fäden Garn abschneiden und durch die beiden Löcher ziehen. Die Fäden auf der Rückseite des Drachens verknoten und am Knotenpunkt in der Mitte auch die volle Garnrolle befestigen.
➤ Den Drachen später im Wind flattern lassen, dabei die Windkraft spüren.

Die Schwimmrosine

■ *ab 5 Jahre*
Material: Glas mit Mineralwasser, Rosine

Frisches Mineralwasser in ein Glas gießen und eine Rosine darin versenken. Was passiert dann? Auf der Rosine bilden sich unzählige kleine Bläschen, die die Frucht wieder an die Oberfläche ziehen. Wenn die Bläschen zerspringen, sinkt die Rosine wieder auf den Boden des Glases.

TIPP | IM GESPRÄCH

Durch Experimente Wissen erlangen – davon geht die Kindergartenpädagogik aus. Versuche können aber nur eine Einladung sein, sich auf Neues einzulassen, denn ohne Erklärung sei ein Experiment letztlich nutzlos, sagen Lernexperten. Deshalb ist es so wichtig, dass Eltern mit ihrem Kind im Gespräch bleiben – über alles.

Die Regenbogenmacher

■ *ab 5 Jahre*
Ein Sonnenspiel
Material: Glas Wasser, weißes Blatt Papier

Ein Glas Wasser ans Fenster in die Sonne stellen. Wer ein Blatt Papier hinter das Glas hält, zaubert einen Regenbogen aufs Papier. Wer entdeckt bei Regen und Sonne einen echten Regenbogen am Himmel?

Geschätzt und abgewogen

■ *ab 5 Jahre*
Material: Steine, Spielzeuge – 20 unterschiedlich schwere Dinge (Spielzeuge und anderes), Küchenwaage

➤ Im Kinderzimmer verteilen Sie möglichst viele, ganz unterschiedlich schwere Dinge auf dem Boden: Bauklötze, Kieselsteine, Suppenlöffel ... Auf dem Tisch bauen Sie eine Küchenwaage auf.
➤ Der erste Spieler startet, schleppt zwei Gegenstände an und schätzt ihr Gewicht: „Welches Ding ist leichter, welches schwerer?“ Danach wird beides gewogen und der schwerere Gegenstand aussortiert. Jetzt ist der nächste Spieler an der Reihe.
➤ Für jede richtige Schätzung gibt's einen Punkt. Weil nur die leichteren Dinge im Spiel bleiben, wird das Spiel mit jeder Runde schwieriger. Gewinner ist, wer am Schluss die meisten Punkte gesammelt hat. In den allermeisten Fällen können Kinder intuitiv einschätzen, was schwerer und was leichter ist.

Und wie viel wiegst du?

■ *ab 5 Jahre*
Material: Personenwaage, Wippe

Mit einer Personenwaage spielen – das macht zu mehreren besonders viel Spaß. Nacheinander steigen alle auf die Waage. Vorher wird geschätzt: „Wer wiegt am wenigsten, wer am meisten?“
Eine Variante:
Auf dem Spielplatz können die Kinder die Wippe als „Waage“ benutzen: „Wiegen zwei kleine Kinder zusammen mehr oder weniger als ein großes Kind?“

Den Regen erforschen

■ *ab 5 Jahre*
Material: Kochtopf mit Deckel, Wasser, Einweckglas, Lineal, Stöckchen, Messer

Wie kommt Regen eigentlich zustande? Sie können es Ihrem Kind erklären, indem Sie gemeinsam mit ihm eine „Regenwolke“ fabrizieren. Ein Erwachsener macht's vor, Kinder schauen zu: Wasser in einem

Topf mit Deckel erhitzen. Das Wasser im Topf ist das Meer, der Deckel eine Wolke. Wenn das Wasser kocht, den Deckel vom Topf nehmen und zuschauen, wie die Wassertropfen, die sich an der Unterseite des Deckels gesammelt haben, wieder herunter tropfen.

Erste Variante:

Ein Einmachglas nach draußen stellen, wenn es regnet. In diesem Glas den Regen sammeln. Den Wasserstand nach dem Regenguss mit einem Lineal messen. Beim nächsten Guss wieder ein Glas nach draußen stellen und den Regen erneut sammeln. In einer regenreichen Zeit können Sie auf diese Weise feststellen, wann es am meisten geregnet hat.

Zweite Variante:

Den Wasserstand mit einem Stöckchen in verschiedenen Pfützen messen und mit einem Messer am Stöckchen markieren.

Die Wetteruhr

■ *ab 5 Jahre*

Material: Pappe, Schere, Papier, Stifte, eine Musterbeutelklammer

➤ Einen Kreis aus Pappe schneiden.

➤ Zusammen mit dem Kind zeichnen Sie verschiedene Wettersymbole auf Papier:
- eine Sonne,
- eine dunkle Wolke,
- eine dunkle Wolke, aus der nur ein wenig Regen fällt,
- eine Wolke, aus der viel Regen fällt,
- eine Wolke, aus der Schnee rieselt.

➤ Alle Bilder werden ausgeschnitten und rundum auf die Scheibe geklebt.

➤ Sie schneiden einen Zeiger aus Pappe. Jetzt ein Loch am Ende des Zeigers und eins in die Mitte der Scheibe bohren. Den Zeiger mit einer Musterbeutelklammer auf der Scheibe befestigen.

➤ Die Wetteruhr kann im Kinderzimmer hängen und täglich das Wetter anzeigen.

Für Ältere:

Ein Wettertagebuch führen. Über einen längeren Zeitraum in einem Heftchen aufmalen, wie das Wetter wann war.

Ein Spiel mit der Zeit

■ *ab 5 Jahre*

Material: Wecker, Eieruhr oder Stoppuhr

Kinder spielen gern mit einem Wecker: Stellen Sie ihn zu Spielbeginn so, dass er in einer Viertelstunde klingelt. Bis dahin schätzen Sie zusammen immer wieder die Zeit, ohne auf den Wecker zu schauen: „Dauert es noch zehn Minuten oder länger, bis er klingelt? Oder nur noch fünf Minuten?“ Wer hat das beste Zeitgefühl?

Eine Variante:

Die Zeit mit einer Eieruhr messen oder mit einer Stoppuhr.

Konzentration und Gedächtnis schulen

Gerade für kleine Kinder ist es gar nicht so einfach, sich längere Zeit zu konzentrieren – umso besser also, wenn diese Fähigkeit spielerisch geübt wird. Und das Gedächtnis schulen die folgenden Spiele ebenfalls.

Das Suchbuch

■ *ab 18 Monate*
Material: ausrangiertes Buch, ein Bild

Gespielt wird mit einem alten, ausrangierten Buch, das zerfleddert werden darf. Sie verstecken in dem Buch ein Bild – zum Beispiel von einem Hund. Dann drücken Sie das Buch Ihrem Kind in die Hand, das darin blättert und nach dem Hund sucht.

Verkehrte Welt beim Frühstück

■ *ab 3 Jahre*
Material: Alles, was auf einen Frühstückstisch gehört

Sie decken den Frühstückstisch, aber deutlich anders als sonst: Das Messer liegt zum Beispiel nicht neben dem Teller, sondern mitten auf dem Tisch, der Becher ist umgestülpt ... Was ist hier nicht richtig? Wer kann es in Ordnung bringen?

Briefkasten und Gartentor

Ein Spiel für unterwegs
■ *ab 3 Jahre*

Vor einem Spaziergang nennen Sie Ihrem Kind etwas, was es unterwegs finden soll, zum Beispiel einen Briefkasten. Ist der Kasten gefunden, nennen Sie zwei weitere Dinge, vielleicht ein Fahrrad und einen Papierkorb. Wer behält drei oder mehr Dinge im Kopf und sucht danach?
Für Ältere:
Langsam steigern – und immer mehr Dinge merken und suchen lassen.

Faden würfeln

■ *ab 3 Jahre*
Ein Spiel für drei oder mehr Spieler
Material: jeweils 10 rote, gelbe, blaue, grüne Wollfäden (oder Bänder), 1 Farbwürfel

➤ Die Wollfäden auf dem Tisch verteilen.
➤ Der Jüngste würfelt zuerst. Würfelt er Gelb, darf er sich einen gelben Faden nehmen, bei Rot einen roten ... Bei Weiß darf er noch einmal würfeln. Bei Schwarz muss er den Würfel so weitergeben.
➤ Gewinner ist, wer zum Schluss die meisten bunten Fäden eingesammelt hat.

Krimskramskiste

■ *ab 3 Jahre*
Material: Kiste mit zahlreichen Kleinigkeiten, mehrere leere Streichholzschachteln

Scharfe Augen braucht Ihr Kind, um das zu sichten, was sich in einer Krimskramskiste angesammelt hat: winzige Schräubchen und Ösen, Büroklammern, Knöpfe .... Wer hat Lust, das Kleinzeug nach Art und Größe in leere Streichholzschachteln zu sortieren?

Suchspiel mit T-Shirt

■ *ab 4 Jahre*
Material: altes weißes T-Shirt, Filzstifte

➤ Ein altes helles T-Shirt wird mit bunten Filzstiften bemalt. Ein Haus, ein Baum, ein Hund – malen Sie zehn verschiedene Dinge auf das T-Shirt. Ihr Kind schaut Ihnen dabei zu.
➤ Später zieht Ihr Kind das T-Shirt an und wandert nun mit seinem Finger genau dahin, wohin Sie es mit Worten führen: „Erst gehst du zum Haus, dann zum Baum ..."

Herzbube oder Karo-Ass?

■ *ab 4 Jahre*
Material: 2 gleiche Kartenspiele

➤ Auf einem Tisch liegen aufgedeckt und gut gemischt zwei Kartenspiele.

INFO | GUTE GEFÜHLE

Gedächtnis und Gefühle sind eng miteinander verbunden, weil für beides gleiche Bereiche im Gehirn zuständig sind. Deshalb bleibt Menschen das am besten in Erinnerung, was mit angenehmen Gefühlen verbunden ist und sie berührt. Kinder, die von Geburt an geachtet und geliebt werden, fühlen sich wohl: eine gute Basis für die Entwicklung ihres Gedächtnisses und ihrer geistigen Fähigkeiten.

➤ Der jüngste Spieler beginnt: Er nimmt eine Karte aus dem Spiel und zeigt sie dem Mitspieler – bei mehreren Mitspielern dem, der links von ihm sitzt. Der sucht die entsprechende zweite Karte. In der nächsten Runde darf der andere eine Karte aussuchen und seinen linken Nachbarn nach dem „Zwilling" suchen lassen.
Für Ältere:
Ein Kartenspiel liegt aufgedeckt auf dem Tisch, das andere nimmt der zur Hand, der an der Reihe ist. Er zieht daraus eine Karte und beschreibt sie seinem Mitspieler, der versucht, die Karte nur nach der Beschreibung zu erkennen und die entsprechende aus dem anderen Stapel herauszusuchen.

Den Farben auf der Spur

■ *ab 4 Jahre*
Material: Farbwürfel

Ein Spiel, das die Wahrnehmung schärft – es geht um Farben.
➤ Der Jüngste aus der Runde beginnt und würfelt. Zeigt der Würfel Rot, macht der Spieler sich im Zimmer auf die Suche nach etwas Rotem. Zeigt der Würfel Blau, wird nach etwas Blauem gesucht.
➤ So wird reihum weitergewürfelt. Kein Gegenstand darf zweimal genannt werden.

Briefmarken-Memory

■ *ab 4 Jahre*
Material: alte Briefmarken

➤ Sie schneiden zusammen abgestempelte Briefmarken aus alten Briefumschlägen, achten Sie darauf, dass Sie jeweils zwei von einer Sorte haben. Dann legen Sie die Marken auf den Tisch. Jeder Mitspieler prägt sich die Bilder ein. Danach werden die Marken umgedreht.

➤ Reihum darf jetzt jeder Spieler zwei Marken aufdecken. Sind sie gleich, darf er sie behalten, ansonsten werden sie wieder umgedreht, und der Nächste ist dran.

Die versteckte Welt

■ *ab 4 Jahre*
Material: Tablett, Geschirrtuch und 16 kleinere Gebrauchsgegenstände aus der Küche

➤ Der erste Spieler legt acht verschiedene Gegenstände auf ein Tablett und deckt sie mit dem Geschirrtuch zu.

➤ Das Tuch wird zur Seite genommen. Der zweite Spieler schaut sich die Dinge auf dem Tablett genau an, versucht sich alles einzuprägen, dann werden die Gegenstände wieder abgedeckt.

➤ Wie viele Dinge sind im Gedächtnis geblieben und können noch genannt werden? Jetzt werden die Rollen getauscht und acht neue Gegenstände benutzt. Gewonnen hat, wer mehr versteckte Gegenstände in Erinnerung behalten konnte.

TIPP | SPIELEND LERNEN

Bei vielen Eltern hält sich der Glaube, das Lernen zerstöre die Kindheit. Ein Irrtum, denn die ganze Kindheit besteht aus Lernen: Egal ob ein Kind seinen Teddy füttert oder ein Haus aus Bauklötzen baut – bei jedem Spiel, bei jeder Beschäftigung lernt es Wichtiges dazu und entwickelt sich einen Schritt weiter. Lassen Eltern ihrem Kind reichlich Spielraum und unterstützen sie seine Spielfreude, dann fördern sie seinen Spaß am Lernen am besten.

Wo ist die rote Kaffeekanne?

■ *ab 4 Jahre*
Material: Bilderbuch

➤ Sie schauen gemeinsam mit Ihrem Kind ein Bilderbuch an, blättern es in aller Ruhe von Anfang bis Ende durch und unterhalten sich darüber, was auf den einzelnen Seiten zu sehen ist.

➤ Später fragen Sie Ihr Kind nach einem Detail aus dem Buch, zum Beispiel nach einer roten Kaffeekanne oder einem grünen Sofakissen. Wer weiß, auf welchem Bild dieser Gegenstand zu sehen ist?

Rosarot und Pflaumenlila

■ *ab 5 Jahre*
Ein Merkspiel für mehrere Mitspieler

➤ Jeder Mitspieler bekommt zuerst einmal einen besonderen Namen, etwa Rosarot oder Pflaumenlila.

➤ Ein Spielleiter stellt schnell hintereinander Aufgaben wie „Rosarot stellt sich hinter Pflaumenlila! Und Zitronengelb streichelt Moosgrün über die Wange!“ Gar nicht einfach, sich alles zu merken – je schneller gespielt wird, je mehr mitmachen, desto besser.

Sortieren, zählen, logisch ordnen

Das macht Spaß: mit Zahlen jonglieren, mit Edelsteinen spielen und blaue Papageien suchen! Sortieren und ordnen schult die Logik und ist eine gute Grundlage für spätere Denkspiele.

Die lustigen Fünflinge

■ *ab 3 Jahre*
Material: ein Paar Gummihandschuhe, Klebeband

Sie zählen gemeinsam die Finger der linken Kinderhand, dann die der rechten. Nun werden Ihre Finger gezählt. Dann ein Fingervergleich, der kleine Kinder staunen lässt: Welcher Finger ist besonders lang oder kurz? Welcher dünn oder dick?
Für Ältere:
➤ Die Finger eines Gummihandschuhs mit Wasser füllen. Den Handschuh mit Klebeband fest verschließen und ins Tiefkühlfach legen.
➤ Später die eisigen Finger unter heißem Wasser aus dem Handschuh lösen. Welcher Eisfinger passt in welchen Handschuhfinger? Gar nicht so einfach, die Maße richtig abzuschätzen.

Auf Papageiensuche

■ *ab 3 Jahre*
Ein Spiel für draußen
Material: blaues Tonpapier, Stift, Schere, 10 jeweils 15 Zentimeter lange Bindfäden

➤ Sie schneiden aus Tonpapier zehn daumenlange Papageien, befestigen jeden Papagei an einem Faden, binden die Fäden zu Schlaufen und hängen die Vögel draußen an Büschen oder Bäumen auf.
➤ Mit Ihrem Kind auf dem Arm machen Sie sich auf die Suche nach den Papageien. Finden Sie alle zehn wieder?

Kronkorkenspiel

■ *ab 4 Jahre*
Material: Kronkorken, Gummibärchen, Würfel

➤ Aus vielen Kronkorken wird ein Kreis auf den Tisch gelegt, unter jedem ein Gummibärchen versteckt. Ein Kronkorken wird aufgedeckt: Das ist der Startpunkt.
➤ Die Spieler würfeln reihum. Wer eine Eins wirft, rückt einen Korken weiter, darf ihn aufdecken und das Gummibärchen darunter einkassieren. Wer eine Zwei wirft, rückt zwei Felder weiter. Wer auf ein „abgeräumtes" Feld kommt, hat Pech gehabt und bekommt kein Bärchen.
➤ Gewinner ist, wer zum Schluss, wenn alle Kronkorken aufgedeckt sind, die meisten Bärchen einkassiert hat.

Die Edelsteinkrone

■ *ab 4 Jahre*
Material: Gold- und Buntpapier, Schere, Klebstoff

➤ Eine Krone basteln. Aus Goldpapier einen langen Streifen schneiden. Daraus einen Ring in Kinderkopfgröße formen und an den Enden zusammenkleben. In eine Seite des Rings Zacken schneiden.
➤ Die Krone mit Edelsteinen verzieren. Aus Buntpapier Dreiecke, Kreise, Vierecke in unterschiedlichen Größen schneiden: zehn grüne Smaragde, zehn rote Rubine, zehn blaue Saphire. Die Steine nach Form und Größe sortieren und dann auf die Krone kleben.

Taschenraten

■ *ab 4 Jahre*
Material: alte Knöpfe

➤ Sie stecken einen oder mehrere Knöpfe in Ihre Hosentasche, ohne dass Ihre Mitspieler sehen, wie viele es sind. Jetzt darf der Erste schätzen: Wie viele Knöpfe sind in der Tasche? Dann darf der Zweite raten.
➤ In der ersten Spielrunde schaut der jüngste Spieler, wer richtig oder annähernd richtig lag. In den folgenden Runden darf der in der Tasche nach Knöpfen graben, der am besten geschätzt hat.
➤ Später sortieren alle die Knöpfe nach Anzahl der Löcher: nach rechts die mit vier, nach links die mit zwei Löchern ...

Fünf kleine Finger

■ *ab 4 Jahre*

Die fünf Finger einer Hand abzählen – auch das animiert ein Kind, sich mit dem Zählen zu beschäftigen. So zum Beispiel beim folgenden Fingerspiel:
Fünf kleine Finger tanzen herum.
Der Daumen mag nicht mehr, wie dumm.
Vier kleine Finger tanzen herum.
Der Zeigefinger will nicht mehr, wie dumm.
Drei kleine Finger tanzen herum.
Der Mittelfinger will nicht mehr,
wie dumm.
Zwei kleine Finger tanzen herum.
Der Ringfinger mag nicht mehr, wie dumm.
Ein kleiner Finger tanzt herum,
ruft alle anderen:
„1, 2, 3, 4! Tanzt doch mit mir!“
Fünf kleine Finger tanzen herum ...

Schatzkiste

■ *ab 4 Jahre*
Material: Kiste, viele kleine „Schätze“

Nichts ist schöner, als das mit nach Hause zu schleppen, was man draußen findet: Steine, Schneckenhäuser, Stöcke ... Alle Schätze werden in einer Kiste verstaut. Hier Ordnung zu halten ist für die meisten kleinen Kinder keine Pflicht, sondern Kür, denn sie sortieren ihren Krimskrams gern: Holzstücke nach links, Steinchen nach rechts. Gleiches zu Gleichem. Eine erste Ahnung von Ordnungskriterien kommt dabei auf: Nach welchem Schema lässt sich das ganze Zeug ordnen? Irgendwann finden kleine Sortierer eine Lösung, die ihnen gefällt.

Viel oder wenig?

■ *ab 4 Jahre*
Material: ein hohes, schmales und ein breites, niedrigeres Glas, etwas Leitungswasser

➤ Vorsichtig Wasser aus einem hohen, schmalen Glas in ein breiteres gießen.
➤ Die Frage, die jedes Kind bei diesem Experiment beschäftigt: Wieso wird das Wasser „weniger“, obwohl beim Umschütten kein Tropfen verloren ging? Wer kommt auf die Idee, das Wasser wieder zurückzugießen – vielleicht ist es ja gar nicht weniger geworden, sondern es sah auf den ersten Blick nur so aus. Warum? Lauter Fragen, die einen Miniforscher beschäftigen und die er sich nach einigem Hin und Her und immer neuen Versuchen selbst beantworten kann.

Den Wald vermessen

■ *ab 4 Jahre*
Ein Spiel für unterwegs
Material: Maßband

Im Wald lernen Kinder anhand von Naturmaterial das Zuordnen von Farben, Zahlen, Größen und anderem. Wo stehen dicke Bäume und wo dünne? Welchen Baum kann ich umarmen, welchen nicht? Warum kann ich ihn nicht umarmen, aber Papa schon? Welche Bäume haben gleiche Blätter? Wie viele unterschiedliche Blätter entdecke ich? Welche Muster und Reihen kann ich aus ihnen legen?
Für Ältere:
Welcher Baum ist der dickste? Schätzen, dann mit dem Maßband nachprüfen.

Die bunte Sonne

■ *ab 4 Jahre*
Material: 20 blaue, rote, gelbe, grüne Wollfäden einer Länge, gelbes Papier, Schere

Aus gelbem Papier einen bierdeckelgroßen Kreis schneiden. Den Kreis verwandeln Sie dann zusammen mit einem oder zwei Mitspielern in eine Sonne: Sie legen immer abwechselnd rundum zwanzig blaue, rote, gelbe, grüne Fäden als Sonnenstrahlen an. Oder ordnen die bunten Fäden nach ganz anderen Prinzipien: fügen zum Beispiel erst zwei blaue, dann zwei rote „Strahlen" an. Wie kann man die Sonnenstrahlen noch ordnen?

Knopfhäuser

■ *ab 4 Jahre*
Material: viele alte Knöpfe

➤ Lassen Sie Ihr Kind mit den Knöpfen spielen: sie zunächst sortieren – nach rechts alle Zweilochknöpfe, nach links die mit vier Löchern. In die Mitte alle Knöpfe ohne Löcher. Oder die Knöpfe nach Farben sortieren.
➤ Jetzt kann Ihr Kind aus den Knöpfen ein Haus „bauen": Das Dach aus roten Knöpfen legen, den Umriss des Hauses aus ganz kleinen weißen, den Gartenweg aus dunkelbraunen ...
➤ Und nun Reihen aus Knöpfen legen, zum Beispiel: kleiner Knopf, großer Knopf, kleiner Knopf ... Oder: zwei große Knöpfe, ein kleiner, zwei große ...
➤ Gibt es weitere Möglichkeiten, die Knöpfe zu ordnen?

Eine alte Frau kocht Rüben

■ *ab 4 Jahre*

Abzählverse fördern das Zahlenverständnis, besonders, wenn man sich dazu bewegt. Bei den folgenden Versen darf bei jeder Zahl ein Luftsprung gemacht werden.
1, 2, 3, 4, 5, 6, 7,
eine alte Frau kocht Rüben,
eine alte Frau kocht Speck
und du bis weg!
Oder:
1, 2, 3, 4, 5,
der Storch hat rote Strümpf',
der Frosch , der hat kein Haus
und du bist raus.

Die Kirchturmglocken

■ *ab 4 Jahre*
Ein Spiel für unterwegs

Wenn Sie mit Ihrem Kind einen Spaziergang machen, zählen Sie gemeinsam alles, was Ihnen zählenswert erscheint. Die Schläge der Kirchturmuhr? Die Autos, die vor der nächsten Bäckerei parken? Die Hunde, die Ihnen in den kommenden fünf Minuten über den Weg laufen werden?

Treppenspiel

■ *ab 5 Jahre*
Material: 1 Würfel

Der erste Spieler steht am Fuß einer Treppe, der zweite würfelt. Wirft er eine Zwei, darf der Erste die Treppe zwei Stufen hochsteigen, wirft er eine Vier: vier Stufen.

Auf jeder Stufe muss er einen Jungen- oder Mädchennamen nennen. Ist er oben angekommen, ist der andere dran.

Wer kommt zu mir nach Haus?

■ *ab 5 Jahre*
Ein Spiel für drei oder vier Mitspieler
Material: viel Bindfaden, Schere, kleine Steinchen, Klötze, Murmeln und ähnliche Dinge, Würfel

➤ Gespielt wird am Boden. Die Steine, die Klötzchen – alle Schätze werden auf einen Haufen gelegt. Jeder legt aus Bindfaden ein spitzgiebliges Haus auf den Boden – so groß, dass ein Kind darin kauern kann.
➤ Der jüngste Spieler würfelt zuerst. Wirft er eine Drei, nimmt er sich drei Dinge von dem Haufen und richtet damit sein Haus ein. Wirft er eine Vier, dürfen es vier Dinge sein. Danach ist der zweitjüngste Spieler an der Reihe und würfelt.
➤ Wessen Haus ist nach fünf Würfelrunden am ausgiebigsten eingerichtet?

Was ist vor mir, was hinter mir?

■ *ab 5 Jahre*
Ein Spiel für vier oder mehr Kinder

Die Kinder reihen sich hintereinander auf. Sie rufen den ersten Spieler auf: „An welchem Platz stehst du in der Reihe? An welcher Stelle steht dein Vordermann, dein Hintermann?"
Ein Spiel, das Kindern eine erste Vorstellung davon vermittelt, dass auch Zahlen eine Reihe bilden.

Kängurus

ab 5 Jahre
Ein Spiel für drei Mitspieler

Dieses Hüpfspiel fördert die Raumvorstellung und die Raumerfahrung – und hilft so, das Zählen vorzubereiten.

➤ Zwei Spieler verwandeln sich in „Kängurus“. Das eine „Känguru“ stellt sich an die Zimmertür, das andere ans Fenster.

➤ Der dritte Spieler dirigiert die beiden Tiere jetzt kreuz und quer durchs Zimmer, mit Anweisungen wie „zwei Hüpfer vorwärts!“ oder „drei Hüpfer rückwärts!“

➤ Schafft es der Spielleiter, die beiden „Kängurus“ so zu lenken, dass sie nicht nur eifrig mitzählen, sondern sich zum Schluss treffen?

Roboter unterwegs

ab 5 Jahre

➤ Einer ist der Spielleiter, die anderen verwandeln sich in „Roboter“ und bewegen sich wie Maschinen.

➤ Der Spielleiter bewegt nun die „Roboter“ mithilfe seiner Anweisungen durch den Raum. Zuerst stehen alle in der Mitte, dann machen sie genau die Bewegungen, die ihnen der Spielleiter vorgibt: „Zwei Schritte vorwärts, drei nach rechts, fünf rückwärts …“

➤ Die Roboter tun wirklich genau das, was man ihnen sagt: Welcher funktioniert am besten?

Das Spiel hilft Kindern, sich im Raum zu orientieren.

MACHEN SIE IHR KIND SCHLAU:

Spiele	Alter ab	Denken	Entwicklung der Sinne	Motorische Fähigkeiten	Kreativität
Auf und zu – an und aus	1	•••	•	••	
Das Suchbuch	1	•••	•	•	
Kuckuck!	1	•••	••	•	
Was fliegt denn da?	1	•••	•	•	
Der Kissenturm	2	•••	•	•	
Der Teddy ist krank	2	•••	•	•	••
Roter Schal und grüne Mütze?	2	•••		••	••
Auf Papageiensuche	3	•••	••	•	
Briefkasten und Gartentor	3	•••	••		
Die lustigen Fünflinge	3	•••	••	••	
Eisschmelze	3	•••	••	•	••
Faden würfeln	3	•••	••	•	
Hochhäuser	3	•••	•	•	••
Krimskramskiste	3	•••	•	•	••
Schneeflöckchen, Weißröckchen	3	•••	•	•	••
Verkehrte Welt beim Frühstück	3	•••	•	••	•
Wald- und Wiesenforscher	3	•••	••	•	••
Was löst sich auf?	3	•••	•	•	••
Wo ist die zweite Hälfte?	3	•••	•	•	

Eins, zwei, drei, vier

ab 5 Jahre
Material: Papier und Stift

Sie nennen ein Lebewesen – etwa Rabe oder Kaninchen. Wer sagt ganz schnell die Anzahl der Beine – zwei beim Raben, vier beim Kaninchen? Wer am schnellsten ist, darf jetzt ein Tier nennen.

Eine Variante:
Zu zweit macht auch dieses Spiel großen Spaß: Auf einem Zettel zwei Spalten vorgeben. In eine Spalte dürfen nur genannte Vierfüßler gezeichnet werden, in die andere Zweifüßler.

ALLE DENK-SPIELE AUF EINEN BLICK

Konzentration	Sprachliche Fähigkeiten	Musikalische Fähigkeiten	Selbsterkenntnis	Soziales Verhalten	Seite	Spiele
••					134	Auf und zu – an und aus
••					142	Das Suchbuch
••				•	134	Kuckuck!
•			••		136	Was fliegt denn da?
••					131	Der Kissenturm
••	••		•	•	136	Der Teddy ist krank
•			•		134	Roter Schal und grüne Mütze?
••					145	Auf Papageiensuche
•					142	Briefkasten und Gartentor
••	••				145	Die lustigen Fünflinge
•					137	Eisschmelze
••				•	142	Faden würfeln
••					131	Hochhäuser
•••					142	Krimskramskiste
••			•••	•	137	Schneeflöckchen, Weißröckchen
•••				•	142	Verkehrte Welt beim Frühstück
••			•	•	137	Wald- und Wiesenforscher
••					136	Was löst sich auf?
••				•••	131	Wo ist die zweite Hälfte?

MACHEN SIE IHR KIND SCHLAU:

Spiele	Alter ab	Denken	Entwicklung der Sinne	Motorische Fähigkeiten	Kreativität
Briefmarken-Memory	4	•••	•	••	
Den Farben auf der Spur	4	•••	•	•	•
Den Wald vermessen	4	•••	••	••	•
Die bunte Sonne	4	•••	••	••	••
Die Edelsteinkrone	4	•••	••	••	•••
Die Kirchturmglocken	4	•••	•		•••
Die versteckte Welt	4	•••	•		••
Eine alte Frau kocht Rüben	4	•••	•	••	
Flieg, mein kleiner Drache	4	•••	••	••	••
Fünf kleine Finger	4	•••	•	•	••
Geheimnis unterm Schrank	4	•••		•	
Herzbube oder Karo-Ass?	4	•••	•	•	
Knopfhäuser	4	•••	•	•	••
Kronkorkenspiel	4	•••		•	
Mit dem Wind spielen	4	•••	••	•	••
Schatzkiste	4	•••			
Staudamm	4	•••	••	••	•
Suchspiel mit T-Shirt	4	•••	••	•	
Taschenraten	4	•••	•	•	
Viel oder wenig?	4	•••			
Wetterstation	4	•••	••	•	•
Wie viele Schritte brauche ich?	4	•••	••	••	••
Wo ist die rote Kaffeekanne?	4	•••	•		•
Wo steht der Stuhl?	4	•••	•		
Das Schachteldorf	5	•••	•	••	••
Den Regen erforschen	5	•••	•	•	
Der Dominokreis	5	•••	•	••	
Die Regenbogenmacher	5	•••	••	•	•
Die Schwimmrosine	5	•••	••		
Die Wetteruhr	5	•••	•	••	•
Ein Spiel mit der Zeit	5	•••			
Eins, zwei, drei, vier	5	•••			•••
Geschätzt und abgewogen	5	•••	•	•	••
Indianerzelt	5	•••	•	•••	••
Kängurus	5	•••	•	•••	
Puppenstuben	5	•••	•	••	••
Rosarot und Pflaumenlila	5	•••	•		•
Roboter unterwegs	5	•••	•	•••	•••
Treppenspiel	5	•••	•	••	
Und-dann-Geschichten	5	•••			••
Und wie viel wiegst du?	5	•••	•	•	
Was ist vor mir, was hinter mir?	5	•••	•		
Wer kommt zu mir nach Haus?	5	•••	•	••	••
Wie Murmeln wohnen	5	•••	•	•	••
Wohin des Weges?	5	•••	•		••

Das angegebene Spiel fördert die Fähigkeiten in diesem Bereich ...
••• hervorragend •• gut • ein wenig (neben anderen Fähigkeiten)

ALLE DENK-SPIELE AUF EINEN BLICK

onzentration	Sprachliche Fähigkeiten	Musikalische Fähigkeiten	Selbst-erkenntnis	Soziales Verhalten	Seite	Spiele
•••					143	Briefmarken-Memory
•••	•				143	Den Farben auf der Spur
•	•		••	•	147	Den Wald vermessen
••			•	••	148	Die bunte Sonne
••	•		•		146	Die Edelsteinkrone
••				•	148	Die Kirchturmglocken
•••	••				144	Die versteckte Welt
••	•		•	•	148	Eine alte Frau kocht Rüben
•					139	Flieg, mein kleiner Drache
••	•••		•	••	146	Fünf kleine Finger
••					135	Geheimnis unterm Schrank
•••	•••				143	Herzbube oder Karo-Ass?
•••					148	Knopfhäuser
••				••	145	Kronkorkenspiel
			•		139	Mit dem Wind spielen
••					147	Schatzkiste
•					132	Staudamm
••	••			•	143	Suchspiel mit T-Shirt
••				••	146	Taschenraten
••					147	Viel oder wenig?
••					138	Wetterstation
•			•	•	138	Wie viele Schritte brauche ich?
•••	•••				144	Wo ist die rote Kaffeekanne?
•••					135	Wo steht der Stuhl?
•				•	133	Das Schachteldorf
•••					140	Den Regen erforschen
•					132	Der Dominokreis
••					140	Die Regenbogenmacher
•					139	Die Schwimmrosine
••					140	Die Wetteruhr
•••					141	Ein Spiel mit der Zeit
••	••			••	151	Eins, zwei, drei, vier
•					140	Geschätzt und abgewogen
••				•	132	Indianerzelt
••	••		•	••	150	Kängurus
•				••	133	Puppenstuben
•••	••		•	••	144	Rosarot und Pflaumenlila
•	••		•	••	150	Roboter unterwegs
					148	Treppenspiel
•	••			•	135	Und-dann-Geschichten
•			•	••	140	Und wie viel wiegst du?
•••				••	149	Was ist vor mir, was hinter mir?
••				••	149	Wer kommt zu mir nach Haus?
••				••	133	Wie Murmeln wohnen
••	••			••	135	Wohin des Weges?

Die Sprache – eine Brücke zueinander

Anfangs verständigen sich Eltern und Kind durch Mimik und Gestik. Dann kommen erste Worte dazu: Es beginnt ein hoffentlich lebenslanges Gespräch zwischen ihnen. Je größer die Freude, sich ausdrücken, erzählen, später lesen zu können, je anregender das Umfeld, in dem ein Kind aufwächst, umso besser für seine Sprachentwicklung.

Wie Kinder reden und zuhören lernen

Lang erwartet, heiß ersehnt: das erste Wort. Alle Eltern freuen sich darauf. Mit jedem neuen Wort bekommt ein Kind mehr Zugang zum Leben. Es kann sich nun immer besser verständlich machen, seine Wünsche und Gedanken in Worten ausdrücken. Mütter und Väter erfahren jetzt mehr über die Persönlichkeit ihres Kindes. Und mit dem Reden wächst auch das Verständnis füreinander. Die meisten Eltern möchten die Sprachentwicklung ihres Kindes aufmerksam begleiten und gezielt fördern. Und tatsächlich ist die sinnvolle Unterstützung für die gesamte Entwicklung sehr wichtig.

Wort für Wort: die Entwicklung der Sprache

Das Sprechenlernen verändert das Leben: Mit Wörtern und Sätzen tun sich ganz neue Welten auf. Ein Kind kann jetzt ausdrücken, was es empfindet. Es kann zum Beispiel Freude oder Leid in Worte fassen: Die Bonbons schmecken „gut!" Die Katze ist „lieb!" Der Sturz tut weh: „Aua!" Es kann seine Beobachtungen wiedergeben: Der Mann ist „dick!", die Blume „rot!" Immer genauer erfasst und beschreibt ein Kind das eigene Empfinden und das Leben rundum. So kann es andere intensiver an seinen Erlebnissen, Gedanken und Gefühlen teilhaben lassen. Damit verändert sich der Kontakt zu seinen Mitmenschen, er wird vielschichtiger.

Wer über Sprache verfügt, muss nicht länger allein auf Gestik und Mimik vertrauen wie im Kleinkindalter, sondern schaltet seinen Kopf immer häufiger ein, denkt nach, sucht nach passenden Worten, um sich „richtig" auszudrücken. Lernt Fragen zu stellen und Antworten zu formulieren.

Was Kindern heute fehlt

Immer öfter klagen heute Lehrer über das mangelnde Sprachvermögen der Schüler – über deren geringen Wortschatz, die mangelnde Ausdrucksfähigkeit oder nachlässige Grammatik. Die sprachlichen Grundlagen, mit denen Kinder in die Schule kommen, stimmen bei vielen nicht mehr.

Der Hauptgrund dafür: In den Familien wird heute weniger denn je gesprochen. Es ist keine Zeit mehr für gemütliches Plaudern während und nach den Mahlzeiten am Esstisch. Keine Lust mehr auf längere Diskussionen in der Familie über Themen, die in der Luft liegen. In vielen Familien läuft stattdessen der Computer oder der Fernseher – beides keine brauchbaren Instrumente zur Sprachförderung, denn erstaunlicherweise üben Kinder ihre Sprachfähigkeit nur im direkten Umgang mit ihren Vertrauten. Dazu kommt noch: Geschwister stehen heute seltener als Gesprächspartner zur Verfügung. Und die Märchen erzählende Großmutter ist selbst zur Märchenfigur geworden. Wie lernen Kinder eigentlich sprechen?

So lernen Kinder sprechen

Die Sprachentwicklung verläuft überall auf der Welt nach dem gleichem Muster: Sie beginnt sofort mit der Geburt. Schon ein Neugeborenes blickt seine Eltern aus großen Augen fragend an: „Was flüstern sie? Was haben sie mir zu sagen?"

Erste Laute und Lautreihen

Im ersten Lebensjahr brabbelt ein Baby begeistert vor sich hin, übt Laute, versucht nachzuahmen, was andere ihm vorsagen. Diese Entwicklung beginnt mit fröhlichem Prusten, ungeduldigem Murren, aufgebrachtem Schreien. Auf der ganzen Welt klingen diese Töne gleich.

Später ahmt ein Baby die Laute nach, die es in seinem Umfeld häufig zu hören bekommt. Es spielt mit den Lauten seiner Muttersprache: verdoppelt sie, wiederholt sie, baut sie um – übt und bildet immer neue, immer kühnere Lautreihen. Im Baby- und Kleinkindalter lässt ein

Bilder sehen und begreifen, dass bestimmte Worte dazu gehören: So beginnt das Sprechen.

Knirps vor allem seine Gesten und Gefühle sprechen, wenn er sich verständigen will: Fühlt er sich mies, streckt er die Arme aus, guckt traurig – und wird prompt getröstet. Amüsiert er sich, weil Nachbars Katze Fliegen fängt, lacht er strahlend, und die Familie lacht prompt zurück. Es geht also ganz ohne Worte.

Aufregende Etappe: erste Wörter

Mit knapp einem Jahr hat sich das Kind bei seinen Sprachübungen auf die Muttersprache spezialisiert. Etwa ab dem zehnten Monat beginnen viele Babys schon, aus Lauten erste Silben zu bilden. Irgendwann um den ersten Geburtstag herum werden aus den einzelnen Lauten nach und nach längere Lautreihen, kleine „Erzählungen“, noch unverständlich, aber im Tonfall schon der Muttersprache ähnlich. In den kommenden Monaten sind erste Anklänge von Wörtern zu hören. Diese vorsprachliche Spanne endet mit dem ersten Wort.
Zu diesem kommen bald weitere Wörter. Jedes Wort, das ein Kind ausspricht, bezeichnet viel mehr als nur ein bestimmtes Ding, denn es will mit diesem einen Wort eine ganze Geschichte erzählen. Sind Mama und Papa einfühlsam genug, diese Ein-Wort-Geschichte auch zu verstehen, und gehen sie liebevoll auf diese ersten Minigeschichten ein, so ist das ein Riesenerfolgserlebnis für einen Sprachanfänger – und Motivation genug, sich neue Geschichten auszudenken.
In kürzester Zeit werden nun größte Fortschritte gemacht und begeistert immer neue Wörter gesammelt. Mit jedem neuen Wort entdeckt ein Kind ein Stück mehr von der Welt. Im Alter von sechzehn, siebzehn Monaten verfügt manches Kind schon über einen Wortschatz von etwa zehn bis zwanzig Wörtern, Ende des zweiten Lebensjahres jongliert es vielleicht schon mit etwa 200 Wörtern.
Mit der richtigen Aussprache hapert es anfangs natürlich bei den meisten noch. Beim Sprechenlernen verläuft die Entwicklung von Kind zu Kind sehr unterschiedlich. Deshalb kann man kaum allgemein gültige Entwicklungsdaten festlegen.

Erzähl mal: erste kurze Sätze

Noch im zweiten Lebensjahr fabrizieren viele Kinder aus ihren Ein-Wort-Geschichten erste Zwei-Wort-Sätze wie „Mama Schuh“ oder „Auto weg.“ Nach und nach lernt ein Sprachanfänger dann einfache Sätze zu bauen wie zum Beispiel „Wauwau rennt!" Und immer neue Wörter, Wortkombinationen kommen dazu.

Erste Grammatikversuche

Gleichzeitig wird Schritt für Schritt ganz nebenbei die Grammatik erobert. Begnügt sich ein Anfänger zuerst noch mit einfachen Wortreihen wie „Mama Brot!" oder „Mehr Milch!", stehen ihm bald einfache Satzkonstruktionen zur Verfügung wie etwa „Das Auto fährt schnell!"
Schon ein Kleinkind ahnt also, nach welchen Regeln die Wörter in unserer Sprache eingesetzt werden. Es lernt, mit Sprache umzugehen, ohne dabei überfordert zu sein, denn sein Hirn nimmt nur das auf, was es verdauen kann – zuerst kurze, dann längere Wörter, später kurze, danach längere Sätze.

Es wird immer unterhaltsamer: Kompliziertere Sätze

Die meisten Kinder benutzen im dritten Lebensjahr immer längere Sätze. Ein Lieblingsspiel vieler kleiner Sprachakrobaten in dieser Periode: fragen, wie die Dinge heißen, und mit den Antworten den eigenen Wortschatz erweitern. Vokabeln lernen auf Kleinkindart.
Ab dem vierten Lebensjahr hantiert ein Sprachneuling oft schon recht gekonnt mit Wörtern und Sätzen. Fast so perfekt wie die Großen plappert und plaudert er flüssig in seiner Muttersprache – und bildet Sätze von erstaunlicher grammatikalischer Komplexität. Übrigens ist der passive Wortschatz eines Kindes auch jetzt schon viel größer als der aktive.

Interessantes Spiel: mit Wörtern experimentieren

Mit der Eroberung der Sprache ist es für einen Knirps einfacher geworden, Kontakt zu anderen aufzunehmen, denn wer die Sprache beherrscht, kann sich bestens verständigen – ein Riesenschritt vorwärts. Jetzt beginnt eine Phase, in der mit Sprache experimentiert wird: „Mal sehen, was geschieht, wenn ich 'Scheiße' sage ..." Schimpfwörter aufzuschnappen und auszuprobieren ist vor allem bei Kindergartenkindern recht beliebt. Das Kind ahnt jetzt vage, dass es mit Wörtern etwas bewirken kann: Es startet erste Versuche, die Macht einzusetzen, die in vielen Wörtern steckt – und damit zu spielen. Auch diese bisweilen etwas nervige Phase geht bald vorüber, wenn Eltern nicht zu intensiv darauf einsteigen.

Längere Unterhaltungen

Zwischen dem fünften und sechsten Lebensjahr kann ein Kind sich meist schon richtig unterhalten: Darüber, was im Bilderbuch zu sehen ist. Über die Frösche im Garten und Nachbars Hunde – über alles, was ein Kind in dem Alter bewegt.
Etwa mit vier, fünf Jahren sprechen Kinder schon recht gut – aber natürlich nicht völlig fehlerfrei. So vertauschen zum Beispiel noch etwa 20 Prozent aller Vierjährigen weiterhin einzelne Laute oder haben bei der Aussprache von „s" oder „sch" Probleme. Auch wichtig: Wenn ein Kind spät zu sprechen anfängt oder seine Entwicklung eine Weile stagniert, muss das noch keine Störung sein. Jedes Kind hat sein individuelles Tempo – auch bei der Sprachentwicklung.

Sprache ist etwas Wunderbares: Sie hilft uns, unsere Gedanken, Gefühle und auch Geheimnisse miteinander zu teilen.

Das Gesprochene verstehen

Parallel zu seinen Laut-, Wort- und Grammatikübungen bemüht sich ein Kind über die Jahre natürlich, möglichst genau mitzubekommen, was ihm Mama und Papa zu sagen haben. Dieses Hinhören beginnt gleich nach der Geburt: Das Neugeborene nimmt die Stimme seiner Mutter wahr – vertraut aus vorgeburtlicher Zeit.

Kaum vier Monate alt, kann ein Kind bereits seinen Namen aus den Gesprächen der anderen heraushören. Mit knapp einem Jahr unterscheidet es alle Laute, merkt, wann ein Wort anfängt und aufhört, versteht die Bedeutung von ungefähr 60 Begriffen. Bald darauf versteht es auch erste Sätze, ab dem dritten Lebensjahr einfache Geschichten.

Wie Schulanfänger sprechen

Kommt ein Kind in die Schule, sollte es etwa 14 000 Wörter kennen und über einen aktiven Wortschatz von etwa 5000 bis 9000 Wörtern verfügen. Pädagogen und Sprachforscher weisen darauf hin, dass Kinder heute einen immer kleineren Wortschatz haben. Wichtig: Zum Sprechenlernen braucht ein Kind Vertraute, die sich die Zeit nehmen, ihm die Welt zu erklären.

Probleme beim Sprechenlernen

Nicht jedem Kind gelingt es, diese anspruchsvolle Mammutaufgabe auf Anhieb zu bewältigen. Viele Sprachanfänger brauchen eine Therapie, denn Sprachverzögerungen oder -störungen sollten möglichst frühzeitig erkannt und behandelt werden. Bei Verdacht auf eine Störung wenden Sie sich deshalb an Ihren Kinderarzt, der Ihnen hilft, den richtigen Fachmann zu finden. Wichtige Symptome, die auf eine Störung hinweisen können:

➤ Mangelndes Verständnis: Das Kind versteht die Bedeutung der Wörter nicht.

➤ Geringer Wortschatz: Es findet die Wörter nicht, die es sucht, ersetzt Fehlendes durch Füllwörter wie „So ein Dings …“

➤ Gestörte Aussprache: Manche Kinder können einige Laute nicht aussprechen.

➤ Fehlerhafte Grammatik: Bei Sprachanfängern noch kein Thema, erst im Schulalter wird es kritisch.

➤ Stottern: Viele Kinder denken anfangs schneller, als sie sprechen können – so kommt es zum Stottern. Das gibt sich in der Regel. Bleibt es, braucht ein Kind fachliche Hilfe.

ÜBERBLICK: DIE SPRACHLICHE ENTWICKLUNG

Die Tabelle verdeutlicht die durchschnittliche Entwicklung der sprachlichen Fähigkeiten. Aber jedes Kind hat sein eigenes Entwicklungstempo. Diese Daten können deshalb nur eine ungefähre Richtschnur sein.

Alter	Was Ihr Kind in diesem Alter schon kann oder jetzt bald lernt
Im zweiten Lebensjahr	
Erste Hälfte	Ihr Kind versteht schon eine Menge.
Zweite Hälfte	Das Kind sagt sein erstes Wort. Es liebt das Wörtchen „Nein". Es versteht jetzt 50 bis 200 Wörter.
Im dritten Lebensjahr	
Erste Hälfte	Es redet immer mehr – die Sprache gewinnt an Bedeutung. Ihr Kind spricht erste kurze Sätze, so genannte Zwei-Wort-Sätze. Es begreift, dass andere es verstehen. Es mag Reime und Verse.
Zweite Hälfte	Ihr Kind beginnt, anderen seine Gedanken mitzuteilen. Es freut sich an Sprache – zum Beispiel an Bilderbuchgeschichten.
Im vierten Lebensjahr	
Erste Hälfte	Es entdeckt das „Ich", spricht über sich selbst nicht mehr in der dritten Person.
Zweite Hälfte	Das Kind spricht fließend, fragt viel und antwortet gern. Es kennt und versteht etwa 800 Wörter. Es benutzt einfache, kurze Sätze. Ihr Kind kann langsam auch Komplizierteres ausdrücken. Es entdeckt die Mehrzahl.
Im fünften Lebensjahr	Das Kind erzählt kurze Geschichten richtig nach. Es benutzt nach und nach immer längere Sätze. Es lernt auszudrücken, was ihm durch den Kopf geht. Jetzt kann es allmählich Gefühle und Wünsche in Worte fassen. Es begründet seine Vorstellungen manchmal. Der kleine Sprachkünstler kann mit Reimen spielen. Ihr Kind entdeckt Wortspiele.
Im sechsten Lebensjahr	Der kleine Redner beginnt, erste Diskussionen zu führen. Jetzt hat das Kind eine fehlerfreie Aussprache. Es berichtet präzise von Erlebnissen. Es benutzt einfach gebaute, richtig strukturierte Sätze. Kleine Sprecher kommen schon gut mit der Grammatik klar. Das Kind verwendet verschiedene Zeitformen. Es kann Erklärungen formulieren. Es gibt auch längere Geschichten wieder. Das Kind kann seine Meinung formulieren.

Die sprachliche Entwicklung im Alltag fördern

Intuitiv reagieren Eltern auf die verschiedenen Sprachübungen ihres Kindes richtig, indem sie im ersten Jahr die Laute vorgeben, geduldig wiederholen, Wörter vorsprechen, wiederholen ... Und sie sprechen anfangs auf ganz besondere Art mit ihrem Nachwuchs: in weichem Singsang, geduldig, liebevoll und ausdauernd.
Dabei werden die Vokale gedehnt, die einzelnen Silben deutlich betont, außerdem sprechen die Eltern in besonders hoher Tonlage, übertreiben die Melodie ihrer Sätze. Brabbelt ihr Kind strahlend zurück, zeigen sie ihre Freude deutlich, bestätigen es mit Lächeln und Nicken.
Erzählen die Großen vom Teddy, so zeigen sie gleichzeitig auf den Teddy. Wenn sie vom Hund berichten, machen sie sein Bellen nach: „Wauwau!" Weil beim Sprechen viele Emotionen mitschwingen und weil Eltern ihre Worte gern mit großen Gesten und Mimik unterstreichen, reizt es ein Baby, sie nachzuahmen. Es versucht, den Mund ebenso zu spitzen und ähnliche Töne zu produzieren. Die lebendige Art zu reden, das Theater, das die Großen beim Sprechen mit ihm machen, kommt an, denn ein kleines Kind braucht zärtliche Nähe, um zu lernen (siehe Seite 212).
Versuchen Sie, ein anregendes Klima zu schaffen, das Ihr Kind ermutigt, sich auch an Dingen zu versuchen, die es noch nicht so gut beherrscht. Durch viel praktisches Tun – „Ich rede einfach drauflos" – entsteht schließlich die Gewissheit: „Ich kann es!" Greifen Eltern dagegen ständig korrigierend ein, verhindern sie solche Erfahrungen und verunsichern das Kind.

Wiederholung macht Sinn

Eine optimale Sprachförderung im Alltag umzusetzen ist gar nicht so schwer: Kleine Kinder lieben Rituale. Es ist für sie wunderbar, wenn sich bestimmte Vorgänge zuverlässig und regelmäßig wiederholen.
Diese besondere Vorliebe können Eltern auch bei der Sprachförderung nutzen:

- Sie können auf Autofahrten mit ihrem Kind immer dieselben Spiele wiederholen, zum Beispiel Fragen zu Dingen stellen, die aus dem Auto heraus zu sehen sind.
- Beim Abendessen erzählt jedes Familienmitglied, was es tagsüber erlebt hat.
- Abends wird immer eine Gute-Nacht-Geschichte vorgelesen oder etwas erzählt.

Wenn die Stimmung schwankt

Sprechen zu lernen ist ein sehr komplexer Vorgang, der hohe Ansprüche an ein Kind stellt. So muss sich der kleine Sprecher beim Erzählen gleichzeitig auf seinen Gesprächspartner einstellen, darüber nachdenken, was er als Nächstes sagen will, die Atmung kontrollieren, die Lautstärke per Kehlkopf bestimmen und sechzehn Muskelpaare so koordinieren und bewegen, dass auch wirklich die richtigen Laute und Wörter entstehen.
Kein Wunder, dass manchem Kind das Sprechenlernen nicht ganz leicht fällt. Die Folge seiner Anstrengungen: Die alte Ausgeglichenheit ist dahin, schlechte Laune macht sich breit, bis das Ganze erfolgreich geschafft ist: bis die Wörter locker purzeln und die Sätze sprudeln.

Sprechen im Rollenspiel

Neben der kognitiven und sozialen und Entwicklung (siehe ab Seite 119 und ab Seite 212) unterstützen Rollenspiele auch das Sprechenlernen. Die ersten Rollenspiele finden statt, wenn ein Kind etwa zwei Jahre alt ist und anfängt, erste kleine Sätze zu sprechen: Mitspieler sind meist Mutter oder Vater. Ihnen wird mit einem lauten „Da“ unsichtbares Eis verkauft, oder sie werden zum Autofahren auf dem Sofa eingeladen. Auch der Teddy wird gern zum Partner gemacht. Im Zwiegespräch mit ihm, mit den Eltern oder auch gern mit einem unsichtbaren Freund lernt ein kleines Kind, seine Gedanken und Gefühle in Worte zu fassen. Selbstgespräche sind eine Vorstufe der Sozialkontakte. Ein Kind entdeckt so die Sprache als Mittel der Kommunikation. Ganz wichtig: Bei diesen Spielen behält das Kind die Fäden immer in der Hand und bestimmt bis ins Kleinste das Geschehen. Alles dreht sich um alltägliche Lebenserfahrungen. Es wird gelobt und geschimpft, gespielt und gegessen – viel geredet und dabei geübt, sich auszudrücken. Und das Kind spricht im gleichen Tonfall, wie Mama oder Papa es tun. Ab dem dritten Geburtstag werden nach und nach Kindergartenfreunde in Rollenspiele einbezogen. Kinder üben dabei ständig, ihre Vorstellungen detailliert in Worte zu fassen: Zuerst wird darüber diskutiert, wer welchen Part in dem Spiel übernimmt. Wie das Spiel ablaufen soll. Die Sprachgewaltigeren sind dabei die Macher, sie haben meist das Sagen.

Die Begeisterung für Bücher können Eltern gar nicht früh genug wecken.

Fragen & Antworten

1 Unsere dreijährige Tochter redet wie ein Wasserfall und kann sich bereits perfekt ausdrücken. Wie kann ich herausfinden, ob unser Kind wirklich eine besondere sprachliche Begabung hat, und diese dann gezielt fördern?

Wer sich gut ausdrücken kann, hat die Nase vorn. Sprachbegabte Kinder können schon im Vorschulalter schwierigere Gedanken in Worte fassen, ihre Gefühle ausdrücken und mit einem großen Wortschatz jonglieren. Dennoch warnen Experten davor, solch eine sichtliche Begabung extra zu fördern oder nach speziellen Begabungen zu fahnden. Jedes Kind, egal ob begabt oder nicht ganz so begabt, will sich weiterentwickeln. Dabei braucht es Unterstützung, aber keine starren Erwartungen. Seit den schlechten Ergebnissen der PISA - Studie vertrauen viele Eltern der Qualität von Kindergarten und Grundschule nicht mehr und starten ihr eigenes Förderprogramm. Nichts dagegen einzuwenden, so lange es ihnen dabei nicht um ihren eigenen Ehrgeiz und um in weiter Ferne liegende Zukunftsziele geht, sondern um das Wohl ihres Kindes, um seine Fröhlichkeit, Ausgeglichenheit, sein gutes Selbstwertgefühl und seine Freude am Lernen.

Eltern sollten ihrem Kind in der Vorschulphase lieber die Chance bieten, Verschiedenes kennen zu lernen und auszuprobieren (intensive Gespräche, Besuche im Museum, Musik, Sport und anderes). Auf dieser breiten Basis kann es dann, seinen eigenen Neigungen entsprechend, das aussuchen und vertiefen, was es am meisten interessiert. Werden Kinder frühzeitig zu stark eingeengt und nur einseitig gefördert, so verlieren sie oft den Spaß an der Sache, und der erhoffte Erfolg zeigt sich dann ganz bestimmt nicht.

2 Mir leuchtet ein, dass Kinder sich sprachlich gut entwickeln, wenn zu Hause viel geredet, vorgelesen, erzählt, diskutiert wird. Aber es fällt mir schwer, das in die Praxis umzusetzen, denn meine Tochter ist ein Redemuffel – und hüpft sofort davon, wenn ich mit dem Bilderbuch nahe. Sie spielt lieber mit ihren Legosteinen.

Was ein Kind wirklich anspricht, fesselt und begeistert, ist sehr unterschiedlich, denn auch kleine Kinder sind schon ausgeprägte Individualisten und haben ihren eigenen Kopf. Nur wer sich bemüht, ihre Eigenständigkeit zu sehen und zu achten, kommt an sie heran.

Deshalb sollten Mütter und Väter ihrem Kind mit ihren eigenen Ideen nicht zu dicht auf die Pelle rücken. Es bringt nichts, sich an vorgegebenen Plänen und ausgeklügelten Programmen zu orientieren – die meisten Kinder reagieren gereizt, wenn ihre Eltern mit festen Erwartungen kommen und ihnen überstülpen wollen, was sie selbst für sinnvoll halten.

Sie zeigen Ihren Respekt vor der Eigenständigkeit Ihres Kindes, wenn Sie auf die Zeichen achten, die es setzt: Wer zu seinen Legosteinen eilt, statt Geschichten zu erzählen, signalisiert damit: Die Bausteine sind eher mein Ding als das Reden. Darauf sollten Sie eingehen, vielleicht ohne viel Worte zu machen kleine Holztiere in die Nähe der Klötze legen oder ein paar Stoffreste. Das heißt: „Ich denke, das kannst du vielleicht gebrauchen!“ Je unaufdringlicher Ihre Unterstützung, umso besser kommt sie an. Wichtig ist, dass ein Kind das Gefühl hat: „Ich kann, aber ich muss nicht reden“. Es gilt als Fehler, ein schweigsames Kind immer wieder zum Reden aufzufordern nach dem Motto: „Nun erzähl doch mal...“ Das würde mehr bremsen als zum Erzählen anregen.

3 *Sind Märchen noch interessant für Kinder – und nicht zu altmodisch?*

In der magischen Phase, in der Kinder für jeden Zauber viel übrig haben und alle Wesen, alle Gegenstände aus ihrer Sicht leben, sind Märchen, alles Mystische, Fantastische sehr wichtig (siehe ab Seite 87). Kinder fühlen mit und genießen die Spannung zwischen dem Bibbern vor Aufregung und dem Entgegenfiebern vor Freude. Die bisweilen leicht verstaubt wirkende Sprache der Märchen fasziniert die meisten Kinder, diese „besonderen" Worte und Sätze unterstreichen das Seltsame, Faszinierende. Mit Märchen erweitern Kinder im Vorschulalter ihren Sprachschatz um Wörter, die über den Alltag hinausgehen. Sätze wie: „Ich habe den Jammer nach Hause bekommen" klingen eigenartig, regen die Fantasie an und können zum Lachen bringen. Sie machen hungrig auf mehr. Und sie sind der Stoff, aus dem Träume gesponnen sind: Die meisten Kinder wünschen sich sehnlichst, einmal im Leben Prinzessin, Ritter oder Held zu sein.
Noch etwas Wichtiges können Kinder aus Märchen lernen: Es kann viele Schwierigkeiten im Leben geben, aber am Ende wird alles wieder gut. Diese Erfahrung vermittelt Zuversicht.

4 *Wieso lernen Kinder im Vorschulalter eine zweite Sprache leichter als später?*

Grundsätzlich gilt für alles Lernen, nicht nur bei Fremdsprachen: Aus allen Reizen, mit denen das Gehirn konfrontiert wird, filtert es das heraus, was ihm wichtig genug erscheint, um gespeichert und erinnert zu werden (siehe Seite 19). Wächst ein Kind zweisprachig auf, ist das die beste Übung für die zuständigen Nervenzellen. Die Folge: Beide Sprachen sind auf Dauer fest im Gehirn verankert. Und: Weitere Sprachen können leichter erlernt werden, weil die entsprechenden Nervenbahnen durch die zweisprachige Erziehung bereits vorhanden sind. Das Gehirn ist sozusagen für Fremdsprachen sensibilisiert.
Ein weiterer Aspekt, der viele Eltern beschäftigt: In der Kindergartenphase ist ein Kind normalerweise noch nicht perfekt in seiner Muttersprache. Besteht bei Zweisprachigkeit nicht die Gefahr, dass das Deutsche auf der Strecke bleibt oder ein sprachliches Kuddelmuddel entsteht? Fachleute beruhigen: Keine Sorge vor Verquickung der Sprachen. Das Gehirn ist in der Lage, das eine vom anderen zu trennen. Und so kann eine Fremdsprache optimal angeboten werden:

- Kleine Kinder lernen über Spiel und Spaß. Deshalb müssen sie denjenigen, der sie unterrichtet, auch mögen. Und die Sprache sollte mit Geschichten, Theaterstücken, Basteln, Singen, Spielen daherkommen.
- „Learning by doing" ist angesagt: Die Lehrerin spielt mit, lässt, wie ihre Schüler, Autos über den Boden flitzen und spricht dabei Englisch oder Französisch. Weil die Kinder begeistert mit ihren Autos spielen, springt die Freude auf das Lernen über: Sie können sich ganz gut merken, was dabei gesagt wurde.
- Der Klang der fremden Sprache sollte auch außerhalb des Unterrichts im Hintergrund häufig zu hören sein – ganz selbstverständlich, damit er sich einprägt (Musik, Fernsehen ...).
- Nur Mütter und Väter, die eine Fremdsprache wirklich perfekt sprechen, sollten sich als Fremdsprachenlehrer versuchen und nur dann, wenn ihr Kind wirklich Lust hat, eine zweite Sprache zu lernen. Sinnvoller ist es wahrscheinlich, wenn der Unterricht im Kindergarten stattfindet.

Mit der Sprache spielen

Verse, Reime, Spiele können Kinder animieren, Gedanken und Gefühle in Worte zu fassen. Kaum des Sprechens mächtig, freuen sie sich schon an komischen Wörtern, lachen über seltsame Wortkombinationen und lustige Geschichten. Hier können Eltern ansetzen: Durch den Spaß lassen sich Vorschulkinder motivieren, für Sprache interessieren. Wer viel mit Wörtern und Sätzen spielt, ganz unbeschwert und selbstverständlich mit Sprache umzugehen lernt, übt seine Ausdrucksfähigkeit. Je beschwingter, je verspielter die Angebote, umso größer ist die Wahrscheinlichkeit, dass Kinder die Anregungen aufgreifen.

Sich ausdrücken können und andere verstehen

Gar nicht so einfach: sich genau auszudrücken und all die neuen Worte und Begriffe verstehen. Am einfachsten lernt Ihr Kind das, indem Sie viel mit ihm sprechen und so seine eigene Freude am Erzählen wecken. Die folgenden Spiele helfen Ihnen dabei.

Bäumchen, rüttle dich

■ *ab 1 Jahr*
Ein Spiel für draußen
Material: Süßigkeiten, 3 Streichholzschachteln, Gold- und Silberpapier, Bänder, Schere

➤ Vorbereitung: Süßigkeiten in die Schachteln legen, mit Glanzpapier und Band in kleine Päckchen verwandeln. An einem Busch im Garten aufhängen.
Bäumchen, Bäumchen, rüttle dich,
Bäumchen, Bäumchen, schüttle dich,
wirf Gold und Silber über mich.
➤ Was bedeutet der geheimnisvolle Spruch? Wandern Sie mit Kind auf dem Arm durch den Garten. Rütteln Sie am ersten Baum: nichts. Am zweiten und dritten ebenso. Dann löst sich das Rätsel: Sie finden den Busch, an dem die Päckchen hängen. Was passiert, wenn Sie gemeinsam am Busch rütteln?
Für Ältere:
Ein passendes Märchen dazu erzählen: Aschenputtel, Frau Holle oder Sterntaler.

Fünfmal streicheln

■ *ab 1 Jahr*

Ihre fünf Finger verwandeln sich beim folgenden Fingerspiel: Sie führen ein Theaterstück auf und beziehen das Kind ein.
Leise weht der Wind –
wir streicheln ein Kind.
„Ich streichle die Stirn!", sagt der Kleinste.
„Ich streichle die Nase!", sagt der Schönste.
„Ich streichle die Wangen", sagt der Längste.
„Ich streichle das Kinn!", sagt der Klügste.
„Ich streichle die Lippen!", sagt der Dickste.

Besuch beim Apfelbaum

■ *ab 1 Jahr*
Ein Spiel für draußen

Mit Ihrem Kind auf dem Arm gehen Sie durch den Garten – besuchen den Apfelbaum, die kleine Fichte, eine Rose ...
Alle besuchten Pflanzen benennen und beschreiben Sie Ihrem Kind ganz genau.
Eine Variante:
Sie wandern mit Ihrem Kind auf dem Arm durch die Wohnung, besuchen erst den Kühlschrank, dann die Waschmaschi-

ne, zum Schluss das Waschbecken im Badezimmer. Sie reden mit den verschiedenen Dingen, sprechen Ihr Kind immer wieder an, beziehen es ein – und machen zusammen eine Menge Blödsinn.

Telefonieren

■ *ab 1 Jahr*
Material: Kindertelefon

Das Telefon ist eindeutig ein Lieblingsspielzeug von kleinen Steppkes. Ein faszinierendes Ding, mit dem die Großen da ständig hantieren und sprechen. Babys imitieren die Großen beim Spielen, brabbeln in den Hörer.

Für Ältere:
Mit einem unsichtbaren Telefon oder Kindertelefon spielen. Jeder übernimmt eine andere Rolle: „Du spielst die Oma, ich bin das Enkelkind!“ Es geht darum, gut zu improvisieren und sich schnell passende Geschichten auszudenken.

Bildergalerie

■ *ab 1 Jahr*

➤ Hängen Sie im Kinderzimmer viele Bilder auf – einfache Abbildungen von Dingen, die Ihr Kind schon begreift, etwa von einem Bauernhof oder von Tieren.
➤ Abends vor dem Schlafengehen spazieren Sie mit dem Baby auf dem Arm durchs Zimmer, schauen die Bilder an und „besprechen“, was sich darauf abspielt.
➤ Das Baby genießt diese tägliche Zeremonie, fühlt sich geborgen, prägt sich ein, was es sieht, hört genau hin – und plappert irgendwann munter mit. Ein Tipp: Tauschen Sie die Bilder ab und zu aus.

Der Geschichtensack

■ *ab 2 Jahre*
Material: kleiner Stoffsack, mehrere kleine Gegenstände wie Murmeln oder Spielzeuge

➤ Verwahren Sie in einem Sack verschiedene, reizvolle Utensilien wie zum Beispiel ein kleines Holzhaus, eine Zinnfigur, einige Glasmurmeln, einen kleinen Plastiklöwen, eine Kastanie und anderes.
➤ Ihr Kind greift in den Sack, befühlt die Gegenstände, fischt ein Ding heraus, zu dem Sie dann eine Geschichte fantasieren.

Geschichtenerfinder

ab 2 Jahre
Material: ein Bilderbuch

Ihr Kind blättert blind ein Bilderbuch oder ein Sachbuch durch und zeigt mit dem Finger auf irgendein Bild – zu dem Sie sich nun eine Geschichte ausdenken.

Blumenwiese

ab 2 Jahre
Ein Frühlings-, Sommer- und Herbstspiel für draußen
Material: rotes, blaues und gelbes Tonpapier, Schere

➤ Sie schneiden drei rote, drei blaue und drei gelbe handgroße Blumen aus Tonpapier und legen diese im Garten aus.
➤ Sie setzen sich mit Ihrem Kind in den Garten und bitten es, Ihnen bestimmte Papierblumen zu bringen: „Pflück mir doch mal die rote Blume!" Oder, noch etwas schwieriger: „Bring mir bitte erst eine rote, dann eine gelbe Blume!"
Für Ältere:
Blumen in unterschiedlichen Größen ausschneiden und dann vom Kind einsammeln lassen: „Bring mir bitte die größte gelbe Blume und die kleinste blaue."

TIPP | ALLTAGSREGELN

So fördern Sie bei Ihrem Kind die Sprachentwicklung sinnvoll:

- In klaren, kurzen, verständlichen Sätzen sprechen.
- Nicht von oben herab auf ein Kind einreden, sondern auf gleiche Höhe mit ihm gehen, es beim Reden anschauen.
- Auf seine Fragen eingehen – das Kind nicht abwimmeln.
- Geduldig erklären.
- Gut zuhören, Gesprächspartner ernst nehmen, ausreden lassen.
- Nicht zu viel und zu laut reden.

Geheimnisvolle Klänge

ab 2 Jahre

Kleine Kinder lieben alles, was fremd in ihren Ohren klingt, und können sich darüber kaputtlachen. Etwa der folgende plattdeutsche Spruch, er klingt nach Kauderwelsch, irgendwie erst einmal sehr fremd:
Eia popeia, slapp söte,
ick wege di mit twe Föte.
Ick wege di mit en bunte Scho,
slaap, un do de lütjen Ogen to.
Was ist bei näherem Hinhören schließlich doch zu verstehen?
Die Übersetzung:
Eia popeia, schlaf süß,
ich wiege dich mit zwei Füß'.
Ich wiege dich mit nem bunten Schuh,
schlaf und tu die Augen zu.

Was gehört wohin?

ab 2 Jahre
Material: bunte Stifte, Papier, einige Alltagsgegenstände

➤ Sie zeichnen mehrere Alltagsgegenstände wie Kamm, Löffel oder Tasse auf.

➤ Suchen Sie die entsprechenden Dinge zusammen, bauen Sie die Gegenstände und die Bilder auf einem Tisch auf.
➤ Ihr Kind sucht das zusammen, was zueinander gehört. Es lernt dabei, die Dinge auf den Bildern wiederzuerkennen und vielleicht auch schon zu benennen.
➤ Sie sagen zu einem Bild oder Gegenstand ein paar Sätze – für Ihr Kind ein Erlebnis: Bilder und Sprache haben miteinander zu tun.

Sonne, Mond und Sterne

■ *ab 2 Jahre*
Material: Fernglas oder Fernrohr

An einem sternenklaren Abend treten Sie mit Ihrem Kind ans Fenster. Es darf sich einen Stern aussuchen. Sie erzählen ihm eine Geschichte zu dem Stern.

Für Ältere:
Sie schauen durch ein Fernglas in den Sternenhimmel, erfinden und erzählen abwechselnd Geschichten, in denen von fernen Sternen die Rede ist.

Bergsteiger

■ *ab 2 Jahre*

Sie wandern mit fünf Fingern den Rücken Ihres Kindes hinauf und erzählen dabei mit dem folgenden kleinen Vers von den Zwergen und ihrem Zwergendasein. Danach werden die Rollen getauscht.
Sie klönen und stöhnen.
Sie laufen und schnaufen.
Sie husten und pusten.
Sie lächeln und hecheln.
Sie schniefen und triefen.
Sie klammern und jammern.
Sie klettern und wettern.
Unterwegs zu Berge
fünf klitzekleine Zwerge.

Im Kaufhaus

■ *ab 3 Jahre*
Material: Gegenstände aus dem Haushalt

➤ Die Küche verwandelt sich in eine Kaufhausabteilung: Sie spielen den Kunden, Ihr Kind den Verkäufer. Der Verkäufer muss das finden und herbeischaffen, was Sie einkaufen möchten, zum Beispiel einen Suppenlöffel, ein Glas Honig, einen Salzstreuer oder eine Serviette.
➤ Später werden die Rollen getauscht: Sie bedienen jetzt Ihren kleinen Mitspieler.

Für Ältere:
Es wird schwieriger – die Einkaufswünsche werden umschrieben: Sie könnten zum Beispiel nach einem Werkzeug fragen, das man braucht, um Suppe zu essen.

Die Geisterfamilie

■ *ab 3 Jahre*
Material: Stifte, Papier

➤ Sie zeichnen eine lustige, gruslige oder liebenswerte Gespensterfamilie auf: den alten Geisteropa, seine fröhliche Frau, ihre erwachsene Tochter mit ihrem Mann und den fünf kleinen Geisterkindern. Nun denken Sie sich gemeinsam Namen für sie aus: „Wie soll der alte Gespensteropa heißen, wie die Gespensteroma ...?"
➤ Ihr Kind sucht sich nun einen aus der Geisterfamilie aus. Zu dieser Gestalt erfinden und erzählen Sie eine Geschichte.
➤ Am nächsten Tag wird ein anderer Geist auf dem Bild ausgeguckt. Irgendwann werden die Rollen getauscht: Ihr Kind erzählt jetzt die Lebensgeschichte zum ausgesuchten Geist.

Die Zeitungsfritzen

■ *ab 3 Jahre*
Material: alte Zeitungen, Schere

➤ Aus Zeitungspapier schneiden Sie sechs verschiedene Männchen aus: lange, dünne Leute, kurze, dicke, rundliche, mehr eckige. Jedem Typen geben sie ein besonderes Merkmal: eine lange spitze Nase zum Beispiel oder riesige Quadratlatschen oder einen spitzen Hut auf dem Kopf.

INFO | PERFEKTE HILFE

Die meisten Eltern helfen ihrem Kind ganz intuitiv beim Sprechenlernen, indem sie einfache Wörter und Sätze benutzen, wiederholen und bestätigen, was das Kind gesagt hat („Du magst jetzt in die Wanne?") und unvollständig Gesagtes ergänzen.

➤ Sie verteilen die Herrschaften im Zimmer, setzen einen auf einen Stuhl, legen einen zweiten unter einen Tisch ... Lassen Sie immer etwas Abstand zwischen ihnen.
➤ Sie animieren Ihr Kind, von einem zum anderen zu wandern: „Zuerst besuchst du den Zeitungsfritzen mit der langen spitzen Nase, dann den mit den großen Füßen!" Findet Ihr Kind heraus, wen Sie meinen?

Sammelbilder

■ *ab 3 Jahre*
Material: Heft, Zeitungen, Zeitschriften, Schere, Klebstoff

Irgendwann entdecken Kinder, dass es in Zeitschriften aufregende Bilder gibt. Tierbilder interessieren sie oft besonders.
➤ Ohne lange Erklärungen schneiden Sie die Bilder aus, die Ihrem Kind gefallen.
➤ Sie kleben das erste Sammelbild in ein Heft. Wenn Ihre Vorgabe unaufdringlich genug ist, sammelt Ihr Kind wahrscheinlich weitere Bilder und klebt sie in das Heft. Beim Suchen, Sammeln und Kleben gibt es genug Gelegenheit, Geschichten zu den Bildern zu erfinden.

Die Kastanie

■ *ab 4 Jahre*
Ein Herbstspiel

Zusammen mit Ihrem Kind nehmen Sie zu diesem Vers eine Kastanie auseinander.
Da ist ein kleines grünes Haus.
Und in dem kleinen grünen Haus
da ist ein kleines braunes Haus.
Und in dem kleinen braunen Haus
da ist ein kleines gelbes Haus.
Und in dem kleinen gelben Haus
da ist ein kleines weißes Haus.
Und in dem kleinen weißen Haus
da ist ein Herzchen drinnen.

Lügengeschichten

■ *ab 4 Jahre*

Das folgende lange Reimgedicht ist ein Klassiker unter den Verkehrte-Welt-Geschichten. Und Kindern macht es großen Spaß, herauszufinden, was hier alles nicht stimmt.
Dunkel war's, der Mond schien helle,
schneebedeckt die grüne Flur,
als ein Wagen blitzesschnelle
langsam um die gerade Ecke fuhr.
Drinnen saßen stehend Leute,
schweigend ins Gespräch vertieft,
als ein totgeschossner Hase
auf dem Sande Schlittschuh lief.
Und der Wagen fuhr im Trabe
rückwärts einen Berg hinauf.
Droben zog ein alter Rabe
gerade eine Turmuhr auf.
Ringsum herrschte tiefes Schweigen,
und mit fürchterlichem Krach
spielten in des Grases Zweigen
zwei Kamele lautlos Schach.
Und zwei Fische liefen munter
durch das blaue Kornfeld hin,
endlich ging die Sonne unter
und der graue Tag erschien.
Für Ältere:
Wer erfindet noch mehr von diesen fantastischen Geschichten? Sie müssen ja nicht gleich gereimt sein.

TIPP | LIEBER MIT GEFÜHL

Kinder lernen Wörter schneller, wenn ein Vertrauter ihre Sprachbemühungen freudig kommentiert. Der Grund: Wenn Kinder mit ihren neuen Sprach-Errungenschaften ein positives Gefühl verknüpfen, behalten sie die neuen Wörter besser im Gedächtnis. Auch deshalb ist das Geschichtenerzählen so wichtig, denn dabei entsteht Intimität – ein gutes Förderklima.

In unserem Garten

■ *ab 4 Jahre*
Material: Stift und Papier

Lassen Sie Ihr Kind beim Erzählen des folgenden Verses mitzeichnen, wenn es mag: erst einen Baum, dann ein Nest ...
In unserem Garten steht ein Baum.
In dem Baum ist ein Nest.
In dem Nest liegt ein Ei.
In dem Ei ist ein Dotter.
In dem Dotter war eine Laus,
eins, zwei, drei, und du bist raus!

Tassenspiel

■ *ab 4 Jahre*
Ein Würfelspiel für drei oder mehr
Material: Würfel, alte Zeitschriften mit zahlreichen kleinen Bildern und Motiven, Schere, 15 Tassen

➤ Aus Zeitschriften 30 kleine Bilder ausschneiden – eine Tür oder einen Hund zum Beispiel.
➤ Auf dem Tisch einen Kreis aus umgestülpten Tassen bilden. Unter jeder Tasse ein Bild verstecken. Außerdem den Startpunkt bestimmen.
➤ Der Jüngste würfelt zuerst. Wirft er eine Zwei, zählt er vom Start zwei Tassen weiter, deckt die Tasse auf und sammelt das Bild ein, das unter der Tasse lag, sagt ein paar Sätze dazu oder erzählt eine kurze Geschichte. Wirft er eine Drei, zählt er drei Tassen weiter ... Dabei werden nur die Tassen mit Bildern gezählt, nicht die bereits aufgedeckten. So wird im Kreis gespielt, bis alle Bilder vergeben und alle Tassen umgedreht sind.
➤ Wer die meisten Bilder gewonnen hat, darf die Tassen wieder umstülpen und neue Bilder darunter verstecken.
➤ Das Spiel endet, wenn die Lust am Erzählen nachlässt.

Der Knatsch

■ *ab 4 Jahre*

Eine große Hand kabbelt sich mit einer kleinen: kitzelt sie sanft. Kneift sie vorsichtig. Zum Schluss umarmen sich die Hände. Worüber könnten sich zwei solche

„Handpuppen" miteinander unterhalten?
Kennst du schon den neusten Tratsch?
Unsre Hände haben Knatsch.
Meine Hand, die ärgert dich.
Deine Hand, die ärgert mich.
Wollen wir ihnen sagen,
sie sollen sich vertragen?

Die Flugreise

■ *ab 4 Jahre*

Mutter oder Vater verwandeln sich in ein Flugzeug: Legen Sie sich bäuchlings auf den Boden, am besten auf einen Teppich, und strecken Sie die Arme als Flügel aus. Die kleinen Mitspieler besteigen nun das „Flugzeug" – sie denken sich aus, wohin die Reise geht, und beschreiben den aufregenden Flug.

Die Faxenmacher

ab 5 Jahre

Man kann recht viel Theater mit fünf Fingern machen – etwa zu diesem Gedicht:
Schau mal, wie sie schuften,
riech mal, wie sie duften,
fühl mal, wie sie wachsen,
hör mal, wie sie knacksen.
Sie machen lauter Faxen,
diese kleinen Maxen.

Zuckelzug

ab 5 Jahre

Alle stellen sich hintereinander auf und bilden einen Zug, der kreuz und quer durch die Wohnung „zuckelt". Der Erste in der Reihe beschreibt, was er vom Zug aus gerade sieht: „Hohe bewaldete Berge!" Danach erzählt der Nächste, was gleich darauf zu sehen ist. Nacheinander beschreibt jeder, wohin die Fahrt nun geht.

Theater spielen

ab 5 Jahre
Ein Programm für drei oder mehr Spieler
Material: Verkleidungskiste mit Tüchern, Hüten, Schals, Schminke; oder Handpuppen

Planen Sie zusammen mit mehreren Kindern einen Theaternachmittag: Denken Sie sich gemeinsam ein Stück aus, spielen Sie zum Beispiel ein Märchen oder eine andere bekannte Geschichte nach. Die Rollen verteilen, die Darsteller kostümieren, schminken – und dann einfach drauflos-improvisieren. Das geht mit oder ohne Publikum. Beim Theaterspielen lassen Kinder

nicht nur ihrer Kreativität freien Lauf (siehe Seite 93), sondern lernen außerdem, ihre Sprache, die Mimik und Gestik differenziert einzusetzen.

Endlos-Geschichte

■ *ab 5 Jahre*

Eine Geschichte zum Immer-wieder-Erzählen, die sich stets wiederholt.
Es war einmal ein Mann.
Der Mann hieß Popann.
Popann hatte sieben Söhne.
Die sieben Söhne sprachen:
„Erzähl uns eine Geschichte!"
Und Popann begann:
„Es war einmal ein Mann ..."

Belauschte Gespräche

■ *ab 5 Jahre*
Material: Kassettenrekorder mit Mikrofon

➤ Den Rekorder mit eingelegter Kassette bereitstellen: Dann sprechen nacheinander alle denselben Vers oder Satz. Nun das Gleiche noch einmal – aber nun alle mit verstellter Stimme. Nehmen Sie alles auf.
➤ Dann wird die Kassette abgespielt. Wer erkennt die Stimmen – die natürlichen und die verstellten? Wer spricht besonders deutlich oder undeutlich?
Eine Variante:
Einfach mal ein ganz normales Familiengespräch aufnehmen, hinterher abspielen und dabei ganz bewusst auf die Sprache achten: Fällt einer dem anderen oft ins Wort? Wie ist der Umgangston zwischen den Familienmitgliedern?

TIPP | SELBST BESTIMMEN

Ein Kind „weiß" oft ganz von selbst, welche Anregungen zu welchem Zeitpunkt für sein Fortkommen wichtig sind: Es interessiert sich dann besonders für die entsprechenden Spielzeuge, Spiele und Gegenstände. Lassen Sie also Ihr Kind ruhig von Anfang an selbst immer auch bestimmen, was und wie es spielen mag. Der richtige Weg: Die Großen bieten Anregungen, das Kind bestimmt selbst, was es aufgreift und was nicht.

Mein Bilderbuch

■ *ab 5 Jahre*
Material: Heft, bunte Stifte

➤ Sie malen zusammen mit Ihrem Kind viele Bilder in ein Heft. Sonne, Haus, Baum, Vogel ...
➤ Später holen Sie das Heft hervor. Ihr Kind sucht aus, zu welchem Bild Sie eine Geschichte erfinden sollen. Später werden die Rollen getauscht.

Mit dem Spiegel sprechen

■ *ab 5 Jahre*
Material: ein kleiner Spiegel

Das kann man auch ganz allein spielen: Vor einem Spiegel stehen, laut und überdeutlich den eigenen Namen sagen und dabei ganz bewusst den Mund beobachten. Weitere Namen nennen, zuschauen, wie sich der Mund laufend verändert. Wie sieht er aus bei: „Willi", „Irene", „Klothilde"? Und wie, wenn ich sage: „Mamas Marmelade mundet mir mächtig"?

Zu Besuch bei den Büchern

■ *ab 5 Jahre*

➤ Gehen Sie mit Ihrem Kind in eine Bücherei oder Buchhandlung. Schmökern Sie, erzählen Sie von Büchern, an die Sie sich noch aus Ihrer Kindheit erinnern.
➤ Stellen Sie Ihrem Kind kleine Aufgaben, etwa: „Holst du mir das Buch mit dem roten Boot vorn drauf aus dem Regal da?" Sprechen Sie über die Bücher: „Welches Buch gefällt dir am besten und warum?"

Hexe Minka

■ *ab 5 Jahre*

Drei Dinge sind vorgegeben – die Hexe Minka, der Kater Pinka und der Vogel Fu.

TIPP | SPIELEVARIANTE

Aus dem Klassiker „Ich sehe was, was du nicht siehst" (siehe Seite 45) machen Sie eine gute Übung für die sprachliche Ausdrucksfähigkeit: Einer nennt eine Eigenschaft eines Dinges. Die anderen schauen sich um und versuchen herauszufinden, was gemeint ist.

Mit folgendem Spruch wird ausgezählt, wer eine Geschichte dazu erfinden soll:
Hexe Minka, Kater Pinka,
Vogel Fu, raus bist du!
Kinder, die im Erzählen geübt sind, empfinden dieses Spiel als Spaß, andere fühlen sich vielleicht unter Druck gesetzt. Wer nicht erzählen mag, lässt es einfach.

Bilderbriefe

■ *ab 5 Jahre*
Material: Papier, Stifte, Umschläge

Jeder bekommt gern Post. Da Kinder im Vorschulalter noch nicht schreiben können, verschicken sie stattdessen auch gern selbst gemalte Bilder.
➤ Ein Bild wird in einen Umschlag gesteckt und Mutter unters Kopfkissen gelegt oder Vater auf die Bettdecke. Oder der Umschlag kommt zur „richtigen" Post in den Hausbriefkasten.
➤ Natürlich wird eine Antwort erwartet: ein Bild, von Mama oder Papa gezeichnet, eingetütet und im Kinderbett versteckt. Briefe zu malen animiert: „Wann lerne ich endlich auch, Briefe zu schreiben?"

Unterwegs im Märchenland

Märchen und Geschichten anhören, das mögen Kinder: Egal, ob es sich um Klassiker wie „Rapunzel" oder selbst Erdachtes wie den „Mann aus Tumberland" handelt. Beim Märchenzauber immer dabei: das Zuhören, Mitzittern, Mitreden.

Rapunzel

■ *ab 2 Jahre*
Material: 3 lange Bänder, Zopfgummi oder Band, Haarspange

Erzählen Sie das Märchen „Rapunzel". Gleichzeitig flechten Sie aus den drei Bändern einen langen Zopf. Diesen befestigen Sie zum Schluss mit einer Haarspange im Haar des Kindes.

Der alte Zauberer

■ *ab 4 Jahre*

Denken Sie sich doch ab und an selbst ein Märchen aus, denn „eigene" Geschichten stehen bei Kindern hoch im Kurs. Das Ausdenken fällt leichter, wenn Sie vorher einige Märchen gelesen, sich mit der Sprache vertraut gemacht haben und mit der Sprache spielen: Aus dem Zauberer wird dann ein wackerer alter Knabe, der weiter nichts auf Erden hatte als eine wunderschöne Schwester ...
Für Ältere:
Sie ermuntern Ihr Kind, das von Ihnen begonnene Märchen weiterzuerzählen. Dabei bitte nicht unterbrechen. Nach einer Weile werden die Rollen erneut getauscht.

Der Mann aus Tumberland

■ *ab 4 Jahre*

➤ Sie erfinden zusammen mit Kindern den Mann aus Tumberland. Wie sieht er aus: Hat er braune Haare oder blonde? Trägt er einen Bart oder nicht? Hut auf dem Kopf – ja oder nein? Wie sehen seine Klamotten aus? Schwarzer Mantel und roter Pulli, goldener Seidenumhang oder zerrissene Schuhe und schmutzige Hose? Lassen Sie den Kindern bei der Beschreibung immer den Vortritt.

TIPP | FANTASIE GEFRAGT

Keine Bange: Das freie Ausdenken und Erzählen von Märchen und Geschichten ist gar nicht so schwierig. Versuchen Sie, einfach möglichst unbefangen und locker draufloszureden. Auch weniger geübten Erzählern fällt nach einigen kleineren Anlaufschwierigkeiten bald eine Menge ein. Und wenn es wirklich nicht klappen sollte: Kinder helfen gern weiter.

➤ Der Mann aus Tumberland ist Hauptfigur des „Romans", den Sie erzählen – ergänzt mit vielen Details, die Ihre Zuhörer beim Erzählen immer wieder einwerfen.

Dornröschen

■ *ab 4 Jahre*

Die Kurzform des Märchens von Dornröschen ist auch als Lied bekannt.
Dornröschen war ein schönes Kind, schönes Kind, schönes Kind.
Dornröschen war ein schönes Kind, ein schönes Kind.
Dornröschen, nimm dich ja in acht, ja in acht, ja in acht. Dornröschen, nimm dich ja in acht, ja in acht.
Da kam die böse Fee herein, Fee herein, Fee herein. Da kam die böse Fee herein, Fee herein.
Dornröschen schlafe hundert Jahr, hundert Jahr, hundert Jahr. Dornröschen schlafe hundert Jahr, hundert Jahr.
Da wuchs die Hecke riesengroß …
Da kam ein junger Königssohn …
„Dornröschen, wache wieder auf!" …
Da feierten sie das Hochzeitsfest …
Da jubelte das ganze Volk …
Eine Variante:
Wenn mehrere Kinder mitmachen, wird das Lied zum unterhaltsamen Kreisspiel:
1. Strophe: Alle Kinder stehen im Kreis, eines sitzt als Dornröschen in der Mitte.
2. Strophe: Alle warnen mit dem Finger.
3. Strophe: Die böse Fee tritt in den Kreis.
4. Strophe: Sie verzaubert Dornröschen.
5. Strophe: Alle bilden eine dichte Hecke um Dornröschen.
6. Strophe: Der Königssohn durchbricht die Hecke.
7. Strophe: Der Königssohn weckt Dornröschen auf.
8. Strophe: Die beiden tanzen.
9. Strophe: Alle jubeln.

Hänsel und Gretel

■ *ab 4 Jahre*
Material: Stifte und Papier

Eine Kurzform des Märchens von Hänsel und Gretel, auch als Lied bekannt. Ein Tipp: Während des Erzählens mit ein paar Strichen das Märchen skizzieren, das erhöht die Spannung. Wird zum Schluss der Zettel mit der Hexe durchgerissen, dann ist die Erleichterung groß: Die böse Hexe ist verschwunden.
Hänsel und Gretel verliefen sich im Wald.
Es war so finster und auch so bitterkalt.
Sie kamen an ein Häuschen von Pfefferkuchen fein.
Wer mag der Herr wohl in diesem Häuschen sein?

Hu, hu, da schaute 'ne alte Hexe raus!
Sie lockte die Kinder ins Pfefferkuchenhaus.
Sie stellte sich gar freundlich,
oh, Hänsel welche Not!
Ihn wollt' sie braten im Ofen braun wie Brot.
Doch als die Hexe zum Ofen schaut' hinein,
ward sie gestoßen von Hänsel und Gretelein.
Die Hexe musste braten,
die Kinder gehen nach Haus.
Nun ist das Märchen von
Hans und Gretel aus.

Ball der Tiere

■ *ab 4 Jahre*

Das Kind spielt die im Gedicht erzählte Ballgeschichte nach und stellt die verschiedenen Tiere dar.

„Mich dünkt, wir geben einen Ball,"
sprach die Nachtigall.
„So?", sprach der Floh.
„Was werden wir essen?",
sprachen die Wespen.
„Nudeln!", sprachen die Pudeln.
„Was werden wir trinken?",
sprachen die Finken.
„Bier!", sprach der Stier.
„Nein, Wein!", sprach das Schwein.
„Wo werden wir tanzen?",
sprachen die Wanzen.
„Im Haus", sprach die Maus.
„Auf dem Tisch", sprach der Fisch.

TIPP | VORLESEN

Was das Vorlesen aufwertet: Lassen Sie Ihre eigene Vorfreude auf das Vorlesen durchschimmern. Suchen Sie während des Lesens Blickkontakt zu Ihrem Kind, um zu sehen, welche Gefühle das Erzählte auslöst, aber auch, um eigene Gefühle zu zeigen. Mit der Stimme spielen. Und: Für den Abend Geschichten wählen, die gut enden.

Fee auf Rutschpartie

■ *ab 5 Jahre*
Material: dünner Karton, Stifte, Schere, Bindfaden

➤ Zuerst wird eine gute Fee (etwa 10 Zentimeter lang) auf dünnen Karton gezeichnet und ausgeschnitten. Dann mit der Spitze einer Schere ein Loch in die Mitte der Figur bohren und die Fee auf einen langen Faden fädeln.
➤ Ein Ende des Bindfadens in der rechten, das andere in der linken Hand halten, den Faden straff spannen, die Fee auf dem Faden hin- und herrutschen lassen.
➤ Gleichzeitig wird erzählt, was die Fee auf ihrer Rutschpartie erlebt. Wen trifft sie? Wen verzaubert sie? Wem schenkt sie ihre guten Wünsche?

Märchenbilder

■ *ab 5 Jahre*
Material: Stifte und Papier

Während Sie ein Märchen erzählen, malen oder zeichnen Ihre kleinen Zuhörer ein Bild dazu. Später können alle Bilder im Kinderzimmer aufgehängt und miteinander besprochen werden.

Sprüche machen und mit Wörtern spielen

Kinderreime und Spielverse animieren dazu, mit der Sprache zu spielen: Fischers Fritze und zehn zauberhafte Zebras – die meisten Kinder erfreuen sich an Reimen und sprachlichen Rhythmen.

Kni-Kna-Knabbermaus

■ *ab 1 Jahr*

Ein Schmusevers: Das Kind in den Armen wiegen und zum Schluss „anknabbern".
Wer knabbert alle Knüste an?
Wer knabbert Schinkenknochen?
Du alte Kni-Kna-Knabbermaus,
du hast es wohl gerochen!

Kauf dir ein Kälbchen

■ *ab 1 Jahr*

Zu jeder Zeile einen anderen Finger massieren – am Ende die Handfläche kitzeln.
Da hast 'nen Taler, geh auf den Markt,
kauf dir 'ne Kuh, ein Kälbchen dazu.
Das Kälbchen hat ein Schwänzchen
Dideldideldänzchen.

Ri, ra, rutsch

■ *ab 1 Jahr*

Schaukeln Sie Ihr Kind auf den Knien, und erzählen Sie von einer Kutschfahrt:
Ri, ra, rutsch, wir fahren mit der Kutsch'.
Wir fahren mit der Schneckenpost,
bei der es keinen Pfennig kost,
ri, ra, rutsch, wir fahren mit der Kutsch'.

Seifenschaumschlösser

■ *ab 1 Jahr*

Zu den folgenden Reimen spielen Sie gemeinsam mit den Fingern beider Kinderhände – zu jedem Satz tritt einer der kleinen Finger in Aktion.
Wem fällt eine Fortsetzung für die Erwachsenenhände ein?
Der hat eine Hex' zu Besuch.
Der zaubert Gold aus einem Tuch.
Der legt Socken auf den Teller.
Der versteckt Kröten im Keller.
Der baut Schlösser aus Seifenschaum
Der schläft in einem Pflaumenbaum.
Der legt dir eine Maus ins Bett.
Der blödelt mit den Nachbarn nett.
Der wohnt auf einem blauen Berg.
Der macht aus dir den Gartenzwerg.

Zickel, zackel, zockel

■ *ab 1 Jahr*

Zählen Sie zwischen sich und Ihrem Kind ab – wer ist raus?
Zickel, zackel, zockel,
ein Ochse ist kein Gockel,
ein Gockel keine Maus,
du bist raus!
Für Ältere:
Einen Vers wie diesen kann man weiterdichten! Vielleicht so:
Hickel, heckel, hackel
ein Esel ist kein Dackel,
ein Dackel ist kein Strauß
und du bist raus …

Die Meise

■ *ab 2 Jahre*

Beim Kniereiten mit dem folgenden Vers die Geschichte von der Flugreise erzählen.
In das Land der schwarzen Pferde,
in das Land der roten Erde,
in das Land der blauen Seen,
in das Land der guten Feen
fliegt auf ihrer langen Reise
eine kleine, zarte Meise.
Für Ältere:
Die Geschichte weiterspinnen: In Gedanken mitfliegen – was sieht die Meise von oben im Land der Pferde?

Federn im Wind

■ *ab 4 Jahre*
Material: einige kleine Federn

Zarte Federn auf die ausgestreckten Hände legen, dann vorsichtig pusten.
Zart und leise abheben,
durch die Lüfte schweben,
im Wind Kreise drehen,
auf und davon wehen.
Flieg, Feder, flieg!

Lauter Rätsel

■ *ab 5 Jahre*

Es ist für Kinder ein Aha-Erlebnis, wenn es gelingt, ein Rätsel zu lösen. Im Vorschulalter brauchen viele Kinder noch ein paar Hinweise, um die Lösung zu finden.
Zum Himmel geworfen, fällt's auf die Erde.
Zur Erde geworfen, springt's in die Luft.
Oder:
Welche Schuhe haben keine Sohlen?
Oder:
Welcher Vogel hat zwei Beine,
aber keine Flügel, keinen Schnabel
und an Federn auch nicht eine?
(Lösungen: Ball, Handschuhe, Spaßvogel)

Zungenbrecher

■ *ab 5 Jahre*

Wer kann Zungenbrecher nachsprechen, ohne sich zu verhaspeln? Wer kann sie schnell, noch schneller nachsprechen und versteht sie auch noch oder kann sich daran erfreuen?
Fischers Fritze fischte frische Fische. Frische Fische fischte Fischers Fritze.
Oder:
Der Schmied schließt die Schmiede. Die Schmiede schließt der Schmied.

Verrückte Namen

■ *ab 5 Jahre*

Das macht Spaß: lustige Namen erfinden, die auf einen Reim enden!
Marianne Badewanne
Karoline Mandarine
Margarete Goldtrompete
Welche Reim-Namen gibt es noch?

Trarira

■ *ab 5 Jahre*
Material: Stifte, Papier

Bewegung und Sprache können zusammenspielen – wer im Rhythmus des Gesprochenen Bögen aufs Papier zeichnet, merkt das.
Tra, ri, ra, der Sommer, der ist da.
Komm mit mir in den Garten,
wir wolln dem Sommer warten.
Ja, ja, ja, der Sommer, der ist da.

Wie sehen die Bögen bei folgendem Vers aus – gleichen sie denen vom ersten?
Eins, zwei, drei,
Butter auf den Brei,
Salz auf den Speck,
du musst weg!

Und wie geht's weiter?

■ *ab 5 Jahre*

Ein Spiel, das Sprachgefühl und Mitdenken erfordert. Wer kann die Sätze vervollständigen?
Was nicht rau ist, das ist glatt,
wer nicht hungrig ist, ist …
Was nicht dünn ist, das ist dick,
wer nicht Pech hat, der hat …
Was nicht groß ist, das ist klein,
was nicht schmutzig ist, ist …
Was nicht hart ist, das ist weich,
wer nicht arm ist, der ist …
Was nicht warm ist, das ist kalt,
wer nicht jung ist, der ist …

FÜR KLEINE PLAUDERTASCHEN:

Spiele	Alter ab	Sprachliche Fähigkeiten	Sinnliche Wahrnehmung	Motorische Fähigkeiten	Kreativität
Bäumchen, rüttle dich	1	●●●	●●	●	●●
Besuch beim Apfelbaum	1	●●●	●●		●
Bildergalerie	1	●●●	●●		
Fünfmal streicheln	1	●●●	●	●●	●●
Kauf dir ein Kälbchen	1	●●●	●●●	●●	
Kni-Kna-Knabbermaus	1	●●●	●●●		●
Ri, ra, rutsch	1	●●●	●●●	●	
Seifenschaumschlösser	1	●●●	●●●	●●	●●
Telefonieren	1	●●●	●		●●●
Zickel, zackel, zockel	1	●●●	●	●	●●●
Bergsteiger	2	●●●	●	●●	●●
Blumenwiese	2	●●●	●●		
Der Geschichtensack	2	●●●	●●	●	●
Die Meise	2	●●●	●●	●●	●●

Was nicht schmal ist, das ist breit,
was nicht eng ist, das ist …
Was nicht grad ist, das ist krumm,
wer nicht schlau ist, der ist …
Was nicht dunkel ist, das ist hell,
wer nicht langsam geht, der ist …
Was nicht gut ist, das ist schlecht,
was nicht falsch ist, das ist …
Was nicht grob ist, das ist fein,
wer's nicht raten will, lässt's …

Was fehlt?

■ *ab 5 Jahre*

Wer weiß, welche Wörter fehlen?
Langsam schleicht auf leiser Tatze
um die Häuser eine …
Das Tierchen trifft zwei dicke Hunde
und spielt mit ihnen eine …
Dann rennen alle schnell nach Hause,
vom Spielen machen sie jetzt …
(Lösung: Katze, Runde, Pause)

Zehn zottelige Zebras

■ *ab 5 Jahre*

Buchstabengeschichten erfinden – das ist schon für Vorschulkinder ein Spaß, ob sie nun selbst mit den Lauten spielen oder erst einmal zuhören. Hier zwei Beispiele:
Zehn zauberhafte, zottelige Zebras zuckeln zum Zoo.
Oder:
Hundert Haie husten heftig.
Oder:
Meine moppeligen, munteren Möpse mögen montags Möhren mampfen.
Mag Ihr Kind – zusammen mit Erwachsenen – eine A- oder eine B-Geschichte in dieser Art erfinden?

ALLE SPRACH-SPIELE AUF EINEN BLICK

Denken	Konzentration	Musikalische Fähigkeiten	Selbsterkenntnis	Soziales Verhalten	Seite	Spiele
	•	•			167	Bäumchen, rüttle dich
				•	167	Besuch beim Apfelbaum
	•		••		168	Bildergalerie
	•	•	••		167	Fünfmal streicheln
	•	••			180	Kauf dir ein Kälbchen
		••	•••		180	Kni-Kna-Knabbermaus
	•	••	••		180	Ri, ra, rutsch
	•	••	••		180	Seifenschaumschlösser
	•		•	••	168	Telefonieren
••		••		••	180	Zickel, zackel, zockel
	•	••	•	•	170	Bergsteiger
••				•	169	Blumenwiese
	•				168	Der Geschichtensack
	•	•		••	181	Die Meise

FÜR KLEINE PLAUDERTASCHEN:

Spiele	Alter ab	Sprachliche Fähigkeiten	Entwicklung der Sinne	Motorische Fähigkeiten	Kreativität
Geheimnisvolle Klänge	2	•••	••		•
Geschichtenerfinder	2	•••	•		•
Rapunzel	2	•••	•		••
Sonne, Mond und Sterne	2	•••	••		•••
Was gehört wohin?	2	•••	•		•
Die Geisterfamilie	3	•••			•••
Die Zeitungsfritzen	3	•••	•	•	
Im Kaufhaus	3	•••	•		•••
Sammelbilder	3	•••	•	•	••
Ball der Tiere	4	•••	•	••	•••
Der alte Zauberer	4	•••			•••
Der Knatsch	4	•••	•••	•	•••
Der Mann aus Tumberland	4	•••			•••
Die Flugreise	4	•••	•	•	•
Die Kastanie	4	•••	•	•	
Dornröschen	4	•••	•	••	••
Federn im Wind	4	•••	••	••	•
Hänsel und Gretel	4	•••	•	••	•••
In unserem Garten	4	•••	•	•	•••
Lügengeschichten	4	•••	•		•••
Tassenspiel	4	•••	•	••	•••
Belauschte Gespräche	5	•••		•	•••
Bilderbriefe	5	•••		•	•••
Die Faxenmacher	5	•••	••	•	•••
Endlos-Geschichte	5	•••	•		••
Fee auf Rutschpartie	5	•••	•	••	•••
Hexe Minka	5	•••			•••
Lauter Rätsel	5	•••			
Märchenbilder	5	•••	•	••	•••
Mein Bilderbuch	5	•••	•	••	•••
Mit dem Spiegel sprechen	5	•••	••	•	••
Theater spielen	5	•••			••
Trarira	5	•••	••	••	•
Und wie geht's weiter	5	•••			•
Verrückte Namen	5	•••			•••
Was fehlt?	5	•••			•
Zehn zottelige Zebras	5	•••			••
Zu Besuch bei den Büchern	5	•••	•		••
Zuckelzug	5	•••	•	••	•••
Zungenbrecher	5	•••		••	

Das angegebene Spiel fördert die Fähigkeiten in diesem Bereich ...
••• hervorragend •• gut • ein wenig (neben anderen Fähigkeiten)

ALLE SPRACH-SPIELE AUF EINEN BLICK

Denken	Konzentration	Musikalische Fähigkeiten	Selbsterkenntnis	Soziales Verhalten	Seite	Spiele
•	•	••	•		169	Geheimnisvolle Klänge
	••				169	Geschichtenerfinder
	•	•	••		177	Rapunzel
	•			••	170	Sonne, Mond und Sterne
••	•			•	169	Was gehört wohin?
	•			••	171	Die Geisterfamilie
•	•			•••	171	Die Zeitungsfritzen
••	•		•	••	170	Im Kaufhaus
	•			••	171	Sammelbilder
	••	••	••		179	Ball der Tiere
	••			••	177	Der alte Zauberer
		••	•	•	173	Der Knatsch
	••			••	177	Der Mann aus Tumberland
	•••			••	173	Die Flugreise
	••	••		•	172	Die Kastanie
	••	•••		•••	178	Dornröschen
		••	••		181	Federn im Wind
	•	••		••	178	Hänsel und Gretel
•	••	••		•	172	In unserem Garten
••	•	••		••	172	Lügengeschichten
••	•			••	173	Tassenspiel
••	•				175	Belauschte Gespräche
	••			•••	176	Bilderbriefe
	•	••	•		174	Die Faxenmacher
•	•	•			175	Endlos-Geschichte
	••				179	Fee auf Rutschpartie
	••	•		••	176	Hexe Minka
•••	•			•	181	Lauter Rätsel
	••			••	179	Märchenbilder
	•			••	175	Mein Bilderbuch
	•		•••		175	Mit dem Spiegel sprechen
	•			•	174	Theater spielen
	••	••	•	•	182	Trarira
••	••	•			182	Und wie geht's weiter
	•	••			182	Verrückte Namen
•••	••	•		••	183	Was fehlt?
•	••		•	•	183	Zehn zottelige Zebras
••	••			•••	176	Zu Besuch bei den Büchern
	•				174	Zuckelzug
	••	•	••		181	Zungenbrecher

Musik: Balsam für Gehirn und Seele

Lärm, harmonische Klänge oder schräge Töne: Kinder freuen sich an Melodien – und an lautem Getöse. Das Scheppern von Kochtopfdeckeln, das Trappeln kleiner Füße, lautes Rufen, leises Wispern – all das ist in ihren Ohren Musik. Kinder machen gern Geräusche, drücken sich durch Musik aus und haben einen Riesenspaß dabei!

Wie man Kindern Musik nahe bringt

Manche Kinder beginnen zu tanzen, sobald sie sich auf den Beinen halten können. Oder singen schon als Kleinkinder Melodien nach. Bei anderen muss die Freude an der Musik erst geweckt werden. Das geht am besten, indem Sie Ihrem Kind sein ganz ursprüngliches Vergnügen an Tönen und Geräuschen lassen und diese Freude gezielt verstärken. Es loben, wenn es munter vor sich hin trällert, eigene Melodien erfindet, Instrumente selbst baut, begeistert auf die Pauke haut. Und dabei verschiedene Fähigkeiten einsetzt: Fantasie, Hörvermögen, die Lust an Bewegung und das Gefühl für Rhythmus.

Das Interesse an Musik wecken und wach halten

Wissenschaftler empfehlen, viel und frühzeitig mit einem Kind zu musizieren. Worin besteht die positive Wirkung? Ganz verschiedene Gründe sprechen dafür.

Musik löst Gefühle aus

Musik lässt uns lachen und weinen, mitschwingen, mit Herzklopfen zuhören. Manchmal haben wir dabei das Gefühl abzuheben, all das Alltägliche, Mühselige hinter uns zu lassen – unsere Stimmung ist durch Musik also deutlich zu beeinflussen: Lässt sich abschwächen, verstärken oder sogar umdrehen. Denn Musik kann uns zum einen beruhigen, wirkt entspannend. Wenn die Spieluhr abends dudelt oder die Mama ihm ein Schlaflied singt, entspannt sich ein Kind – und das Einschlafen fällt leichter.
Musik kann auch ein Mittel gegen Frust sein. Sie kann helfen, negative Gefühle zu verkraften: Wer richtig frustriert und sauer ist, kann Wut und Verzweiflung bei lautem Tschingderassabumm – Musik mit zwei Topfdeckeln – wunderbar loswerden, sich schnell wieder abregen. Aber auch beim Musikhören kann man Spannungen abbauen. Denn Musik macht gute Laune. Sie kann die Stimmung aufhellen. Jeder kennt das: Bestimmte Ohrwürmer und Melodien bringen die Seele sofort in Schwung und die Stimmung auf Hochtouren. Musik wirkt harmonisierend und synchronisierend auf das Gehirn. Anspannung und innere Unruhe werden bei der richtigen Musik abgebaut. Einmal gehörte – oder besser noch – einmal gesungene Melodien und die damit einhergehenden Gefühle gehen uns manchmal einfach nicht wieder aus dem Kopf.
Gemeinsam zu singen und zu musizieren festigt außerdem das Gefühl der Zusammengehörigkeit, hebt das Selbstwertgefühl. Für kleine Kinder ist es deshalb ein Spiel, bei dem es nur Gewinner gibt: einfach eine große Freude.

Musik fördert Konzentration und Einfühlungsvermögen

Wer musiziert, entwickelt Fähigkeiten, die er sein ganzes Leben lang brauchen wird: Er muss sich konzentrieren können, ausdauernd und mit viel Disziplin auf langfristige Ziele hinarbeiten können.
Wer zusammen mit anderen Musik macht, entwickelt außerdem Einfühlungsvermögen, Teamfähigkeit und eine gute Wahrnehmungsfähigkeit, weil man sich auf seine Mitmusikanten einstellen muss: Selbst wenn ein Kind beim gemeinsamen Musizieren mit anderen nur mal auf das Xylophon schlägt, trägt es zum Gelingen des Ganzen bei. Es profitiert davon in seinem sozialen Verhalten, lernt, zusammen mit anderen ein Ziel zu erreichen, „taktvoll" vorzugehen, sich mitzuteilen.

Musizieren macht klug

In zahlreichen Untersuchungen konnte gezeigt werden, dass sich das Musizieren auf die Funktionen der Großhirnrinde auswirkt. Beim Musikmachen werden ganz unterschiedliche Bereiche angespro-

Musikalische Entspannung – davon profitieren in der Schwangerschaft die werdende Mutter und das Ungeborene.

chen: Motorik, Sinne, Emotionen. Die Nervenzellen werden aktiviert, neue Verknüpfungen bilden sich. Das kontinuierliche Training hinterlässt also deutliche Spuren im Gehirn (siehe ab Seite 24). So sind bei Profis die für das Hören und für die Bewegung zuständigen Areale so eng miteinander verknüpft, dass eine Reizung des einen Bereichs auch den anderen aktiviert. Deshalb wird mancher Pianist so kribbelig, wenn er nur Musik hört: Er klopft den Rhythmus mit oder wippt mit dem Fuß im Takt.

Die Aktivierung des Gehirns durch Musizieren zeigt sich sogar schon bei Kindern, die beispielsweise gerade erst mit dem Klavierspielen angefangen haben. Die Effekte geben sich allerdings schnell wieder, sobald nicht mehr regelmäßig geübt wird. Werden jedoch kontinuierlich und fleißig Fingerübungen gemacht, so festigen sich die entsprechenden Verschaltungen nach einigen Wochen. Mit jahrelangem Training nimmt die Vernetzung der Nervenzellen im Gehirn zu, die für Feinmotorik und das Hören zuständig sind.

Immer wieder ist die Rede davon, dass musikalische Menschen einen guten Draht zur Mathematik, zum logischen Denken hätten – eine Vermutung, die noch nicht wissenschaftlich bewiesen ist. Neue Studien weisen aber darauf hin, dass sich Musikerziehung ganz sicher positiv auf die Sprache auswirkt. So konnten kleine Klavierspieler Trauer, Freude, Angst, Ärger eher aus gesprochenen Sätzen heraushören als musikalisch weniger geübte Kinder.

Wie sich Musikalität entwickelt

Schon vor der Geburt hört ein Kind. Im Mutterleib nimmt es den Herzschlag seiner Mama wahr – die erste Musik in seinen Ohren. Das Interesse an Musik bringt es also mit auf die Welt.

Gerade erst geboren, hört es dann schon zu, wenn ihm vorgesungen, mit ihm gesprochen wird. Es ist dabei von Anfang an ganz Ohr, begierig auf neue Klänge, Töne, Geräusche. Das Kleine hört genau zu, wenn seine Mutter singt – kein Vergleich mit dem Gesang aus dem Radio. Es nimmt die Töne nicht nur wahr, sondern spürt auch die durch das Singen verursachten Schwingungen, den Rhythmus des Atmens, wenn es in Mamas Armen liegt. Und schon in den ersten Lebensmonaten

wird es selbst aktiv, fabriziert seine eigenen Töne, erfreut sich an seinem Quietschen und Prusten. In den Ohren eines kleinen Kindes ist vieles „Musik“: der Klang des Rasenmähers, Hundegebell, Flötentöne, Vogelgezwitscher ...
Eltern sollten es ihrem Kind ermöglichen, Musik auf ganz unterschiedliche Weise zu erleben, denn das wirkt sich positiv auf seine Entwicklung aus. Wer frühzeitig viele Erfahrungen mit Klängen macht, wird neugierig auf mehr: Welche Klänge, Melodien und Töne gefallen mir besonders? Welche passen gut zusammen? Wie kann ich selbst Töne und Geräusche erzeugen? Wer sich solche Fragen stellt, neugierig auf das Musikhören und -machen ist, entwickelt mit der Zeit ein Gefühl für Rhythmus und Töne.
Natürlich zeigen sich mit der Zeit gewisse Unterschiede in der Begabung. Die einen sind talentierte Klavier- oder Flötenspieler, andere tun sich schwer damit, ein Instrument zu spielen.

ÜBERBLICK: DIE MUSIKALISCHE ENTWICKLUNG

Die Tabelle verdeutlicht die durchschnittliche Entwicklung musikalischer Fähigkeiten. Aber jedes Kind hat sein eigenes Entwicklungstempo. Diese Angaben können deshalb nur eine ungefähre Richtschnur sein.

Alter	Was Ihr Kind in diesem Alter schon kann oder jetzt bald lernt
Im ersten Lebensjahr	Ihr Kind hört hin, wenn Musik, Geräusche erklingen. Es beginnt, erste Hörerfahrungen zu sammeln (zum Beispiel durch Musik aus Radio, Fernseher oder Ähnlichem). Das Kind kommuniziert mit seiner Mutter. Tonhöhe, Rhythmus, Tempo, Melodik – nicht nur die Kommunikation wird durch diese Konstanten gefördert, sondern auch die musikalischen Anlagen. Es versucht, den Singsang seiner Mutter zu imitieren.
Im zweiten Lebensjahr	Ihr Kind reagiert mit aufgeregten Bewegungen auf Musik, klatscht, tanzt und strahlt, wenn es Musik zu hören bekommt (und daran gewöhnt ist, Musik zu hören). Es interessiert sich für Kassettenrekorder und Kassetten mit Liedern. Jetzt freut es sich über Spielzeug, mit dem sich Musik und Geräusche machen lassen.
Im dritten Lebensjahr	Es beginnt, erste Lieder zu singen, vor allem dann, wenn zu Hause häufig gesungen wird und das Kind ermutigt wird zu singen. Es erkennt Lieder aus dem Fernsehen wieder, singt sie nach. Das Kind untersucht Instrumente neugierig, wenn sie nicht zu groß sind.
Im vierten Lebensjahr	Ihr Kind versucht, andere Kinder nachzuahmen, die Musik machen. Es beteiligt sich an Kreis- und Singspielen. Es hört und schaut gern zu, wenn Mutter oder Vater ein Instrument spielt.
Im fünften Lebensjahr	Es will vielleicht sogar schon „mitspielen“, wenn die Mama oder der Papa ein Instrument spielt.

Die musikalische Entwicklung im Alltag fördern

Von Anfang an können Eltern ihrem Kind ganz unterschiedliche Hörerfahrungen bieten und damit das genaue Hinhören üben. Zum Beispiel indem Sie gemeinsam lauschen. Sitzen Sie mit Ihrem Kind auf dem Schoß einen Moment still: Was ist zu hören? Vogelgezwitscher? Autogeräusche? Radiomusik? Auch gemeinsam ganz konzentriert Musik wahrzunehmen sensibilisiert kleine Hörer: Lauschen Sie doch mal zusammen einer Mozartsymphonie.

Gemeinsam zu musizieren macht Spaß und verbindet Groß und Klein.

Den Appetit auf Musik anregen

Ganz und gar unmusikalische Menschen sind so selten wie musikalisch Hochbegabte. Jedes Kind ist empfänglich für Musik und bringt eine musikalische Grundbegabung mit auf die Welt (siehe Seite 190). Was daraus wird, hängt wesentlich von der Umgebung ab, in der das Kind aufwächst. Grundlegende musikalische Fähigkeiten werden in den ersten zehn Jahren erworben – also das, was nötig ist, um sich in der Musikkultur einigermaßen orientieren zu können.
Weil sich das musikalische Leben eines Kindes durch Förderung beeinflussen lässt, heißt das: Musik hören. Musik machen. Musikalisches Verständnis wecken. Ein Kind beispielsweise immer wieder auf die Geräusche aufmerksam machen, die beim Spielen entstehen: auf das Klickern der Murmeln – mit und ohne Blechschachtel. Auf das Klackern der Holzbauklötze. Auf das Schnarren der Autoräder. Oder bei einer Orchesterprobe Mäuschen spielen. Bereits im Kindergartenalter ist mancher Knirps in der Lage, Klänge bestimmten Instrumenten zuzuordnen.

Von Anfang an musikalisch

Wenn Sie die Musikalität Ihres Kindes fördern möchten, machen Sie es frühzeitig mit vielen Geräuschquellen bekannt: Zum

INFO | SINGEN IST GESUND

Singt ein Kind laut und gern aus vollem Halse und ziemlich unbekümmert, dann tut das auch seiner Gesundheit gut. Es testet dabei seine Lungen aus und kräftigt sie. Und wer viel singt, leidet seltener unter Erkältungen.

einen mit den ganz normalen Alltagsgeräuschen der Umgebung, angefangen vom Staubsauger bis zum Rauschen der Spülmaschine. Zum anderen auch mit den feinen Tönen der Musik.
Kleine Kinder hören gern zu, wenn Musik gemacht wird, vor allem „echte" Musik – nicht abgedudelte, sondern selbst gemachte. Und die gibt es überall:

- In der Fußgängerzone sitzt ein Mann, der Ziehharmonika spielt.
- An der Seepromenade im Kurort spielt die Kurkapelle.
- Auf dem Weihnachtsmarkt tritt ein Posaunenchor auf.

Blitzende Instrumente, kleine und große Geigen, die tiefe und hohe Töne von sich geben – schon Kinder lassen sich von dem fesseln, was sie zu hören, aber auch zu sehen bekommen. Längere Konzerte sind im Vorschulalter noch nicht zu empfehlen, denn stundenlanges Stillsitzen wird für kleine Zuhörer schnell zur Qual. Und dann ist der Spaß dahin, bevor er richtig begonnen hat.
Besonders beeindruckt zeigt sich ein Knirps übrigens, wenn Mutter oder Vater selbst ein Instrument spielen. Damit können Eltern Sehnsüchte bei ihrem Sohn, ihrer Tochter wecken: „Solch wunderbare Töne will ich auch zaubern können!" Und das ist die beste Voraussetzung für eine lebenslange begeisterte Beschäftigung mit der Musik.

Musizieren mit Instrumenten

Im Kindergartenalter werden dann Musikinstrumente zunehmend interessanter. Zunächst steuern Kinder gern auf ein Xylophon zu. Ohne lange Erklärungen, ohne Üben können sie hier gleich loslegen und sich der Wirkung ihrer Schläge erfreuen. Klingt hochinteressant, das Xylophon einmal hinauf und einmal hinunter zu spielen. Oder die Tonleiter auszuprobieren. Oder mit dem Rhythmus zu spielen: „Wie klingt es, wenn ich erst schnell und immer schneller, dann wieder langsamer auf das Xylophon schlage?" Der Fantasie, der Freude am Experimentieren sind keine Grenzen gesetzt.
Eine Alternative zum Xylophon, oft ebenso beliebt, sind selbstgemachte Instrumente: vielleicht ein Eimer mit Kochlöffel zum Draufhauen oder ein Pappkarton, gefüllt mit Bauklötzen, zum Rascheln. Baut ein Kind sein erstes Instrument selbst, dann ist es doppelt daran interessiert, diesem Instrument möglichst unterschiedliche Töne zu entlocken, und hört genau hin, wenn es sich damit beschäftigt. Bei allem brauchen jüngere Kinder noch die Unterstützung Erwachsener.

Tanzen: Bewegung nach Noten

Wer sich mit Musik beschäftigt, kommt bald aufs Tanzen, auf Rhythmik. Wenn die

Ein Tierkonzert? Jedenfalls geht es hier richtig wild und lustig zu!

Großen den Kindern zeigen, was Rhythmus ist, wenn sie sich gern nach Musik bewegen, steigen viele Kleine begeistert ein und tanzen mit – einfach nur so aus Spaß an der Musik und der Bewegung.
Mädchen haben in diesem Bereich meist die Nase vorn. Jungen zieren sich gern: Keine Lust, bei diesem Mädchenkram mitzutun und nach Musik durch die Gegend zu hopsen. Wenn sie jedoch miterleben, dass das Gehopse ihren Altersgenossinnen große Freude bereitet, verlieren viele ihre Vorbehalte und machen doch mit.
Wenn die Erwachsenen den Kleinen diesen Spaß lassen, ihn vielleicht noch verstärken, indem sie selber mittanzen, wenn sie auf ständiges Bewerten verzichten, ihre eigenen Erwartungen nicht zu hoch stecken und vor allem jeden Perfektionismus und Drill außen vor lassen, dann verstärkt sich der Spaß am Vergnügen in der Regel noch – und damit auch das Können. Die meisten Kinder entwickeln bald ein Gefühl für Rhythmus. Gleichzeitig wächst auch die Bereitschaft, sich einfache Schritte und erste Tanzregeln erklären zu lassen. Einen guten Einstieg bieten neben dem freien Tanzen auch Singspiele, bei denen sich Kinder zur Musik bewegen, bemüht darum, den Inhalt eines Liedes mithilfe von Bewegung darzustellen.

Zusammen singen

Gemeinsames Singen ist sicher die beste Möglichkeit, Kindern Musik nahe zu bringen. Vielleicht mit folgenden Anregungen:
➤ Lieder sammeln. Jede Woche ein neues Lied lernen – eins aus dem Liederbuch oder ein selbst erfundenes.
➤ Lieder summen, die alle kennen. Wer erkennt, welches Lied gemeint ist?
➤ Eine Fantasiesprache entwickeln und ein Lied dazu komponieren. Welche Lautkombinationen klingen am interessantesten, wenn sie gesungen werden?
➤ Lieder wünschen. In einer Gruppe von Mitspielern immer abwechselnd ein Lied wünschen und singen.
➤ Eine Oper ausdenken. Oder eine Theaterszene improvisieren und den Text dabei nicht sprechen, sondern singen.
➤ Das Schlangenspiel. Alle Mitspieler fassen sich an den Händen, bilden eine Schlange. Der erste hüpft singend und tanzend vorweg, zieht die Schlange hinter sich her, die sich zur Musik bewegt.

Musik in Maßen anbieten

Musik ist heute allgegenwärtig. Sie dröhnt aus den Lautsprechern im Kaufhaus, tönt bei der Werbung aus dem Fernseher, plärrt aus dem Radio, oder Kinder lassen sich per Walkman berieseln. Musikpädagogen macht das Kopfzerbrechen. Viele Musikfachleute glauben, dass sich Kinder dank dieser Dauerbeschallung überfordert fühlen – einfach erschlagen – und die Lust auf Musik verlieren könnten. Ihr Rat: Sparsam mit Musik umgehen. Darauf achten, dass Kinder nicht ununterbrochen Musik hören.
Wichtig ist auch der Wechsel von Musik und Stille, denn Kinder haben neben dem Bedürfnis nach Aktivität auch den Wunsch nach Ruhe.

TIPP | LÄRM MUSS SEIN

Sie juchzen und kreischen, sie säuseln und zischen – Kinder sind gern laut, lieben Getöse, vor allem selbst verursachtes. Oft wird aus ihren Geräuschen ohrenbetäubender Lärm. Sie brauchen den selbst erzeugten Krach – erst recht, wenn sie in einer Gruppe sind. Lärm machen heißt: „Schaut her, wir sind da! Unüberhörbar! Wir sind stark!" Über den Lärm drücken sie sich aus, machen sie auf sich aufmerksam und fühlen sich dabei groß. Raumfüllend. Die andere Seite der Medaille: Lautes regt auf. Erschreckt auch manchmal. Deshalb brauchen sie den Ausgleich: eine Balance von Lärm und Stille.

Sehnsüchte erkennen – eigene Wünsche zeigen

Zeigen Sie Interesse an der Musik Ihres Kindes. Versuchen Sie, sich in seine Vorstellungen einzufühlen, aber bitte ohne es auszuhorchen – die meisten Kinder reagieren sehr „allergisch" darauf. Stattdessen können Sie Gesprächsbereitschaft signalisieren. Wenn Sie darin nicht nachlassen und Geduld zeigen, entstehen irgendwann Gespräche über alle schönen Dinge des Lebens – und dazu zählt die Musik.
Ganz wichtig: Vergessen Sie das Loben nicht. Auch wenn der Ton noch nicht haargenau stimmt, der Rhythmus nicht so recht getroffen ist, gibt es meist trotzdem etwas zu loben – vielleicht die Ausdauer, mit der ein Kind beim Singen, Trommeln oder Flöten ist, sein Engagement. Die Folge der Anerkennung: Der Musikant reagiert erfreut, beschwingt und schmettert ungehemmt und frohgemut seine nächste Arie. Kein Problem, wenn mancher Ton nicht wirklich stimmt.
Darüber hinaus sollten Sie auch von Ihren eigenen musikalischen Vorlieben sprechen, sich erklären: „Mir gefällt dieses Lied besonders gut, ... weil es mir gute Laune macht ... weil mir die Melodie nicht aus dem Kopf geht ... weil mir der Text so gut gefällt... ".
Wenn Erwachsene erzählen, was sie gern mögen, und ihre Meinung begründen, dann geben sie ein gutes Vorbild ab: Sie zeigen, wie man sich eine eigene Meinung bildet, und signalisieren, warum das Sinn macht.

Fragen & Antworten

1 Wie finde ich heraus, ob unser Sohn musikalisch oder auch eher unmusikalisch ist, so wie der Rest unserer Familie?

Sicher: Wer gut und richtig, gern und oft singt, ist musikalisch. Wer dagegen weniger prachtvoll singt, muss deshalb aber noch lange nicht unmusikalisch sein. Dass ein Kind musikalisch ist, heißt nach Meinung vieler Musikpädagogen: Es ist offen für alles, was klingt, neugierig auf Töne und freudig dabei, wenn es darum geht, selbst Musik zu erzeugen. Mit zwei Topfdeckeln, einer Glasorgel, einer Flöte ...

Dieses Interesse ist früh da: Schon ein Neugeborenes spitzt die Ohren, wenn Musik erklingt. Ein paar Wochen später schwingt es die Rassel – begeistert, weil es schon selbst „Musik" produzieren kann. Seine Begeisterung zeigt: Es ist musikalisch. Ob ein Kind eine besonders musikalische Ader hat, vielleicht mehr mitbringt als nur eine Grundbegabung, das kann sich schon im Vorschulalter zeigen:

➤ Es summt und singt viel vor sich hin: in der Wanne. Beim Spielen. Während eines Spaziergangs. Und freut sich, wenn andere mitsingen.

➤ Es experimentiert mit seiner Stimme. Sucht die Küche nach „Musikinstrumenten" ab, beschäftigt sich gern mit Instrumenten.

➤ Es reagiert interessiert auf Melodien, Gesang und Musikspiele.

➤ Es tanzt gern, zeigt ein Gefühl für Rhythmus, interessiert sich besonders für Reime.

Ob die Musikalität ausreicht, um später mit Erfolg ein Instrument zu spielen, wird sich erst Jahre später zeigen, etwa mihilfe eines Musiklehrers. Er ist am besten in der Lage, musikalische Reife und Neigungen eines Kindes zu erkennen. Im Vorschulalter ist es wichtig, viele Anregungen zu bieten, das Interesse an Musik wahrzunehmen und zu verstärken.

2 Meine Mutter möchte unserer Tochter eine Blockflöte schenken. Wie erkenne ich, ob dieses oder ein anderes Instrument für unser Kind geeignet ist?

Viele plädieren dafür, mit einem Instrument bis zum Grundschulalter zu warten, andere sagen, warum nicht schon zu Kindergartenzeiten, vorausgesetzt das Kind und Lehrer sich gut verstehen. Und wie kommen Eltern an ein Instrument? Viele Musikschulen und Musikalienhandlungen verleihen Instrumente.

Als Einsteiger-Instrument für Vorschulkinder (ab 5 Jahren) ist in der Regel eine Blockflöte am besten geeignet. Wenn diese auf Dauer keine Begeisterung auslöst, wird später ein anderes Instrument ausprobiert.

Um ein Instrument – egal welches – spielen zu können, sollten mehrere Vorbedingungen erfüllt sein. Wichtig ist eine gute Feinmotorik und eine gute Koordinationsfähigkeit: Die Hände müssen gleichzeitig Unterschiedliches tun. Oft überschätzt wird die Bereitschaft zu üben. Für nicht wenige Musikanfänger wird gerade das regelmäßige Üben schnell zur Qual.

Ein Tipp: Nicht zu schnell einknicken, wenn sich Unlust breit macht, sondern einen Kompromiss aushandeln: „Bis zum Sommer machst du weiter. Danach überlegen wir neu!" Falls die Begeisterung für ein Instrument ein Ende hat, ist das kein Grund, einem Kind das vorzuhalten. Sonst vermiesen Sie ihm vielleicht die Freude an Musik.

Zwei Tipps zum Schluss:

➤ In den ersten Unterrichtsstunden beobachten, was sich zwischen Lehrer und Schüler tut, denn jetzt entscheidet sich, ob langfristig die Freude an Musik erhalten bleibt.

➤ Zeit lassen, keine perfekten Leistungen erwarten, sondern in Ruhe abwarten.

3 Mir macht das Singen Freude, aber mein Gesang klingt alles andere als gut. Die Töne, die unser Sohn von sich gibt, klingen auch nicht besser. Hat es überhaupt Sinn, mit meinem Kind zu singen?

Zuerst zu den kleinen Sängern: Eigentlich singen alle Kinder gern (siehe auch Frage 1 auf der linken Seite). Glockenrein klingt der erste Gesang eines Kindes selten. So wie ein Dreikäsehoch beim Zeichnen und Malen mit eher ungelenken Kritzeleien anfängt, so beginnt er auch seine Gesangskarriere leicht krakelig – mit schiefen Tönen und stetem Testen: „Mal ausprobieren, wie meine Stimme klingt!"
Und auch das Gehör muss sich erst noch verfeinern, ausbilden – so wie auch die Hand den Stift beim Malen und Zeichnen nicht auf Anhieb richtig führen kann, sondern erst üben muss. Singen ist ein gutes Hörtraining.
Viele Erwachsene tun sich heute mit dem Singen schwer – nicht zuletzt, weil die Ansprüche an den eigenen Gesang recht hoch sind, oft auch die an den Gesang des Kindes. Dabei wird vergessen, dass es beim Singen in der Familie nicht auf stimmliche Perfektion ankommt, sondern vor allem auf das Drumherum: die Wärme, die Fröhlichkeit, die beim Singen in der mütterlichen oder väterlichen Stimme mitschwingen. Pure Emotionalität, liebevolle Zuwendung – nicht ersetzbar durch Kassetten, Fernseher oder Radio.
Wer einfach nach Lust und Laune unbeschwert drauflosschmettert, steckt Kinder mit Sangeslust an: Wahrscheinlich werden sie lachend mitsingen. Ob der eigene Gesang perfekt klingt oder nicht, kümmert einen kleinen Sänger wenig. Ihm geht es um anderes:

- Beim Singen spürt er sich selbst: „Meine Stimme – ein Teil von mir!" Er nimmt die eigenen Kräfte wahr, fühlt sich großartig, stark und stimmgewaltig, freut sich am Klang seiner Stimme – alles das ist gut für sein Selbstwertgefühl.
- Beim Singen kann ein Kind die eigenen Gefühle ausdrücken. Ist seine Lebensfreude groß, dann ertönt ein fröhliches „Juchhei", machen sich dagegen Ängste breit, weil der kleine Sänger zum Beispiel gerade allein im Keller unterwegs ist, dann erklingt ein ganz besonders couragiertes „Holdrio".
- Beim Singen mit anderen entsteht ein Gemeinschaftsgefühl, eine Freude an Mutters oder Vaters vertrauter warmer Stimme, an ihrer Nähe. Dieses Gefühl von Geborgenheit verstärkt sich durch Musik.
- Beim Singen lernt ein Kind Neues kennen – geeignete Lieder und Spiele gibt es genug. Früher begleiteten Liebeslieder, Kinderlieder, Küchenlieder, Wanderlieder das Dasein. Sie brachten eine eigene Tönung ins Familienleben, entspannten das Klima, sorgten einfach für gute Laune – und darauf sollten wir uns besinnen: Lieder bringen Farbe und Abwechslung in den Alltag.
- Sie können durch den Tag führen, ihn strukturieren. Es gibt Lieder zu den verschiedenen Tageszeiten, zum Wecken zum Beispiel „Bruder Jakob, schläfst du noch?", zum Gute-Nacht-Sagen „Weißt du, wie viel Sternlein stehen an dem blauen Himmelszelt?"
- Sie führen durchs Jahr, entsprechen den Jahreszeiten von „ABC – die Katze lief im Schnee!" im Winter, über „Komm lieber Mai und mache die Bäume wieder grün!" im Frühling, „Trarira, der Sommer ist da" im Sommer, bis zum Herbst mit „In einem kleinen Apfel".
- Sie regen Spiele an wie beispielsweise „Der Plumpsack geht rum" oder „Auf unsrer Wiese gehet was, trägt auch rote Strümpfe".

Aufgepasst: Hier spielt die Musik!

Die Lust auf Musik wird bei Kindern geweckt, indem man ihnen geeignete Spielideen anbietet: Lieder und Musikspiele zum Mitreimen und Mitmachen. Stücke aus dem improvisierten Musiktheater für kleine Verkleidungskünstler. Originelle Bastelanregungen für junge Instrumentenbauer.

Die Spiele auf den folgenden Seiten sind leicht umsetzbar und machen Spaß. Sie fördern Kinder in ihren musikalischen Fähigkeiten, sie regen ihre Aktivität und ihre Fantasie an. Das ist der Stoff, den Eltern brauchen, wenn sie bei ihren Kindern die Freude an der Musik wecken und verstärken wollen.

Tönen lauschen, Melodien genießen: Musik hören

Die Flügel ausbreiten, von der Erde abheben: Töne und Rhythmen lösen viele Gefühle aus – eine Freude, sich ganz auf das Musikhören einzulassen.

Regenmusik

■ *ab 1 Jahr*
Ein Spiel für Regentage

Regen kann ganz unterschiedliche Geräusche machen: Wie klingt es, wenn er aufs Dach trommelt? Wie, wenn er gegen die Fensterscheibe klatscht? Wie, wenn er auf einen umgestülpten Blecheimer platscht?

Mäuschenstill

■ *ab 2 Jahre*

Ein Spiel, mit dem man neue Klangerfahrungen sammeln kann: Wie leise muss ich sein, um das leise Zischen des Wassers auf dem Herd zu hören? Wie laut klingt es aus sicherer Entfernung, wenn es kocht? Hört Ihr Kind vom Flur aus die Uhr im Wohnzimmer ticken? Nimmt es das feine Summen der Lampe wahr?

Was höre ich?

■ *ab 3 Jahre*

Ein Spieler liegt mit geschlossenen Augen auf dem Boden, ein anderer macht „Musik“: lässt zwei Topfdeckel scheppern, spielt ein paar Töne auf der Flöte oder der Mundharmonika. Der Erste versucht zu erraten, woher die Töne kommen, wie sie entstehen. Später werden die Rollen getauscht.

Musikrätsel

■ *ab 5 Jahre*
Material: Radio oder Kassettenrekorder

➤ Hören Sie mit Ihren Kindern häufig Musik – zum Beispiel „Das Forellenquintett“ und „Die Moldau“.
➤ Die Stücke nach einer Weile nochmals anhören: Wer erkennt sie wieder?

Woran denkst du?

■ *ab 5 Jahre*
Material: Radio oder Kassettenrekorder

Ein Musikstück anhören. Danach erzählen Sie einander, woran Sie beim Hören gedacht haben. An einen nebligen Herbsttag? Einen Ausflug aufs Land? Nicht einfach, die Vorstellungen in Worte zu fassen, die durch die Musik ausgelöst werden.

Musikbilder

■ *ab 5 Jahre*
Material: Papier, Tusche, Pinsel, Wasserglas, Radio oder Kassettenrekorder

Sie hören zusammen Musik an und malen gleichzeitig ein Bild zur Musik. Danach vergleichen Sie: Wie unterscheiden sich die Bilder, wo ähneln sie sich? Vielleicht mag Ihr Kind noch etwas dazu erzählen.

Mit Geräuschen und Klängen spielen

Mit den folgenden Ideen können Kinder sich selbst einfache Instrumente wie Gartenschlauchtröte und Gummiharfe bauen – und mit allerlei Geräuschen spielen.

Glöckchenstrampler

■ *ab 1 Jahr*
Material: 2 Bänder, 2 kleine Glöckchen

Sie binden Ihrem Baby locker mit den Bändern die Glöckchen um die Fußgelenke – und beim Strampeln erklingt zum Erstaunen des Kindes plötzlich Musik.

Fensterscheibenmusik

■ *ab 1 Jahr*

Auf einer Fensterscheibe lassen sich zur Freude Ihres Babys herrliche Töne erzeugen. Wie klingt es, wenn Sie mit einem Fingernagel über die Scheibe kratzen? Mit feuchtem Finger über die Scheibe fahren? Mit Fingerspitzen aufs Glas trommeln? Welches Geräusch machen Ihre Fingerknöchel, wenn Sie an die Scheibe klopfen?

Knistersonate

■ *ab 1 Jahr*
Material: Kissenbezug, Knisterfolie, Knisterpapier, Zeitungspapier

Knisterpapier, Folie oder Zeitungspapier in einen Kissenbezug stecken und dem Baby zum Spielen geben: Bei jeder Bewegung ertönen neue Geräusche aus dem magischen Kissen!

Heizungssymphonie

■ *ab 2 Jahre*
Material: Kochlöffel

Tolle Rattergeräusche entstehen, wenn Ihr Kind mit dem Kochlöffel in der Hand an einem Heizkörper entlangwandert. Wenn's zu laut wird, bitte nicht schimpfen, sondern lieber die Ohren zuhalten und den jungen Künstler wenigstens eine Zeit lang üben lassen.

Schneebesenmusik

■ *ab 2 Jahre*
Material: Schneebesen, Pingpongball

Das wird eine tolle Rassel – und sie ist ganz einfach gemacht: Einen Pingpongball

in einen Schneebesen stecken und kräftig hin und her schütteln!
Eine Variante:
Bringen Sie den Schneebesenmusikanten mit anderen Geräuschemachern zusammen. Das Interessante für Kinder: Je nach Kombination der „Musikinstrumente“ entstehen immer neue Geräusche.

Geräuschebuch

■ *ab 3 Jahre*
Material: Bilderbuch

Sie schauen mit Ihrem Kind ein Bilderbuch an und machen zu allem, was in dem Buch zu sehen ist, die entsprechenden Geräusche: Sie bellen wie der Hund. Sie brummen wie ein Auto oder lassen einen Laster quietschend um die Kurve fahren. Sie zwitschern wie die Vögel ...
Vielleicht möchte Ihr Kind es ja auch mal probieren und selbst die Bilder in Sprache oder Musik umsetzen.

Zaunklappern

■ *ab 3 Jahre*
Material: Kochlöffel

Ein Traum für kleine Musikanten: Mit dem Kochlöffel in der Hand an einem Gartenzaun entlangwandern und dabei aufregende Töne erzeugen. Wie hört sich das an: Zehn Schritte vorwärts laufen und dabei Zaunmusik machen, dann fünf Schritte rückwärts gehen. Oder erst schnell laufen, dann plötzlich langsamer. Jeder probiert es und findet dabei seinen eigenen Rhythmus.

Wäscheklammerfreuden

■ *ab 3 Jahre*
Material: Wäscheklammern, Topf

➤ Eine Hand voll Wäscheklammern wird in einen großen Topf gelegt.
➤ Den Topf schütteln und so „Klammer-Musik“ machen: Klingt es immer gleich, wenn die Klammern von rechts nach links rutschen – oder immer wieder ganz unterschiedlich? Verschiedene Rutschrhythmen ausprobieren.

Zeitungsgeräusche

■ *ab 3 Jahre*
Ein Spiel für drei Spieler
Material: alte Zeitungen

Zwei spannen eine Zeitung straff wie ein Segel. Ein Dritter nimmt Anlauf und rennt durch die Zeitungswand.
Oder: Alle knüllen auf „los“ eine Zeitung

und ziehen sie knisternd und knirschend wieder auseinander.
Oder: Alle reißen um die Wette eine Zeitung durch. Wie klingt das? Und jetzt mal versuchen, die Reißgeräusche aufeinander abzustimmen!
Oder: Alle rennen draußen durch den Wind und halten die Zeitung als flatterndes, raschelndes Segel über den Kopf.

Das Raschelsieb

■ *ab 4 Jahre*
Material: getrocknete Erbsen, größeres Sieb

➤ Zuerst die getrockneten Erbsen in ein Sieb geben.
➤ Das Sieb vorsichtig schwenken, sodass die Erbsen in dem Sieb hin und her rutschen. Das macht tolle Raschelmusik, mit der man Radiotöne oder den eigenen Gesang begleiten kann.

TIPP | GELASSEN BLEIBEN

Mit dem Bauklotz auf den Boden klopfen, mit dem Löffel in die Schüssel hauen – es gibt Geräusche, bei denen sich Erwachsene am liebsten ein Kissen über den Kopf ziehen würden. Trotzdem sollten sie die Freude der Kleinen am „Musizieren" nicht bremsen. Nur ein Musikant, der seine „Instrumente" ausgiebig einsetzt, kann ein Gefühl für laute und leise, angenehme und unangenehme Töne entwickeln und seinen eigenen Rhythmus finden.

Blubbertöne

■ *ab 4 Jahre*
Material: 2 Trinkhalme, Plastikschüssel mit Wasser

Beide Spieler halten ihre Trinkhalme ins Wasser und pusten hinein. Sie machen mit der Luft Blubbergeräusche – mal richtig laut und mal ganz leise. Sie stimmen die Geräusche aufeinander ab und hören ganz genau zu.

Bauklotzkonzert

■ *ab 4 Jahre*
Material: rechteckige Bauklötze

Längliche Bausteine senkrecht stellen und dicht hintereinander wie Dominosteine auf blankem Boden aufreihen. Wenn sie kippen, rattert und klappert es ordentlich.

Schlüsselbundorchester

■ *ab 4 Jahre*
Material: Schlüsselbund

Jeder Mitspieler bekommt einen Schüsselbund – und jetzt wird „Musik" damit gemacht. Einer gibt den Rhythmus vor, der andere folgt. Nach einer Weile werden die Rollen getauscht.

Luftballonrassel

■ *ab 4 Jahre*
Material: 1 Luftballon, einige getrocknete Erbsen, Ballonpumpe, Zeitungspapier, Klebstoff, dicke Filzstifte

INFO | MUSIK ALS SPASS

Übrigens: Im Vorschulalter muss ein Kind das Singen noch nicht üben. Und es kommt auch gar nicht darauf an, dass alle Töne richtig getroffen werden. Der Spaß an der Musik ist jetzt sehr viel wichtiger.

➤ Die Erbsen in den Ballon geben.
➤ Den Ballon mit einer Luftballonpumpe aufpumpen und zuknoten.
➤ Mit Streifen aus Zeitungspapier bekleben und mit bunten Stiften bemalen.
➤ Den Ballon in die Luft werfen, auffangen und dabei ordentlich rasseln lassen.

Schlauchtrompete

■ *ab 4 Jahre*
Material: Haushaltstrichter, ein Stück Plastikschlauch

Den Trichter auf den Plastikschlauch stecken, dann kräftig in den Schlauch blasen. So kann man wunderbare Trötgeräusche fabrizieren!

Ein-Mann-Orchester

■ *ab 5 Jahre*
Material: 2 Kochlöffel, Pfeife, Kochtopf

Auch einer allein kann eine Menge Geräusche machen: gleichzeitig pfeifen, mit zwei Kochlöffeln auf einen Topf trommeln und mit den Füßen auf den Boden trampeln. Weitere Ideen für das Ein-Mann-Orchester? Und wie hört es sich an, wenn zwei Ein-Mann-Orchester gleichzeitig „Musik" machen und versuchen, sich aufeinander abzustimmen?

Triangel

■ *ab 5 Jahre*
Material: 5 lange Nägel, 1 Kleiderbügel mit Querverstrebung, Bindfäden, Schere, weitere kleinere Haushaltsgegenstände

➤ Vier Nägel an Fäden knüpfen und an die Querverstrebung des Bügels hängen.
➤ Den Bügel an einen Baum hängen.
➤ Mit dem fünften Nagel die übrigen Nägel zum Klingen bringen.
Eine Variante:
Ganz unterschiedliche Dinge an den Bügel hängen und später anschlagen, wie Messer, Gabeln, Löffel ...

Gummiharfe

■ *ab 5 Jahre*
Material: 1 Zigarrenkiste, 12 Dekonadeln, 3 dünne Gummiringe, Hammer

➤ Zuerst den Deckel von der Zigarrenkiste entfernen.
➤ Auf der linken und rechten Schachtelseite, einander genau gegenüber, mit einem Hammer jeweils sechs Dekonadeln in den Kistenrand schlagen.
➤ Nacheinander die „Saiten" anbringen: Jeweils ein Gummiband um zwei Nägel auf der linken und um zwei auf der rechten Seite legen.
➤ An den Saiten zupfen und wunderbare Töne zaubern.

Kronen-Schelle

■ *ab 5 Jahre*
Material: Nagel, Hammer, viele Kronkorken, Draht

➤ Die Kronkorken mithilfe von Hammer und Nagel durchlöchern, auf Draht fädeln und aus dem Draht einen Kranz biegen.
➤ Musik mit den Kronkorken machen: Mal laut, mal leise „schellen" (scheppern) lassen, erst langsam, dann schneller.

INFO | TÖNE SPEICHERN

Hunderte von Melodien kann ein Mensch speichern und wieder erkennen – ein Hinweis darauf, wie perfekt unser Kopf darauf programmiert ist, Töne zu behalten. Es macht auch Sinn, immer wieder neue Lieder und Singspiele anzubieten, denn je vielfältiger die Musikerlebnisse, umso differenzierter entwickelt sich das musikalische Gehör.

Blumen-Glocke

■ *ab 5 Jahre*
Material: sauberer Blumentopf (Keramik), dicke Kordel, große Holzperle

➤ Den Blumentopf auf eine Kordel ziehen, auf das innere Ende der Kordel die Holzperle fädeln, dann zwei Knoten in die Kordel knüpfen: einen oben, einen unten.
➤ Die Glocke kräftig bimmeln lassen. Dabei einen Rhythmus finden.

Flaschenklänge

■ *ab 5 Jahre*
Material: einige leere Flaschen, etwas Wasser, Schnur, Tusche, Besenstiel, Kochlöffel, mehrere Gläser mit Wasser

➤ Mehrere Flaschen mit Wasser füllen: mal halb voll, mal viertel voll – jede Flasche anders.
➤ Die Flaschen an Schnüre knüpfen und nebeneinander an einen quer über zwei Stühlen liegenden Besenstiel knoten.
➤ Mit einem Kochlöffel an die verschiedenen Flaschen schlagen.
Eine Variante:
➤ Verschiedene Gläser in einer Reihe aufstellen. Die Gläser sollen jeweils ganz, zur Hälfte oder nur ganz wenig mit Wasser gefüllt sein.
➤ Mit dem Löffel an die Gläser schlagen.

Musikalischer Spaß: Lieder und Singspiele

Zwitschern und tirilieren wie die Nachtigallen, sich an alten und neuen Melodien erfreuen – das mögen schon kleine Kinder gern. Deshalb lieben sie es zu singen.

Kanon

■ *ab 1 Jahr*

Hochinteressant für ein Baby, wenn seine Eltern einen Kanon singen: gleich und doch irgendwie unterschiedlich.
Froh zu sein bedarf es wenig,
doch wer froh ist, ist ein König.

Laut und fröhlich singen

■ *ab 1 Jahr*

Die natürliche Freude am Singen unterstützen Sie, indem Sie regelmäßig mit Ihrem Baby singen. Wer nur wenige Lieder kennt, kann nach Fantasiemelodien summen und singen. Ihr Baby wird staunen!

Schlaf, Kindchen, schlaf

■ *ab 1 Jahr*

Singen Sie Ihr Kind in den Schlaf: Ein Wiegenlied wirkt beruhigend und vermittelt Geborgenheit. Versuchen Sie es doch einmal mit dem folgenden Klassiker:
Schlaf, Kindchen, schlaf!
Der Vater hüt' die Schaf,
die Mutter schüttelt's Bäumelein,
da fällt herab ein Träumelein,
schlaf, Kindchen, schlaf.

Summ, summ, summ

■ *ab 1 Jahr*

Kleine Kinder lieben Wiederholungen und eindrucksvolle Lautmalereien. Wenn die Großen summen, dann ist das ein hochinteressantes Spiel, das zur Nachahmung reizt. Und was, wenn sie dann brummen? Alle Geräusche, die Sie singend, summend, brummend mit Ihrem Mund produzieren, erregen die Aufmerksamkeit Ihres Kindes.
Summ, summ, summ,
Bienchen summ herum,
Bienchen summ herum,
Ei, wir tun dir nichts zu Leide,
flieg nur aus in Wald und Heide,
summ, summ, summ,
Bienchen summ herum.

INFO | WIEGENLIEDER

Abschalten, zur Ruhe kommen, sich von den Spannungen des Tages erholen – Wiegenlieder sind ein seit Jahrhunderten erprobtes Mittel, um Kindern beim Einschlafen zu helfen. Worin besteht ihre Wirkung? Sie vermitteln Sicherheit. Wer ein Wiegenlied hört, atmet im Takt der Musik, der Pulsschlag gleicht sich dem Takt an, Entspannung macht sich breit. Wiegenlieder haben drei Merkmale: Sie sind langsam, leise und gleichmäßig (kein aufregender Rhythmus).

Liedersack

■ *ab 3 Jahre*
Material: 10 Zettel, Stift, Säckchen

➤ Liedanfänge auf die Zettel schreiben und in einen Sack stecken.
➤ Ihr Kind greift in den Sack, zieht einen Zettel – welches Lied sollen Sie vorsingen?

Komponieren

■ *ab 3 Jahre*

Zu einem Kindervers eine Melodie erfinden und das selbst komponierte Lied dann laut schmettern.
Drei Rosen im Garten,
drei Lilien im Feld,
im Sommer ist es lustig,
im Winter gibt's Kält.

Flüsterlieder

■ *ab 5 Jahre*

Einer singt vor, zuerst laut und kräftig und versucht dann, mit seiner Stimme zu spielen: die Stimme zu dämpfen, immer weiter, bis sie fast flüstert. Danach wieder kräftig aufdrehen. Gar nicht so einfach!

Wie heißt das Lied?

■ *ab 5 Jahre*

Ein Spiel, das die Freude am Singen steigert: Einer beginnt ein Lied zu singen, ein Zweiter greift es auf und singt es zu Ende. Dann darf er ein neues Lied anstimmen, der Mitspieler nimmt die Melodie auf und singt weiter. Wer erkennt ein bekanntes Lied schon nach wenigen Anfangstönen?

Große Oper

■ *ab 5 Jahre*
Material: Handpuppen

Ein gesungenes Rollenspiel inszenieren: „Du bist der Förster! Und ich spiele die Großmutter!" Wer keine Geschichte erfinden mag, spielt nach einem Märchen. Die Rollen verteilen – und alle Texte singen. Jeder improvisiert, singt seine Rolle nach einer Fantasiemelodie.
Eine Variante:
Handpuppen übernehmen die Rollen und singen, was sie zu sagen haben.

Lieblingslieder

■ *ab 5 Jahre*

Zu zweit spielen. Immer abwechselnd Lieblingslieder summen und den Mitspieler herausfinden lassen, welches Lied gemeint ist. Kommt er dahinter, werden die Rollen getauscht.

TIPP | ECHO-SPIEL

Kinder erzeugen gern ein Echo. Ob in einem Fußgängertunnel oder in den Bergen: Lassen Sie Ihr Kind das Echo testen – einmal, zweimal, mehrmals. Dabei mit der Stimme spielen, sie verstellen. Mal laut, mal leise rufen. Oder singen.

Tanz und Spaß – bewegte Freude an Musik

Kinder genießen es, sich zur Musik zu bewegen: zu tanzen, zu klatschen, sich im Takt zu wiegen.

Klatschen

■ *ab 2 Jahre*

Sie klatschen in die Hände – einmal, zweimal, schnell, schneller, langsam ... Sicher versucht Ihr Kind bald mitzuklatschen!

Matratzentanz

■ *ab 3 Jahre*
Material: Matratze, Radio oder Rekorder

Das mögen kleine Leute: Allein oder zu zweit auf einer Matratze nach Radiomusik tanzen, hüpfen, kugeln ...

Fantasiefiguren

■ *ab 3 Jahre*
Material: Radio oder Kassettenrekorder

Alle Mitspieler tanzen nach Musik durchs Zimmer: schweben wie Elfen, hüpfen wie Rumpelstilzchen, schleichen wie Katzen – welche Figuren passen am besten zu welcher Musik? Wer erfindet neue Tänze?

Wenn Bänder tanzen

■ *ab 4 Jahre*
Material: mehrere bunte Bänder (jeweils etwa 50 Zentimeter lang), Stock, Radio oder Kassettenrekorder

➤ Die Bänder oben an den Stock binden.
➤ Den Stock in der Hand halten, nach Musik tanzen und die Bänder im Takt schwingen lassen.

Lappenballett

■ *ab 5 Jahre*
Material: vier Lappen, Radio oder Kassettenrekorder

Die Mitspieler wickeln sich Lappen um beide Füße: Nun wischen und tanzen sie um die Wette im Rhythmus über eine glatte Fläche – zum Beispiel über Fliesen. Die Lappen „tanzen" aufeinander zu, entfernen sich wieder voneinander, erfinden immer neue Figuren.

SINGEN, TANZEN, LAUSCHEN:

Spiele	Alter ab	Musikalische Fähigkeiten	Sinnliche Wahrnehmung	Motorische Fähigkeiten	Kreativität
Fensterscheibenmusik	1	•••	••		
Glöckchenstrampler	1	•••	••	••	
Kanon	1	•••	••		
Knistersonate	1	•••	••	••	••
Laut und fröhlich singen	1	•••	••		•
Regenmusik	1	•••	••		
Schlaf, Kindchen, schlaf	1	•••	••		
Summ, summ, summ	1	•••	••		
Heizungssymphonie	2	•••	••	•	••
Klatschen	2	•••	••	•••	•
Mäuschenstill	2	•••	•••		
Schneebesenmusik	2	•••	••	•	••
Fantasiefiguren	3	•••	••	•••	••
Geräuschebuch	3	•••	•	•	••
Komponieren	3	•••			•••
Liedersack	3	•••	•	•	
Matratzentanz	3	•••	••	•••	••
Wäscheklammerfreuden	3	•••	••	•	••
Was höre ich?	3	•••	•	•	••
Zaunklappern	3	•••	•	•	•••
Zeitungsgeräusche	3	•••	••	•	•••
Blubbertöne	4	•••	••	•	•••
Bauklotzkonzert	4	•••	•	••	••
Das Raschelsieb	4	•••	••	••	••
Luftballonrassel	4	•••	•	••	•••
Schlauchtrompete	4	•••			••
Schlüsselbundorchester	4	•••	•	••	•
Wenn Bänder tanzen	4	•••	•	•••	••
Blumen-Glocke	5	•••	•	•••	
Ein-Mann-Orchester	5	•••	••	••	
Flaschenklänge	5	•••	••	••	•••
Flüsterlieder	5	•••	•••	•	••
Große Oper	5	•••	••		•••
Gummiharfe	5	•••	•	•••	•
Kronen-Schelle	5	•••	•	•••	•
Lappenballett	5	•••	•	••	••
Lieblingslieder	5	•••	••		•
Musikrätsel	5	•••	••		
Musikbilder	5	•••	••	•	•••
Triangel	5	•••	•	••	••
Wie heißt das Lied?	5	•••	••		
Woran denkst du?	5	•••	••		••

Das angegebene Spiel fördert die Fähigkeiten in diesem Bereich ...
••• hervorragend •• gut • ein wenig (neben anderen Fähigkeiten)

ALLE MUSIK-SPIELE AUF EINEN BLICK

Denken	Konzentration	Sprachliche Fähigkeiten	Selbst-erkenntnis	Soziales Verhalten	Seite	Spiele
	•				200	Fensterscheibenmusik
	••		•		200	Glöckchenstrampler
		••	•		205	Kanon
	•		•		200	Knistersonate
	•••	••	•		205	Laut und fröhlich singen
	•				199	Regenmusik
			•		205	Schlaf, Kindchen, schlaf
	•	••	•	••	205	Summ, summ, summ
	•		•		200	Heizungssymphonie
	•			••	207	Klatschen
	••		•		199	Mäuschenstill
	•		•	••	200	Schneebesenmusik
	•		•	••	207	Fantasiefiguren
	••		•		201	Geräuschebuch
	•	••		••	206	Komponieren
	•	••		••	206	Liedersack
	•		•	••	207	Matratzentanz
			•		201	Wäscheklammerfreuden
	••			••	199	Was höre ich?
	•		•		201	Zaunklappern
	•			••	201	Zeitungsgeräusche
	••			••	202	Blubbertöne
	•				202	Bauklotzkonzert
	•		•		202	Das Raschelsieb
	•				202	Luftballonrassel
					203	Schlauchtrompete
				••	202	Schlüsselbundorchester
	•		•	••	207	Wenn Bänder tanzen
	•		•		204	Blumen-Glocke
	•				203	Ein-Mann-Orchester
	•		•		204	Flaschenklänge
	••	••	•	••	206	Flüsterlieder
	••	••	•	•••	206	Große Oper
	•				203	Gummiharfe
	•				204	Kronen-Schelle
	•		•	•••	207	Lappenballett
	••	••	•	••	206	Lieblingslieder
	••		•		199	Musikrätsel
	••	••	•	•	199	Musikbilder
	•				203	Triangel
•					206	Wie heißt das Lied?
	••	•••	•	•	199	Woran denkst du?

Das Ich und das Wir entdecken

Im Nu ist aus dem winzigen Baby ein Kind geworden – ein kleiner Mensch, der sich nun selbst jeden Tag neu entdeckt und auch zu anderen Menschen rundum vielfältige Beziehungen aufnimmt. Ein Prozess, der ein Leben lang andauern wird. Sie als Eltern können Ihr Kind dabei sinnvoll begleiten und unterstützen.

Selbstbewusstsein und soziales Verhalten

Jedes Baby schaut interessiert in einen Spiegel, begeistert darüber, dass ihm da ein Wesen entgegenlächelt. Noch weiß es nicht, dass es selbst dieses Kind im Spiegel ist. Irgendwann begreift es plötzlich: „Der da im Spiegel bin ja ich!" Außerdem werden jetzt andere Menschen interessanter. Ein Kind erkennt: Ich muss mit mir selbst und anderen klarkommen. Mich an Regeln halten, die das Zusammenleben ordnen. Das probt ein Kind im Spiel unermüdlich – gern mit Teddys und Puppen als „Mitspielern", denen die Knirpse unablässig die Welt und alle möglichen Regeln erklären – und damit auch sich selbst.

Wie ein Kind sich selbst und andere entdeckt

Ein kleines Kind sieht und erlebt seine Mitmenschen und sich selbst ganz unterschiedlich. Seine Wahrnehmung ist eng mit seinen Gefühlen verknüpft, und die sind oft an seinem Gesicht abzulesen: Es zeigt recht deutlich, was es von der Welt mitbekommt, was ihm gefällt und was nicht. Und das beginnt sehr früh: Kaum hat ein Baby seine ersten Lebenserfahrungen gesammelt, äußert es seine Gefühle schon sicht- und hörbar: Mal schnurrt es vor Wohlbehagen, wenn es mit sich und den anderen im Reinen ist, mal brüllt es vor Unzufriedenheit, wenn die Dinge nicht so laufen, wie sie sollten, und bringt seine Eltern damit zum Staunen: Noch so klein und schon so intensiv in seinen Äußerungen!

In den kommenden Monaten und Jahren sammelt Ihr Kind unterschiedliche Erfahrungen im Umgang mit sich selbst und mit anderen. Und es reagiert jeweils mit unterschiedlichen Gefühlen darauf – mal mit belastenden, mal mit erfreulichen. Jedes Kind hat damit zu tun, die Balance zwischen solch widerstreitenden Gefühlen zu finden. Dieses emotionale Spektrum wirkt sich auf sein Verhalten aus – prägt sein ganzes Wesen.

Eltern beobachten diesen Lern- und Entwicklungsprozess, der sich über die Jahre hinzieht, manchmal erleichtert, manchmal besorgt, und fragen sich: „Welche Gefühle sind typisch für unser Kind? Womit hat es zu kämpfen?“ Mit Ängstlichkeit oder Wagemut? Neugier oder Zurückhaltung? Freude oder Traurigkeit? Klugerweise sollten sie sich in Geduld üben, denn jedes Kind braucht viel Zeit, um sich selbst und seine Gefühle besser kennen zu lernen. Im Spiel ergeben sich dafür Gelegenheiten.

Eigene und fremde Gefühle kennen lernen

Ein Kind kann beim Spielen die eigenen Vorstellungen und Stimmungen ausloten, seine Gefühle, Vorlieben, Abneigungen und Eigenheiten entdecken sowie das eigene Verhalten üben. Es kann darüber hinaus beim Spielen frühzeitig lernen, Gedanken und Gefühle auszudrücken: „Heute bin ich nicht gut drauf. Wieso eigentlich nicht?“ oder: „Ich könnte Bäume ausreißen, so gute Laune habe ich!“

Viele Kinder haben Freude daran, sich selbst auszuprobieren: „Wenn ich mich leicht wie ein Vogel fühle, breite ich meine Arme wie Flügel aus und flattere durchs Zimmer!“ und: „Wenn ich traurig bin, dann verkrieche ich mich in mein Bett und ziehe die Decke über beide Ohren!“

Wie geht es eigentlich den anderen?

Nicht nur die eigenen Gefühle werden beim Spielen zunehmend entdeckt und verarbeitet, sondern auch die der anderen. Mit der Zeit lernt ein kleines Kind, dass seine Freunde und Geschwister genau wie es selbst mit unterschiedlichen Stimmungen zu kämpfen haben. So flattert die kleine Schwester heute unbeschwert wie ein Schmetterling durchs Leben, und morgen

nervt sie ihre Familie mit andauernder Nörgelei. Auch bei den Kindergartenfreunden ist nicht immer schön Wetter angesagt. Beim Spielen mit ihnen werden manchmal auch bittere Erfahrungen gesammelt: Heute sind sie zugewandt und freundlich. Morgen sind sie biestig und ausgrenzend. Wer ein gutes Selbstvertrauen hat, lässt sich durch ein abwertendes Urteil seiner Altersgenossen nicht gleich einschüchtern, sondern fühlt sich vielleicht sogar herausgefordert und reagiert erstaunlich cool: „Ist mir doch egal, wenn ihr etwas zu meckern habt!"
In der Regel gewinnt ein Kind im Kindergarten schnell neue Freunde und spürt bald, wie befriedigend es sein kann, sich in einer Gemeinschaft gut aufgehoben zu fühlen: Es tut gut, von anderen akzeptiert zu werden.

Alles bestens: Ist das nur schöner Schein?

Noch im Vorschulalter merkt ein Kind, dass die Gefühle, die andere Menschen nach außen zeigen, nicht unbedingt ihre wahren Gefühle sein müssen. So spürt es vielleicht, dass die Oma trotz der großen Heiterkeit, die sie zur Schau trägt, im Inneren tief traurig ist. Oder es merkt, dass die Eltern bedrückt sind, obwohl sie so tun, als sei die Welt in Ordnung.
Wenn Eltern diesen Prozess der Erkenntnis unterstützen, lernt ein Kind schon frühzeitig, in solchen Situationen aktiv zu werden und auf andere einzugehen. In der Familie, spätestens im Kindergarten erfährt es auch, dass es sich nicht nur spontan ausleben kann, dass seine Bedürfnisse nicht immer sofort und auf der Stelle befriedigt werden müssen, sondern ihm manchmal durch Regeln Grenzen gesetzt sind. Schritt für Schritt lernt ein Kind diese Regeln kennen.

Lernen durch Nachahmung

Mutter und Vater sind von Anfang an ein wichtiges Vorbild für ihre Tochter und für ihren Sohn. Sie werden ganz genau beobachtet und nachgeahmt – schon von den ganz Kleinen. Von den Eltern guckt sich der Nachwuchs ab, wie man mit sich selbst und wie mit anderen umgeht. Mama, Papa, Bruder ... Alle aus der Familie sind spannende Studienobjekte.
Im Alltag ist den Älteren wahrscheinlich kaum bewusst, wie oft sie als Vorbild dienen und wie aufmerksam ihr Verhalten kopiert wird. Mütter und Väter, die ihr Kind beim Spielen beobachten, können deshalb eine Menge über sich selbst erfahren. Denn beim Spielen werden die Familienereignisse nachgeahmt, die der Nachwuchs täglich vor Augen hat.
So tröstet ein Knirps seinen Teddy, so wie er selbst von seiner Mama getröstet wird. Oder er schimpft mit seiner Stoffmaus so, wie seine Mutter mit ihm schimpft, wenn er etwas ausgefressen hat. Oder vielleicht bricht er gern in das gleiche Freudengeschrei aus wie Opa, wenn der im Fernsehen Fußballspiele anschaut.
Das Nachahmen wird mit der Zeit immer präziser – in Tonfall, Gestik, Mimik, schließlich auch Wortwahl. Immer besser können sich die kleinen Geister in andere einfühlen, das Wesen ihrer Mitmenschen erkennen, ihre Sehnsüchte und Bedürfnisse erspüren und ihr Verhalten nachspielen. Irgendwann stöckelt die kleine Tochter be-

reits ziemlich gekonnt in Mamas Schuhen durch den Flur – gleiche Haltung, gleicher Blick wie das große Vorbild. Oder der Sohn schmeißt seine Kindergartentasche so schwungvoll in die Ecke wie der Vater abends seine Aktentasche.

Erfahrungen im Rollenspiel sammeln

Ein Vorschulkind „spielt“ dann schon ganze Geschichten nach, mit der Zeit sogar solche, die schon länger zurückliegen. Mit aufkeimendem Erinnerungsvermögen verwandelt sich das reine Nachahmen in immer komplexere Rollenspiele, die nach dem Motto abgespult werden: „Ich weiß inzwischen, erinnere mich daran, was man in dieser oder jener Situation sagt, denkt, fühlt – und probiere das beim Spielen zusammen mit anderen aus.“

Schlüpfen Kinder in immer neue Rollen, so lernen sie dabei ganz nebenbei neue Verhaltensweisen: sich in eine Gruppe einzufügen, auf andere Rücksicht zu nehmen oder umgekehrt die eigenen Wünsche und Bedürfnisse durchzusetzen. Alles dreht sich unbewusst um die Frage: „Wer bin ich? Wie bin ich?“ Ein Knirps testet seine Selbsterfahrungen, seine Erfahrungen mit anderen Menschen laufend und überprüft sie beim Spielen.

Dabei zeigt sich sein angeborenes Bedürfnis, aus eigenem Antrieb aktiv zu werden, sich mit sich selbst, mit seinem sozialen Umfeld auseinander zu setzen, zunehmend deutlich: Was bestimmt das Leben? Wo tun sich Spielräume auf?

Ein Kind erprobt seine Fähigkeiten, entwickelt Strategien, löst Probleme und lernt laufend dazu. Permanent versucht es im Spiel, seinen Wahrnehmungen auf den Grund zu gehen. Wo sind Zusammenhänge? Auf diese Weise will es herausfinden, wofür seine bisherigen Lebenserfahrungen taugen, will sich selbst und andere immer besser kennen lernen.

Ganz genau wie Papa sein – ein Traum für jeden kleinen „Mann“. Im Nachahmen proben Kinder für ihre Rolle im späteren Leben.

Die eigene Persönlichkeit entdecken

Die soziale Entwicklung läuft in bestimmten Etappen ab: In den Babymonaten lernt ein Kind erst einmal seinen Körper kennen – der erste Schritt zum Selbstbewusstsein und Basis aller weiteren Entwicklung. Wesentlich später, erst um den zwanzigsten Lebensmonat herum, wird es sich zunehmend seiner selbst bewusst. Ein sicherer Hinweis darauf: Es erkennt sich im Spiegel und sucht nicht länger hinter dem Spiegel nach der Person, die es vorher im Spiegel gesehen hat. Ein weiterer Schritt: Das Kind lernt, was es bedeutet, einen Vornamen zu haben. Ein Junge weiß jetzt, dass er Max heißt, und ein Mädchen, dass es Susa heißt.

INFO | VERTRAUEN

Darin sind sich alle Psychologen einig: Jedes Kind braucht in seinen ersten Lebensjahren feste Bezugspersonen, um sich sicher und geborgen zu fühlen. Je feinfühliger sich vertraute Erwachsene auf die Wünsche eines Kindes einstellen, desto eher entsteht eine solide Vertrauensbasis. Ihre Beobachtungsgabe und Intuition hilft den Bezugspersonen, diese Sensibilität zu entwickeln. Ist das Kind ungezwungen fröhlich, geht es begeistert auf Spielanregungen ein, so ist das ein sicherer Hinweis dafür, dass seine Bedürfnisse ausreichend erfüllt werden.

Turbulente Selbsterkenntnis

Im dritten Lebensjahr entdeckt ein Kind das Wörtchen „ich" und die vielen Möglichkeiten, sich selbst auszuprobieren. Gleichzeitig macht es sich langsam auf die Suche nach ersten Freunden. Das gemeinsame Spielen klappt langsam immer besser – vor allem, wenn das Kind Geschwister hat und einen Kindergarten besucht, also geübt ist im Umgang mit anderen.
Im dritten Lebensjahr versteht ein Kind langsam, was „mein" und „dein" heißt, entdeckt nach dem wichtigen Wörtchen „ich" auch seinen eigenen Willen, entwickelt nach und nach ein inneres Bild von seiner Person. Sein Lebensgefühl in dieser Phase: „Ich bin der Nabel der Welt, kann eine Menge, und alle interessieren sich für mich." Der eigene Wille wird nicht nur entdeckt, sondern auch gründlich ausprobiert nach dem Motto „Mal sehen, wie weit ich damit komme!"
Gut für sein Selbstvertrauen, wenn ein Kind die Erfahrung macht, dass seine Vorhaben gelingen: Wenn zum Beispiel der Ball auf dem Tisch genau da liegen bleibt, wo es ihn hingelegt hat. Aber wehe, wenn er vom Tisch rollt und unterm Bett verschwindet, dann ist der Frust groß, denn Misserfolge sind nicht so leicht zu verkraften. Trotz- und Wutanfälle sind jetzt an der Tagesordnung, das Wort „nein" im Dauereinsatz: „Nein, ich will nicht ins Bett!", „Nein, ich trinke die Milch nicht!" Die Entdeckung, dass es Dinge geschehen lassen kann oder auch nicht, vermittelt dem Winzling ein gewisses Machtgefühl. Aber auch hier gibt es große individuelle Unterschiede. Nicht jeder Dreikäsehoch lässt sich in der so genannten Trotzphase

auf Dauerkonflikte und Machtkämpfe mit seiner Familie ein. Außerdem wird das Selbermachen jetzt ganz groß geschrieben: Immer mehr Dinge nimmt ein Kind nun selbst in die Hand. Der Drang, selbstständig zu werden, ist groß. Das „Kann ich allein" spielt eine entsprechend wichtige Rolle: „Ich kann das Handtuch allein zum Trocknen aufhängen, kann meine Hose allein anziehen!"

Weil es durch seine Nachahmungs- und Rollenspiele nach und nach an Sicherheit gewinnt, weil es andere Menschen und ihr Handeln langsam besser versteht, fühlt sich ein Dreijähriges meistens schon ziemlich stark. Das zeigt sich auch darin, dass es besitzen will, was sich in Reichweite befindet: das Auto, die Schaufel, die Bauklötze. Und zwar auch, wenn andere ebenfalls Anspruch erheben. Es will sein neues Ich-Gefühl auf diese Weise stärken. Deshalb häufen sich nun die typischen Sandkastenkämpfe um Schaufel und Eimerchen. Dass ein Kind in dieser Entwicklungsphase nur das eigene Ich gelten lässt, ist auf jedem Spielplatz zu beobachten.

Langsam immer sicherer

Zwischen dem dritten und vierten Geburtstag festigt sich das gerade erwachte Selbstbewusstsein. Mit zunehmender Lebenserfahrung werden die Ziele genauer, die ein Kind anpeilt. So möchte ein Dreijähriges die Welt selbst bewegen und nicht in ihr bewegt werden. Es will vor allem eins: King oder Queen sein, denn etwa um seinen vierten Geburtstag herum fühlt sich ein Kindergartenkind stark genug, um im Spiel mit anderen Bestimmer sein zu wollen. Gern hält es jetzt die Fäden in der Hand, lässt die Puppen, die Mitspieler nach seiner Pfeife tanzen: Der Papa darf beim Zirkusspiel nach Anweisung des Zirkusdirektors als Löwe im Kreis schleichen. Die kleine Schwester die Kranke beim Doktorspiel mimen. Ich bin der Chef, ich sage, wo es langgeht – ein Spiel, das ein Kind innerlich um Zentimeter wachsen lässt und eine wichtige Marke in seiner Entwicklung ist.

Mit zunehmendem Selbstwertgefühl gerät das Leben in ruhigeres Fahrwasser. Die größten Machtkämpfe sind langsam vorbei. Im Kindergarten lernt ein Kind unter Gleichaltrigen, sich auch mit den Augen anderer zu betrachten. Um seinen vierten Geburtstag herum kennt es ein breites Spektrum unterschiedlicher Gefühle und Empfindungen, kann sich auch in andere immer besser hineinversetzen.

Erste Kontaktversuche sind manchmal noch etwas schüchtern, denn Kinder sind sich jetzt noch gar nicht so sicher: Komme ich bei den anderen auch gut an?

ÜBERBLICK: DIE SOZIALE ENTWICKLUNG

Die Tabelle zeigt die durchschnittliche Entwicklung des sozialen Verhaltens und des Selbstbewusstseins. Aber jedes Kind hat sein eigenes Entwicklungstempo. Diese Daten sind deshalb nur eine ungefähre Richtschnur.

Alter	Was Ihr Kind in diesem Alter schon kann oder jetzt bald lernt
Im zweiten Lebensjahr	
Erste Hälfte	Ihr Kind gibt einfachen Bitten nach. Es verabschiedet sich mit „Winkewinke“. Das Kind spielt noch nicht mit, sondern neben Gleichaltrigen. Es interessiert sich für andere Kinder.
Zweite Hälfte	Es beschäftigt sich jetzt manchmal allein. Das Kind orientiert sich am Verhalten anderer (ahmt sie nach).
Im dritten Lebensjahr	
Erste Hälfte	Das Kind erkennt sich im Spiegel. Es benutzt das Wörtchen „ich“. Es verteidigt seine eigenen Spielsachen und will Sachen in Besitz nehmen. Es setzt sich mit anderen auseinander, streitet.
Zweite Hälfte	Es lernt langsam, auf andere zuzugehen, und schließt erste flüchtige Freundschaften. Das Kind beginnt, mit anderen Kindern zu spielen. Es will vieles allein machen (sich waschen, essen). Jetzt isst es schon ganz manierlich. Es hilft – auch beim Aufräumen. Es lernt Verhaltensmuster durch Rollenspiele.
Im vierten Lebensjahr	
Erste Hälfte	Es weiß, was ihm gehört, und will nichts von seinen Dingen hergeben. Es kann sagen, ob es Mädchen oder Junge ist.
Zweite Hälfte	Es mag nicht nur, sondern kann vieles allein machen.
Im fünften Lebensjahr	
	Ihr Kind bedankt sich, begrüßt und verabschiedet andere. Es versteht, dass auch andere Gefühle und Vorstellungen haben. Es kann sich in eine überschaubare Gruppe einfügen. Ihr Kind lernt sich zu wehren – auch mit Worten. Es tröstet andere. Es begreift jetzt, dass andere nicht alles wissen. Es beginnt, sich zu organisieren.
Im sechsten Lebensjahr	
	Das Kind erkennt sich auf „alten“ Fotos. Es weiß, dass an Streit nicht nur andere schuld sind. Es entwickelt Einfühlungsvermögen, kann auf andere zugehen und sich versöhnen. Es entwickelt immer deutlichere Vorlieben und Abneigungen. Es vergleicht sich mit anderen. Ihr Kind diskutiert, um seine Wünsche durchzusetzen.

Das Selbstbewusstsein im Alltag fördern

Den meisten Eltern liegt das Wohl ihres Kindes am Herzen. Sie achten seine Persönlichkeit, ermutigen es zur Selbstständigkeit, helfen ihm, sich körperlich, geistig und emotional zu entfalten. Wer seinem Sohn, seiner Tochter eine gute soziale Entwicklung wünscht, muss zuverlässig und liebevoll auf die kindlichen Bedürfnisse eingehen. Die meisten Mütter und Väter wissen, wo ihr Engagement gefragt ist, wann sie ihre Kinder ermuntern, wann sie Grenzen setzen sollten. Ein zuverlässiger Helfer dabei: ihre Intuition. Darauf vertrauen viele Mütter und Väter zu Recht.

Die Basis: Liebe und Vertrauen

Ein Kind, das geborgen aufwächst, sich kompetent fühlt und leistungsfähig ist, verfügt über das gute Selbstvertrauen, das es braucht, um im Leben zu bestehen. In der Regel kommt es so mit sich selbst und mit anderen Kindern klar. Sein wichtigster Spiegel: seine Mitmenschen, vor allem natürlich seine Vertrauten, denn ein Gefühl für seine Individualität und Existenz gewinnt ein Kind in erster Linie durch die Art, wie seine Eltern mit ihm umgehen. Interessieren sich Mutter und Vater für seine Belange, fragen sie nach, hören sie zu, mischen sie sich ein und lassen ihrem Kind dennoch gleichzeitig viel Spielraum, ist das eine wichtige Selbsterfahrung für ihren Sprössling – eine gute, sichere Basis, um sich vertrauensvoll vorzuwagen und selbstständiger zu werden, denn das Kind weiß: Auf die Zuverlässigkeit seiner Vertrauenspersonen ist Verlass.

Spielerisch ausgedrückt

Weil ein Knirps, egal ob zwei oder sechs Jahre alt, das nachspielt, was ihn innerlich umtreibt, sind seine Spiele oft Ausdruck seiner seelischen Befindlichkeit: Bedrückende oder aufregende Erlebnisse und emotionale Konflikte werden dabei verarbeitet. Wer genau hinschaut, kann so eine Menge über das Seelenleben seines Kindes, über seine Freuden und Nöte erfahren, ohne groß fragen zu müssen. Auch deshalb ist es wichtig, dass Eltern ihrem Kind Möglichkeiten zum Spielen geben. Vielleicht können sie ab und zu eine Nebenrolle übernehmen, hier einen Zirkuslöwen spielen, dort einen Arzt – darüber hinaus sind Eltern beim Spielen ziemlich entbehrlich. Denn Kinder fördern, das kann manchmal auch heißen: Spielende in Ruhe zu lassen, damit sie ihre Vorhaben langsam entwickeln können.
Die elterliche Rolle sollte in erster Linie darin bestehen, dem Nachwuchs die nötige Muße zu verschaffen – die Zeit und die Ruhe, die für intensives Spielen gebraucht

TIPP | AUFMERKSAM SEIN

Beobachten Sie Ihr Kind. Nur so finden Sie heraus, was es fühlt. Kleine Kinder können ihre Ideen, Sehnsüchte, Freuden und Nöte noch nicht mit Worten ausdrücken. Es ist wichtig für einen Knirps, dass sich jemand die Mühe macht, genauer hinzuschauen, um ihn besser zu verstehen.

werden. An dieser Muße – früher eine Selbstverständlichkeit im Kinderleben – mangelt es heute oft, weil viele Kinder schon im Vorschulalter unter Zeitdruck und Terminzwang stehen.
Beim Spielen daheim kann ein Kind viele nützliche Erfahrungen sammeln. Aber nur in Ruhe zu Hause sitzen und spielen ist auch nicht das Nonplusultra. Ein Zwei-, Drei-, Vier-, Fünfjähriges muss ebenso unter Leute kommen, außerhalb der Familie Lebenserfahrungen sammeln können. Deshalb ist es wichtig, auf dem Spielplatz mit anderen um die Schaukel zu ringen, einen Freund zu Hause zu besuchen und ein anderes Familienklima kennen zu lernen, die Elefanten im Zoo zu besuchen und beim Einkaufen Leute zu beobachten. Eltern sollten also ihrem Kind einerseits genug Ruhe und Muße zum Spielen verschaffen, andererseits Erlebnisse und Aktivitäten organisieren – um so eine vernünftige Balance zu erreichen.

Strümpfe an: Wenn immer mehr Alltagsdinge im Alleingang klappen, macht das Kleine froh und selbstbewusst.

Im Mittelpunkt des Geschehens

Bis ins Schulalter hinein glauben Kinder, sie seien der Nabel der Welt. Sie haben eine egozentrische Vorstellung vom Leben. Ein Beispiel, welches das kindliche Denken verdeutlicht: „Wenn ich hinter einem Ball herlaufe, der über die Straße rollt, sieht der Autofahrer mich auch.“ Ein Kindergartenkind kann sich noch nicht in die Sichtweise eines anderen versetzen. Im Vorschulalter erwirbt es diese Fähigkeit nach und nach – eine Phase, in der es langsam lernt, mit sich selbst und mit anderen immer besser in Einklang zu kommen und seinen Platz zu finden.

Lernen, mit Frust umzugehen

Ein Vorschulkind muss mit einer hektischen, komplizierten Welt fertig werden. Seine alltäglichen Belastungen lassen sich nicht immer reduzieren. Deshalb ist es hilfreich, ihm zu zeigen, wie es mit Anforderungen am besten umgehen kann. Umsicht mit dem eigenen Körper, mit den eigenen Gefühlen kann ein Kind frühzeitig lernen. Und wie?
Es hat wenig Zweck, Kindern mit Bewältigungsstrategien oder Entspannungskursen zu kommen, die ihnen fremd oder abgehoben erscheinen, nichts mit ihrem alltäglichen Leben zu tun haben. Erfolgversprechender: an Vertrautes anknüpfen. Den

Sohn, die Tochter zum gemeinsamen Träumen, Fantasieren, Spielen animieren. Kinder können sich total in eine Sache vertiefen, dabei völlig abschalten und so neue Kräfte tanken. Und manchmal hilft eben auch nur Weinen und Schimpfen. Jedes Kind bewältigt Stress auf seine eigene Art. Das eine will unbedingt getröstet werden und sehnt sich nach Nähe, das andere zieht sich lieber eine Weile zurück.

Wie Eltern helfen können

Mit den folgenden Vereinbarungen können Sie die Zufriedenheit Ihres Kindes im Alltag fördern:

➤ Sorgen Sie für einen regelmäßigen Tagesablauf. Strukturieren Sie den Tag mithilfe liebevoller Rituale: Wer nach Hause kommt, wird liebevoll begrüßt, wer geht, freundlich verabschiedet. Und abends gibt es das immer gleiche Gute-Nacht-Lied.

➤ Begrenzen Sie die Fernsehzeit.

➤ Reden Sie häufig miteinander, üben Sie mit Ihrem Kind das Zuhören.

➤ Respektieren Sie die Intimsphäre Ihres Kindes. Jeder Mensch braucht ein Plätzchen für sich in der Wohnung.

Trotz aller elterlichen Bemühungen läuft das Leben nicht immer so, wie es sich ein Kind wünscht. Mancher Knirps ist ab und an gestresst, weil er nicht gelernt hat, auf die Erfüllung seiner Wünsche auch einmal zu verzichten oder zu warten. Aber nur wer fähig ist, die Erfüllung eigener Wünsche auch einmal aufzuschieben – Psychologen bezeichnen diese Eigenschaft als Frustrationstoleranz –, kommt auf Dauer zurecht. Damit ein Kind diese Fähigkeit entwickeln kann, sollten Eltern ihm nicht jeden Wunsch von den Augen ablesen.

Groß und Klein im Verein

Natürlich ist es nicht schlecht, wenn sich Eltern am Spiel beteiligen, aber noch mehr Spaß macht es, mit anderen Kindern zu spielen. Die Kleinen nehmen sich dabei die Großen zum Vorbild, denn die können das, was man selbst noch nicht beherrscht: zählen. Erste Wörter schreiben. Vorlesen. Allein zum Einkaufen gehen ... Es gibt eine Menge Gründe, Ältere zu bewundern. Aber auch die Jüngeren spüren, wie wichtig sie für die Großen sind. So holen sich die Älteren bei den Jüngeren gern eine Portion Bewunderung, denn auch wenn sie schon fünf, sechs Jahre alt sind, finden sie es ab und zu himmlisch, noch einmal bei „Babykram" mitzumischen.
Für Eltern heißt das: Ihr Kind profitiert davon, ältere und jüngere Freunde oder Geschwister um sich zu haben. So auch im Kindergarten: Es lernt hier Kinder aus anderen familiären Umfeldern kennen, aus anderen Kulturen und Religionen. Von dieser Vielfalt profitiert es: Es imitiert, was andere in der Gruppe ihm zeigen. Vergleicht sich. Lernt Verhalten abzulehnen, das ihm nicht gefällt, eigene Ideen zu entwickeln und Vorstellungen zu vertreten. Hier muss sich ein Kind in der Gruppe zurechtfinden – das ist vor allem für Einzelkinder sehr wichtig: Jetzt muss auch das Teilen gelernt werden. Zusammen mit anderen übt ein Kind, zu kommunizieren und sich auf seine Altersgenossen einzustellen. So merkt ein zurückhaltendes Kind bald, dass es auf andere zugehen muss, wenn es Mitspieler sucht. Und ein wildes Kind lernt, dass es sein Temperament dann und wann zügeln muss.

Fragen & Antworten

1 Unser zweijähriger Sohn war bislang recht verträglich, aber neuerdings flippt er bei jeder Kleinigkeit aus und brüllt uns ein „Nein“ entgegen. Was können wir gegen seine Wutattacken tun?

Wenn ein Kind stabil auf seinen Beinchen steht, sich mit Worten schon ziemlich gut ausdrücken kann und als Zweijähriges gerade seinen eigenen Willen und das Wörtchen „ich“ entdeckt hat, möchte es endlich wie ein Großer behandelt werden, und das heißt: Es will zu Hause mitbestimmen, besser noch ganz das Sagen haben und seinen Dickkopf in allen Belangen durchsetzen.
Jetzt interessiert: Wer sitzt am längeren Hebel? Verständlich, dass es nun vermehrt zu Konflikten in der Familie kommt. Um sich selbst zu erproben, um den eigenen Radius zu erweitern und die Erwachsenen und ihre Standfestigkeit auszutesten, werden gewagte Spielchen nach dem Motto erprobt: „Mal gucken, wie weit ich gehen kann!“ Das so genannte Trotzalter hat begonnen (siehe Seite 216).
Eltern können vorsichtig gegensteuern, indem sie zum einen Machtkämpfen aus dem Weg gehen. Das heißt in der Praxis: Spitzt sich eine Situation zu, möglichst schon im Vorfeld ablenken und damit einem Wutanfall ausweichen und nicht gegenhalten mit einem: „Ich sitze hier immer noch am längeren Hebel!“ Gelassenheit und Humor sind jetzt die besten Ratgeber. Später, wenn sich die Wogen geglättet haben, auf das ursprüngliche Anliegen unaufgeregt wieder zurückkommen. Auf Dauer nicht locker lassen, die Ziele nicht aus den Augen verlieren, die einem unabdingbar erscheinen. Bleiben die Eltern gelassen, letztlich aber berechenbar bei ihrer Linie, wird dem aufmüpfigen Nachwuchs der Machtkampf schließlich langweilig, weil alle Attacken ins Leere stoßen. Damit glätten sich die Wogen langfristig wieder. Außerdem wichtig: einem Kind immer wieder Möglichkeiten bieten, seinen Willen auf weniger anstrengende Weise zu erproben, ihm auch ausreichend Freiheiten und Spielräume lassen, zum Beispiel bei Tobe- und Wettspielen, beim Sport. So kann es die Selbsterfahrungen sammeln, um die es eigentlich geht.

2 Unsere fast dreijährige Tochter möchte, dass wir uns ständig mit ihr beschäftigen. Wenn wir mit ihr spielen, ist das aber auch nicht recht, dann heißt es dauernd: „Kann ich allein!“ Was hilft?

Schon ab dem ersten Geburtstag strebt ein Kind langsam nach mehr Selbstständigkeit, auch wenn es Mama und Papa noch intensiv braucht. Anderthalb bis zwei Jahre später macht es einen großen Schritt vorwärts, denn jetzt entdeckt es: „Ich habe einen eigenen Willen!“ Gleichzeitig findet es, meist mit Eintritt in den Kindergarten, erste Freunde.
In dieser Phase großer Veränderungen schlägt ein Kind sich mit widersprüchlichen Gefühlen herum und gerät leicht aus dem inneren Gleichgewicht. Es entdeckt seine Selbstständigkeit, seinen Freiheitsdrang und will erste Schritte in Abenteuer wagen, denn es ist auf der Suche nach Herausforderungen. Trotzdem will es aber seine Eltern in der Nähe und um sich haben. Es genießt ihre Fürsorge, ihren Schutz – das Gefühl von Geborgenheit. Ein Dreijähriges schafft es noch nicht, dieses Sowohl- als- auch behutsam auszutarieren. Noch unfähig, die Balance zwischen seinen widerstreitenden Empfindungen zu halten, braucht es einfühlsame Eltern, die ihm dabei helfen. Das tun sie auch, gehen mit, sind aber oft

ebenso hin- und hergerissen. Einerseits braucht ihr Kind Regeln, Grenzen und Erklärungen. Der Halt, den sie bieten, schützt es vor Überforderung. Andererseits braucht es Freiheiten, Spielräume, um sich auszuprobieren. Wird es mit Sprüchen wie „Das ist noch nichts für dich!" oder „Du bist noch viel zu klein!" gestoppt, wird sein Horizont stark eingeengt. Seine Eltern sollten ihm Mut machen, Neues auszuprobieren, zeigen, dass perfekte Ergebnisse weniger wichtig sind als Freude am Experimentieren.

Mütter und Väter müssen auch hier die Balance halten. Egal in welchem Entwicklungsstadium sich ihr Kind gerade befindet, immer wieder besteht für sie das Kunststück darin, einen vernünftigen Mittelweg zwischen Loslassen und Halten zu finden, wenn sie ihr Kind optimal fördern wollen.

3 *Unfreiwilliges Alleinsein nervt viele Große: Geht das Kindern ebenso?*

Natürlich bereichern Freunde ein Kind vom Kindergartenalter an, denn im Team mit seinen Altersgenossen sammelt es wichtige Selbsterfahrungen und lernt soziales Verhalten. Andererseits ist das Alleinsein eine Ruhepause, um Kraft zu schöpfen. Der Drang, auch mal allein zu sein, ist ein ebenso grundlegendes menschliches Bedürfnis wie der Wunsch nach sozialem Kontakt. Dieser Wunsch wird allerdings von vielen jungen Eltern oft übersehen, weil er heute nicht „in" ist: In unserer heutigen Zeit wird Unternehmungsgeist und dauernde Aktivität großgeschrieben. Aber nur wenn ein Kind häufiger Zeit für sich ganz allein, für seine ureigenen Spiele hat, kann es auf Dauer ein stabiles Selbst entwickeln. Das Allein-sein-Können ist Voraussetzung für seelisches Wachstum, für Selbstbewusstsein und Selbstregulierung. Wer nicht lernt, das Alleinsein ab und an zu genießen, kann auf die Dauer unzufrieden und unglücklich werden. Wenn Ihr Kind schon frühzeitig über diese innere Stärke verfügt und das Bedürfnis nach Kontakt in Einklang mit Auszeiten bringt, hat es gute Startchancen ins Leben.

4 *Unserer Tochter mangelt es an Selbstvertrauen. Was können wir tun, um ihr Selbstwertgefühl zu stärken?*

Eltern stärken die Selbstsicherheit ihres Kindes, wenn sie ihm zeigen, dass sie es für liebenswert, kompetent und leistungsfähig halten. Deshalb bitte nicht vorrangig seine Schwächen bemängeln, sondern seine Stärken hervorheben, selbst wenn diese nicht unbedingt nach dem Wunsch der Eltern sind, ihnen vielleicht nicht wichtig erscheinen.

Von Kindheit an ist der Glaube an sich selbst und an die eigenen Kräfte eine wichtige Voraussetzung für eine gesunde Entwicklung. Ein positives Selbstbild ist darüber hinaus die Basis für soziale Kompetenz. Kinder, die mit sich selbst, so wie sie im Leben stehen , ganz einverstanden sind, vertragen sich besser mit Gleichaltrigen, lernen frühzeitig Kompromisse einzugehen, ihre Vorstellungen mit anderen im Team zu verwirklichen – Kontakte zu Gleichaltrigen im Kindergarten oder auf dem Spielplatz unterstützen diese Entwicklung.

Sie können die Selbstsicherheit Ihres Kindes außerdem stärken, indem Sie es zum Toben und Turnen animieren. Erklimmt es ohne Hilfe ein Klettergerüst, so gewinnt es Sicherheit und das Gefühl, Hindernisse zu überwinden, und traut sich etwas zu. Auch andere Erfolgserlebnisse tun gut, die zum Beispiel beim Helfen im Haushalt gesammelt werden.

Spielend sich und andere kennen lernen

Sich selbst betrachten, aus einer gewissen Distanz wahrnehmen und so mehr Klarheit gewinnen – was vielen Erwachsenen nicht gegeben ist, soll einem Kind schon gelingen können? Es ist einen Versuch wert, das Selbstbewusstsein mithilfe altbewährter, beliebter, aber auch neuer Spiele zu stärken – mit Spielen, bei denen ein Kind mitfühlt und -denkt. Und dabei sich selbst und andere ein Stückchen besser kennen lernt, erste wichtige Selbsterfahrungen und soziale Erfahrungen sammelt. Wer seinen Blick früh schärft, gewinnt an Einfühlungsvermögen und begreift bald besser, was sich zwischen Menschen abspielt.

Den eigenen Körper entdecken

Es ist ein Abenteuer für jedes Kind, die eigenen Kräfte auszuloten und zu begreifen: Von Kopf bis Fuß bin alles das – ICH! Die folgenden Spiele helfen, ein Gefühl für den eigenen Körper zu entwickeln.

Das bin alles ich

■ *ab 18 Monate*

Wenn es weiß, dass es selbst eine Menge Dinge in Bewegung setzen kann, macht einem Kleinkind das Spielen doppeltes Vergnügen in dem Gefühl: Einfach großartig, was ICH so alles kann. Ich bin derjenige, der den Stuhl verrückt. An den Radioknöpfen dreht. Die Topfdeckel aus dem Küchenschrank räumt. Die Bücher aus dem Regal zieht. Die Schublade aufzieht. Stundenlang kann ein kleiner Maxe ausprobieren, was er bewirken kann. Immer neue Abenteuer tun sich auf, wenn man mit ihm an der Hand durch die Wohnung schlendert, ihn auf dieses und jenes aufmerksam macht, um ihn dann sich selbst zu überlassen. Mal schauen, was er mit der Lust, sich und seine Kräfte zu erproben, anfängt.

Im Sand suhlen

■ *ab 2 Jahre*
Ein Sommerspiel für den Strand

Wer lässt sich teilweise von anderen im Sand eingraben? Wie viel Spielraum bleibt noch unter der sandigen Decke, um sich zu bewegen? Wie entkommt man dem sandigen Gefängnis schnell wieder?

Grashüpfer

■ *ab 2 Jahre*
Ein Sommer- oder Herbstspiel im Garten
Material: Heu oder Gras

➤ Sich einbuddeln in einem Haufen Gras. Oder in einem Batzen Heu. Oder in aufgeschütteten Herbstblättern.
➤ Plötzlich aufspringen und das Gras (das Heu, die Blätter) abschütteln.
Eine Variante:
Andere mit frisch gemähtem Gras bewerfen. Bei solchen Spielen lernt ein Kind lustvoll, sich selbst zu erspüren, sich frei und ungehemmt zu bewegen.

TIPP | VORBILDER

Allein durch die Art, wie seine Eltern mit ihm umgehen, wie sie die Beziehung zu ihm gestalten, lernt ein Kind schon von Anfang grundlegende soziale Verhaltensweisen: beim Schmusen, Reden, Spielen und bei alltäglichen Ritualen wie dem Abschiedskuss ebenso wie bei gemeinsamen Unternehmungen oder wenn sie andere Personen beobachten können (Nachbarn, Freunde, Verwandte).

Spiegelspiele

■ *ab 2 Jahre*
Material: Spiegel, Lippenstift

Wenn Ihr Kind das Wörtchen ICH entdeckt, beginnt es auch, sich im Spiegel zu erkennen.

➤ Ein Test um auszuprobieren, ob es schon so weit ist: Sie tupfen Ihrem Kind einen roten Punkt auf die Stirn.

➤ Es schaut in den Spiegel. Ein Kleinkind wird auf den Spiegel deuten und auf der Spiegeloberfläche nach dem roten Fleck suchen. Ein älteres, das schon ein Stück weiter in seiner Entwicklung ist, wird an seine Stirn fassen: Klar, da ist der Punkt!

Ich sage, wo's langgeht!

■ *ab 3 Jahre*
Material: Plastiktiere, Zettel, Stifte, Küchenwaage, verschiedene Spielsachen, Ärztekoffer, Handpuppen

In Rollenspielen werden die ganz normalen Alltagserfahrungen verarbeitet. Ganz wichtig dabei: Das Kind will selbst bestimmen, was zu geschehen hat, darf mächtig wie die Großen sein, kann tun, was sonst nur die Erwachsenen tun: Auto fahren. Zur Bank gehen. Der Doktor sein. Wenn überhaupt, sind Eltern hier nur zu gebrauchen, wenn sie sich vorschreiben lassen, was zu geschehen hat. Klassische Rollenspiele sind: Kaufladen-, Doktor-, Handpuppen- und Bauernhofspiele.

Mutproben

■ *ab 4 Jahre*

➤ Auf einer Mauer stehen und hinunter springen? Das fällt gar nicht so leicht, vor allem, wenn die Mauer etwas höher ist.

Andere Möglichkeiten: von der Treppe springen oder auf einen Baum klettern.
➤ Noch spannender: Um die Wette springen – wer springt höher, weiter?

Mein Bauch

■ *ab 4 Jahre*
Material: Faschingsschminke, Spiegel

➤ Schminken Sie ein Gesicht auf den Kinderbauch: mit großen, runden Kulleraugen und langen Wimpern, einer Stupsnase, lächelndem Mund und roten Wangen.
➤ Sie betrachten gemeinsam in einem großen Spiegel das Werk und überlegen zusammen: „Zwei Gesichter – eins oben, eins unten – wer, was, wo bist du?“ Das Spiel bietet Gelegenheit, darüber zu sprechen – und zu lachen, denn das Bauchgesicht verändert sich bei Bewegung.

Selbstbildnis

■ *ab 5 Jahre*
Material: Spiegel zum Aufstellen, Stifte, Papier

➤ Einen Blick in den Spiegel werfen und dazu folgendes Gedicht aufsagen:
Wenn ich morgens früh aufsteh
und in meinen Spiegel seh,
fang ich an zu lachen,
was sind denn das für Sachen?
Mein Spiegelbild lacht ebenfalls,
wäscht sich gleich wie ich den Hals.
Mit mir putzt es die Zähne
und gähnt, wenn ich noch gähne.
Hab ich genug und dreh mich um,
dann wird der Spiegel leer und stumm.

➤ Dabei das eigene Gesicht im Spiegel studieren, lange und gründlich anschauen: „Welche Form hat mein Gesicht – eher rundlich oder spitz? Wie sehen meine Augen aus?“
➤ Zu zweit, zu dritt in den Spiegel gucken und nach Ähnlichkeiten mit anderen Familienmitgliedern suchen oder Unterschiede beschreiben.
➤ Ein Selbstbildnis versuchen. Nicht einfach, genau das aufs Papier zu bringen, was man im Spiegel zu sehen bekommt. Je mehr Mitspieler sich an diesem Experiment gleichzeitig versuchen, um so lustiger wird es für alle.

Ganz die Eltern

■ *ab 5 Jahre*
Material: Badeschaum, Spiegel

Wenn sich Papa morgens rasiert, schaut der Sohn fasziniert zu: „Muss ich das später auch machen?“ Mit (Bade-) Schaum im Gesicht wird nachgemacht, was der Papa morgens vormacht.
Wie ein richtiger Mann fühlt sich ein Fünfjähriger, wenn er den Schaum wie beim Rasieren mit einem Hölzchen abkratzt und dabei in den Spiegel schaut: „Ich gleiche dem Papa!“ Dass er anders ist als Mutter und Schwester, ist einem Jungen in diesem Moment sehr bewusst.
Variante für die Mädchen:
Zuschauen, wenn die Mama sich schminkt oder frisiert, nachspielen, was sie vormacht. Übrigens lassen sich aus steifem Badeschaum auch fantasievolle Perücken und Kopfbedeckungen formen: Spitzhelme, Wuschelköpfe und Turmfrisuren.

Eigene und fremde Gefühle erkennen

Die eigenen Gefühle und die Empfindungen anderer wahrzunehmen: Das ist selbst für Erwachsene manchmal rätselhaft – und erst recht ein unwägbares Abenteuer für Kleine. Die folgenden Spiele helfen Kindern dabei.

Wenn ich fröhlich bin

■ *ab 3 Jahre*
Material: Stifte, Papier

➤ Sie erzählen von Ihren eigenen Stimmungen und Launen: wie sich bei Ihnen schlechte oder gute Stimmung zeigt, was Sie in besonders gute Laune versetzt, was Sie eher nervt ... Vielleicht wird das mit einem Gedicht wie dem folgenden noch anschaulicher:
Wenn ich fröhlich bin,
lach ich alle an,
weil ich mich leiden kann.
Ich tobe, singe, spiele was,
und mach mit allen Leuten Spaß.
Wenn ich traurig bin,
schau ich keinen an,
weil niemand mich verstehen kann.
Ganz alleine will ich sein
Und weine leis in mich hinein.
➤ Zeichnen Sie dazu verschiedene gut gelaunte Punkt-Punkt-Komma-Strich-Gesichter auf: Mundwinkel jeweils nach oben. Weiß Ihr Kind, wie schlecht gelaunte Gesichter aussehen?
Für Ältere:
Wer erzählt von seinen eigenen Stimmungen und Gefühlen, wer kann sie den anderen beschreiben?

Die rotweißen Clowns

■ *ab 4 Jahre*
Material: rote und weiße Schminke

Zwei stehen einander gegenüber, schauen sich tief in die Augen. Dann verwandeln sich beide gleichzeitig in Clowns, schminken sich gegenseitig eine rotweiße Maske und lernen dabei das Gesicht des anderen genau kennen: schmale oder breite Nase? Lächelnde Augen oder neugierige? Welche Gefühle kann man in den Gesichtern ablesen? Ein Spiel ohne viele Worte.

Der Urschrei

■ *ab 4 Jahre*
Ein Spiel für draußen

Am Strand lässt es sich gut spielen, weitab von allem Getriebe. Oder auf einer großen Wiese. Jeder schreit so laut er kann, schreit einfach voller Kraft drauflos.

Die traurige Schnecke

■ *ab 5 Jahre*
Material: ein großes Kissen

Ein Kind spielt die Schnecke: Sie ist traurig, zieht sich in ihr Schneckenhaus zurück – unter ein großes Kissen. Ein zweites Kind versucht, die Schnecke aus ihrem Schneckenhaus herauszulocken. Wer kann sich in die Gefühle einer traurigen Schnecke hineinversetzen? Wer findet Wege, um sie wieder auf Trab zu bringen?

Wie es drinnen aussieht ...

■ *ab 5 Jahre*
Ein Spiel für drei, vier Mitspieler

➤ Alle versuchen, durch Mimik und Gestik den anderen ihre Gefühle zu zeigen.
➤ Der Jüngste beginnt: Ist er müde, legt er sich lang, streckt vielleicht alle viere von sich. Die Mitspieler imitierten ihn und versuchen dann nacheinander zu zeigen, wie ihnen selbst zumute ist.
➤ Wer schaut genau hin, kann seine eigenen Gefühle ausdrücken und nachvollziehen, was andere empfinden?

Der Gute-Laune-Tanz

■ *ab 5 Jahre*
Material: Radio oder Kassettenrekorder

Jeder Mitspieler versucht, ein positives Gefühl wie Freude oder gute Laune beim Tanzen nach Musik auszudrücken. Und wie kann man Gefühle wie Wut oder Trauer tanzend ausdrücken? Jeder hat da seine ganz eigene Art.

Ist Rot die Freude?

■ *ab 5 Jahre*
Material: bunte Stifte, Papier

➤ Sie erzählen eine Geschichte von einer traurigen Katze, einem fröhlichen Hund – eine Geschichte, in der es um viele verschiedene Gefühle geht.
➤ Ihr Mitspieler zeichnet mit, drückt durch verschiedene Farben aus, was Sie erzählen. Wenn von einer traurigen Katze die Rede ist, zeichnet er eine schwarze Katze. Wenn der fröhliche Hund auftaucht, wird zum roten Stift gegriffen, oder doch lieber zum gelben?
Eine Variante:
Sie geben die beiden Hauptpersonen für eine Geschichte vor: das kleine Rot und das große Blau. Ihr Mitspieler denkt sich aus, was die beiden erleben und in welcher Stimmung sie was erleben.

Spiegelbilder

■ *ab 5 Jahre*

Zwei Spieler sitzen einander gegenüber. Der jüngere beginnt: Tut so, als sei er schrecklich traurig oder voller Freude oder bester Dinge – und alles, ohne dabei einen Ton zu sagen. Sein Gegenüber versucht ihn nachzumachen, die gleichen Gefühle zu zeigen. Gelingt es, die verschiedenen Gefühle mithilfe von Mimik und Gestik darzustellen?

Andere Menschen beobachten und wahrnehmen

Ihr Kind lernt gerade erst, seine Mitmenschen wahrzunehmen. Die folgenden Spiele schulen seine Beobachtungsgabe bei diesem anspruchsvollen Tun.

Zwei tiefe, blaue Seen

■ *ab 1 Jahr*

Ein zärtliches Spiel für Große und Kleine: Ein Großer geht mit seinem Zeigefinger im Gesicht eines Kindes wie in einer Landschaft spazieren, umrundet mit seinem Finger erst das linke, dann das rechte Auge und beschreibt die Augen als zwei wunderschöne Seen zwischen Hügeln. Dann wandert er über den Nasenrücken zum Kinn, entdeckt dabei neue Landschaften: sanfte Hügel, weite Wiesen ...
Für Ältere:
Später werden die Rollen getauscht. Jetzt geht das Kind mit seinem Finger im Gesicht von Mutter oder Vater spazieren und versucht, es als Landschaft zu beschreiben.

Schau mir in die Augen

■ *ab 3 Jahre*
Ein Familienspiel

Der Jüngste aus der Runde wandert von einem Familienmitglied zum anderen, schaut jedem tief in die Augen und sagt, welche Farbe die Augen haben, in die er schaut. Die anderen zählen mit, von welcher Farbe es wie viele Augenpaare gibt: „Zweimal blaue Augen, einmal braune, einmal graue ...“

Steckbrief

■ *ab 3 Jahre*

Der jüngste Mitspieler stellt sich mitten in den Raum. Die anderen beginnen reihum damit, ihn zu beschreiben: Körpergröße, Haarfarbe, Augenfarbe, die Kleidung, Gesicht, Ähnlichkeiten mit anderen. Ein Spiel, das dem Kind, das im Mittelpunkt steht, eine Ahnung davon vermittelt, wie andere es sehen.

Im Labyrinth

■ *ab 5 Jahre*
Ein Spiel für vier oder mehr Kinder
Material: Augenbinde

Alle verteilen sich auf der Spielfläche. Einem Kind werden die Augen verbunden. Es muss seinen Weg blind durch ein möglichst leeres Zimmer finden. Man kann natürlich auch draußen auf einer Wiese spielen. Die anderen helfen: Sie hüsteln, wenn das Kind sich einem Hindernis nähert, und summen, wenn alles frei ist und es direkt auf sein Ziel zusteuert. Hierbei geht es um das Vertrauen in die anderen.

Ich imitiere dich!

■ *ab 5 Jahre*

Je mehr bei diesem Spiel mitmachen, desto besser. Einer spielt einen anderen Menschen nach, den alle kennen. Wer findet heraus, wer gemeint ist?

Beziehungen knüpfen, erste Freunde finden

Erste Freunde gewinnen, sich an neue Bekanntschaften herantasten – das Interesse an Gleichaltrigen ist erwacht, und Kinder üben immer wieder, Beziehungen zu anderen Kindern einzugehen.

Wenn die Luftballons tanzen

■ *ab 4 Jahre*
Ein Spiel für drei oder mehr Spieler
Material: möglichst große runde Tischdecke, 3 Luftballons

➤ Sie legen eine Tischdecke auf den Boden, darauf drei pralle Luftballons.
➤ Das Tuch zu dritt oder viert hochnehmen, dabei die Ballons auf und nieder hüpfen und tanzen lassen.
➤ Gar nicht so einfach für kleine Kinder, sich auf die Mitspieler einzustellen und sich im Gleichtakt mit ihnen zu bewegen.

Zusammenhalten

■ *ab 4 Jahre*

Alle, die mitspielen, legen sich bäuchlings auf den Boden und stecken die Köpfe zusammen. Dabei werden wichtige Fragen besprochen: „Warum habe ich mich vorhin über die Mama geärgert?" oder „Warum ist heute ein besonders schöner Tag für mich?"

Doppelbilder

■ *ab 5 Jahre*
Material: Stift, Zeichenpapier

Zwei Kinder sitzen nebeneinander am Tisch, zeichnen zusammen mit einem Stift ein Bild und staunen, was sie gemeinsam zustande bringen.
Wer übernimmt die Führung und setzt sich durch? Wer passt sich an? Schwierig: Die beiden Zeichner müssen versuchen, sich so zu einigen, dass beide gleichermaßen den Ton angeben.

Morsezeichen

■ *ab 5 Jahre*
Ein Spiel für vier oder mehr Spieler
Material: ein Würfel

➤ Alle liegen nebeneinander auf dem Boden und halten sich an den Händen. Am

TIPP | DER ERSTE FREUND

Ein Kuschelbär, Stoffhase oder Plüschlöwe ist oft der erste Freund eines Kindes. Ihm kann es alles erzählen – selbst die verrücktesten Geschichten versteht er. Er macht immer genau das Richtige: Tröstet, wenn man Trost braucht. Macht allein durch sein Dasein Mut, wenn man eine Ermutigung braucht. Bewundert. Beschützt. Bedauert ... Von dem Teddy kann ein Kind alles haben, ihm kann es alles anvertrauen, was ihm durch den Kopf geht – auch alle Probleme, die man mit Eltern, Geschwistern oder Freunden hat.

Ende jeder Reihe sitzt ein Spielleiter mit Würfel. Er würfelt, ohne dass die anderen das Ergebnis sehen können.

➤ Wirft er eine Eins, gibt er die Eins per Händedruck an seinen Nachbarn weiter, dieser an den Nächsten und so weiter. Wirft er eine Sechs, die Sechs. Der letzte Mitspieler sagt, welche Zahl bei ihm angekommen ist.

➤ Bei diesem Spiel bekommen Kinder ein Gefühl dafür, wie Kontakt entstehen kann.

Ich vertraue euch!

■ *ab 5 Jahre*
Ein Spiel für vier oder fünf Kinder

➤ Alle bilden einen Kreis. Einer stellt sich mit geschlossenen Augen und stocksteif in die Kreismitte.

➤ Dann lässt er sich zur Seite, rückwärts oder vorwärts fallen. Die anderen fangen ihn auf. Ein Spiel, das Vertrauenssache ist.

Der Tausendfüßler

■ *ab 5 Jahre*
Ein Spiel für draußen und für sechs Kinder Material: 6 große Stofflaken, Klebeband, Faden, Schere, 6 Stöcke

➤ Die Laken zurechtschneiden und mit Klebeband so zusammenheften, dass eine riesige Plane entsteht.

➤ In die Plane sechs etwa gleichlange Stöcke einbinden – jeweils in der Mitte zwischen zwei Nahtstellen.

➤ Die sechs Kinder verschwinden unter der Plane, jeder nimmt einen Stock in die Hand, hält die Plane damit hoch. Dann läuft der lange Wurm los. Der Erste in der Reihe gibt Weg und Tempo vor.

TIPP | ICH BIN DU

Den eigenen Horizont erweitern und deshalb einfach mal in eine andere Haut schlüpfen – ein Lieblingsspiel kleiner Kinder. Beim Spielen wollen sie die Rollen tauschen, Erwachsene imitieren – noch vor dem zweiten Geburtstag sind Kinder Meister im Nachahmen. Wollen reden, sich anziehen, sich bewegen, sich schminken wie die Großen. Und ab dem vierten Geburtstag das Sagen haben wie die Erwachsenen (siehe Seite 217).

Regeln kennen lernen und akzeptieren

Regeln bestimmen das ganze menschliche Miteinander: Was gilt wo – das muss jeder lernen, der mit anderen auskommen möchte. Im Spiel lernen Kinder erste Regeln im Umgang miteinander.

Kullerball

■ *ab 2 Jahre*
Material: Ball

Die Kleinsten lernen bei diesem Spiel eine erste, ganz einfache Spielregel – sich den Ball zuzuspielen: Zwei Spieler sitzen mit gespreizten Beinen einander gegenüber auf dem Boden, kullern einen Ball hin und her.
Für Ältere:
Wer den Ball anstößt, muss dabei einen Jungennamen nennen, wer ihn auffängt, einen Mädchennamen. Kein Name darf zweimal genannt werden.

Freie Fahrt?

■ *ab 4 Jahre*
Material: Packpapier, Papier, Filzstifte, Klebeband, Schere, Büroklammern, Spielautos

➤ Mit Filzstiften zeichnen Sie mehrere große und kleine Straßen, Kreuzungen, Gehwege und Fahrradwege auf einen großen Bogen Packpapier, der auf dem Boden ausgebreitet ist.
➤ Wer Zeit und Lust hat, kann dazu noch etliche Fußgänger und Radler basteln: Büroklammergroße Figuren auf Papier zeichnen, ausschneiden, mit Klebeband an aufgebogenen Büroklammern befestigen.
➤ Auf dem Verkehrsteppich können Kinder nun mit Autos, Fußgängern und Radfahrern spielen.

INFO | RÜCKSCHRITTE

Die Entwicklung, gleich in welchem Bereich, stagniert manchmal, das Rad dreht sich zurück. Statt sich in einer Gruppe Gleichaltriger pudelwohl zu fühlen – wie bislang ohne Probleme –, will ein Kind zum Beispiel plötzlich nur noch auf Mamas Schoß. Meist heißt das: Es ruht sich aus – macht eine Pause in seinem Entwicklungsmarathon und legt danach wieder vehement los. Wenn der Rückschritt anhält, sollten Eltern allerdings ihren Kinderarzt um Rat fragen.

Verkehrsdetektive

■ *ab 5 Jahre*
Ein Spiel für Autofahrten

➤ Während einer gemeinsamen Autofahrt kommentieren Sie als Fahrer das Verhalten anderer Verkehrsteilnehmer.
➤ Ein mitfahrendes Kind spielt Detektiv, versucht herauszufinden, wen Sie mit ihrem Kommentar gemeint haben, oder stellt eigene Beobachtungen an.
➤ Dieses Spiel kann gut ein Gespräch über den Sinn von Verkehrs- und anderen Regeln anregen.

DAS „ICH“ UND DIE ANDEREN:

Spiele	Alter ab	Selbst-erfahrung	Soziales Verhalten	Sinnliche Wahrnehmung	Motorische Fähigkeiten
Das bin alles ich	1	●●●		●●	●
Zwei tiefe, blaue Seen	1	●●●		●●●	●
Im Sand suhlen	2	●●●	●●	●●●	●
Grashüpfer	2	●●●	●●●	●●	●●
Kullerball	2	●●●	●●●	●	●●
Spiegelspiele	2	●●●		●●	
Ich sage, wo's langgeht!	3	●●●	●●●	●	●
Schau mir in die Augen	3	●●●	●●	●●	
Steckbrief	3	●●●	●●●	●●	
Wenn ich fröhlich bin	3	●●●	●	●●	●
Der Urschrei	4	●●●	●●	●●	●
Die rotweißen Clowns	4	●●●	●●	●●	●●
Freie Fahrt?	4	●●●	●●●	●	●
Mein Bauch	4	●●●	●	●●	●
Mutproben	4	●●●		●	●●●
Wenn die Luftballons tanzen	4	●●●	●●●	●	●●
Zusammenhalten	4	●●	●●●	●●	●
Der Gute-Laune-Tanz	5	●●●	●	●●	●●
Der Tausendfüßler	5	●●	●●	●●	●●
Die traurige Schnecke	5	●●●	●●●	●	●
Doppelbilder	5	●●	●●●	●●	●
Ganz die Eltern	5	●●●	●	●●	●
Ich imitiere dich!	5	●●●	●●●	●●●	●●
Ich vertraue euch!	5	●●●	●●●	●	●●
Im Labyrinth	5	●●●	●●●	●●	●
Ist Rot die Freude?	5	●●●	●●	●●	●
Morsezeichen	5	●●	●●●	●●	●
Selbstbildnis	5	●●●	●●●	●●●	
Spiegelbilder	5	●●●	●●●	●●●	●●
Verkehrsdetektive	5	●●	●●●	●●	
Wie es drinnen aussieht	5	●●●	●●●	●●	●

Das angegebene Spiel fördert die Fähigkeiten in diesem Bereich:
●●● hervorragend ●● gut ● ein wenig (neben anderen Fähigkeiten)

LE SPIELE ZUR SOZIALENTWICKLUNG AUF EINEN BLICK

Kreativität	Denken	Konzentration	Sprachliche Fähigkeiten	Musikalische Fähigkeiten	Seite	Spiele
●●		●			225	Das bin alles ich
●●		●	●●		230	Zwei tiefe, blaue Seen
●●		●			225	Im Sand suhlen
●		●			225	Grashüpfer
●●		●	●●		233	Kullerball
		●			226	Spiegelspiele
●●●		●●	●		226	Ich sage, wo's langgeht!
		●●	●●		230	Schau mir in die Augen
●●		●	●●●		230	Steckbrief
●●●		●●	●●●		228	Wenn ich fröhlich bin
					228	Der Urschrei
●		●			228	Die rotweißen Clowns
●●	●●	●			233	Freie Fahrt?
●●		●			227	Mein Bauch
●●		●●			226	Mutproben
●		●		●●	231	Wenn die Luftballons tanzen
●●		●	●●●		231	Zusammenhalten
●●		●		●●●	229	Der Gute-Laune-Tanz
●●		●			232	Der Tausendfüßler
●●		●	●●		228	Die traurige Schnecke
●●		●			231	Doppelbilder
●●		●●			227	Ganz die Eltern
●●		●			230	Ich imitiere dich!
		●●			232	Ich vertraue euch!
●●		●			230	Im Labyrinth
●●●		●	●●●		229	Ist Rot die Freude?
●●		●●●			231	Morsezeichen
●●		●	●●		227	Selbstbildnis
●●●		●			229	Spiegelbilder
●	●●	●●	●●		233	Verkehrsdetektive
●●		●			229	Wie es drinnen aussieht

Zum Nachschlagen

Adressen und Links, die weiterhelfen

Adressen

➤ **Arbeitskreis neue Erziehung e. V.**
Boppstraße 10
10967 Berlin
www.aktiv-fuer-kinder.de
Informationen für Eltern, vor allem zum Thema Entwicklung und Erziehung.

➤ **Deutsche Liga für das Kind**
Chausseestraße 17
10115 Berlin
www.liga-kind.de
Informationen rund um Erziehung und Familie, vor allem für die frühe Kindheit.

Die Adressen regionaler Erziehungsberatungsstellen finden Sie im Telefonbuch, bei Ihrer Gemeinde oder Stadt sowie kirchlichen Trägern. Auskunft erhalten Sie außerdem bei der

➤ **Bundeskonferenz für Erziehungsberatung**
Herrnstraße 53
90763 Fürth

Österreich

➤ **Elternwerkstatt Verein im Dienst von Kindern, Eltern, PädagogInnen**
Altmannsdorferstr. 172/31/2
A - 1230 Wien
www.elternwerkstatt.at
Informationen und Angebote rund um Familie und Erziehung.

➤ **Bundesministerium für soziale Sicherheit und Generationen Abteilung V/2**
Franz-Josefs-Kai 51
A - 1010 Wien
Tel.: 01/711 00-3225
Fax: 01/718 94 70-1886
www.eltern-bildung.at
Informationen und Angebote zu Erziehungsfragen.

Schweiz

➤ **Elternnotruf**
Tel.: 2611060
Telefonische Beratung zu Erziehungsfragen rund um die Uhr.

Links

➤ **www.kidnet.de**
Infos und Kontakte für Eltern, mit Foren zu verschiedenen Erziehungsthemen.

➤ **www.familienhandbuch.de**
Der Link zu Knaurs Handbuch Familie (siehe Buchempfehlungen).

➤ **www.mobile-familienmagazin.de**
Informatives und vielseitiges Portal rund um Familie und Erziehung.

Surfen mit Kindern

Für erste Ausflüge ins Internet mit älteren Kindergartenkindern bieten sich zum Beispiel folgende Links an:

➤ **www.tivi.de**
Der Link zum Kinderprogramm des ZDF mit zahlreichen Spielen und Basteleien.

➤ **www.kika.de**
Tipps, Infos und Spiele rund um den Kinderkanal.

Bücher, die weiterhelfen

Für Eltern

➤ **Das Kinderbuch. Wie kleine Kinder groß werden.**
Anna Wahlgren, Beltz-Verlag

➤ **Die schönsten Rituale für Kinder** und:
➤ **Kinder fördern im Alltag**
Petra Kunze, Catharina Salamander, Gräfe und Unzer Verlag

➤ **Kinder brauchen Spielräume. Perspektiven für eine kreative Erziehung**
Karl Gebauer, Gerald Hüther, Walter-Verlag

➤ Kinderjahre. Die Individualität des Kindes als Herausforderung
Remo H. Largo, Piper

➤ Kinder spielerisch zur Ruhe führen
Dr. Monika Zimmermann, Gräfe und Unzer Verlag

➤ Kinesiologie für Kinder
Ludwig Koneberg, Gabriele Förder, Gräfe und Unzer Verlag

➤ Knaurs Handbuch Familie
Wassilios E. Fthenakis, Martin R. Textor, Knaur

➤ Mit allen Sinnen spielen. Wahrnehmungsförderung in Kindergarten, Grundschule und Familie – 200 Spielideen
Peter Thiesen, Beltz-Verlag

➤ Musik macht klug
Dorothee Kreusch-Jacob, Kösel

➤ Talente entdecken und fördern
Thomas von Krafft, Dr. Edwin Semke, Gräfe und Unzer Verlag

➤ Was Kinder für die Zukunft brauchen und:
➤ Das Erziehungs-ABC: von Angst bis Zorn
Petra Stamer-Brandt, Monika Murphy-Witt, Gräfe und Unzer Verlag

Für Kinder

Eine Auswahl für Entdecker, kleine Geschichtenhörer und große Vorleser aus einem großen Angebot geeigneter Bücher.

Ab 1 Jahr

➤ Das ist doch kein Elefant!
Ein Buch aus einer ganzen Reihe von Klapperlapapp-Büchern, Loewe Verlag

➤ Ringel, Ringel, Reihe. Meine liebsten Kinderlieder
Julia Ginsbach, Ravensburger Buchverlag

Ab 2 Jahre

➤ Bei uns im Dorf
Eins von den vielen geeigneten Wimmel-Büchern des Illustrators Ali Mitgutsch, Ravensburger Buchverlag

➤ Geh mit mir auf die Baustelle
Guido Wandrey, Oetinger

➤ Ich kann jetzt zählen
Birgit Antoni, Oetinger

➤ Lustig, Traurig, Trotzig, Froh
Ein Buch über Gefühle – und wie man mit ihnen umgeht. Emma Brownjohn, Gabriel Verlag

➤ Mein allererster Geschichtenschatz
Manfred Mai und Zora, Ravensburger Buchverlag

Ab 3 Jahre

➤ Das große Buch der Kinderreime
Janosch, Diogenes

➤ Das große Liederbuch
Anne Diekmann, Tomi Ungerer, Diogenes

Ab 4 Jahre

➤ Das will ich wissen
Buchreihe mit Kindersachbüchern zu verschiedenen Themen (zum Beispiel: Die Feuerwehr. Im Tierpark. Mein Körper.), Arena

➤ King-Kong, Allerhand und mehr
Kirsten Boje, Oetinger

➤ Oh, wie schön ist Panama und:
➤ Post für den Tiger
Janosch, Beltz-Verlag

Ab 5 Jahre

➤ Die Märchen der Brüder Grimm
In verschiedenen Ausgaben erhältlich.

➤ Neun nackte Nilpferddamen
Spielereien mit Buchstaben und Lauten.
Gerda Anger-Schmidt, Renate Habinger, Np Buchverlag

➤ Pippi Langstrumpf
sowie alle weiteren Bücher von Astrid Lindgren

Zum Nachschlagen

Sachregister

GU RATGEBER KINDER

Eltern werden ist nicht schwer.
Eltern sein auch nicht mehr.

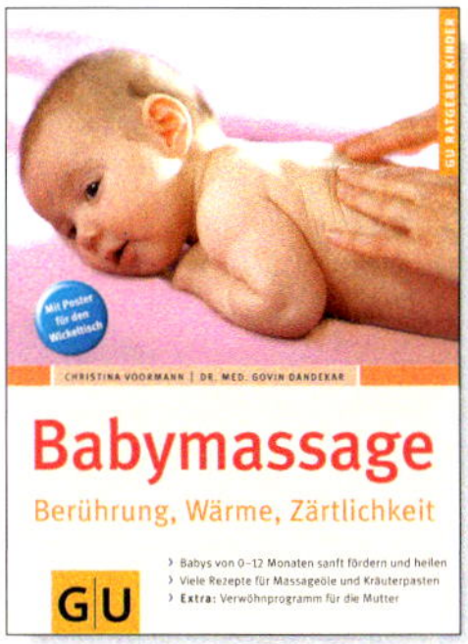

ISBN 3-7742-6699-9
128 Seiten | € 12,90 [D]

ISBN 3-7742-1602-9
96 Seiten | € 12,90 [D]

ISBN 3-7742-6433-3
128 Seiten | € 12,90 [D]

ISBN 3-7742-4803-6
96 Seiten | € 12,90 [D]

ISBN 3-7742-3205-9
96 Seiten | € 12,90 [D]

ISBN 3-7742-3757-3
128 Seiten | € 12,90 [D]

Wie Sie Ihr Kind am besten pflegen und zärtlich verwöhnen, gesund erhalten und fördern können: kompetent, einfühlsam und praxisnah beschrieben.

WEITERE LIEFERBARE TITEL:

- Hausmittel für Kinder
- Kinder spielerisch zur Ruhe führen
- Homöopathie für Kinder

G|U

Gutgemacht. Gutgelaunt.

Impressum

Programmleitung:
Ulrich Ehrlenspiel
Redaktion:
Reinhard Brendli
Lektorat:
Ina Raki
Fotoproduktion:
Sandra Seckinger
Weitere Fotos:
Antje Anders: S. 120, 158; getty-images: Umschlagvorderseite, S. 1, 187 (u. re.), 192, 215; Image Bank: S. 22; Jako-o GmbH: Innenklappen vorn und hinten; Mauritius: S. 18, 34, 57 (u. re.), 90; Anna Peisl: Außenklappe vorn (o. li.), Umschlagrückseite (u. li.), S. 31 (u.), 40, 194; Photonica: S. 190; Science Photo Library: S. 20
Illustrationen:
Michael Luz
(außer S. 24/25:
Detlef Seidensticker)
Layout und Satz:
Dorothee Griesbeck,
Die Buchmacher
Umschlaggestaltung:
independent Medien-Design
Herstellung:
Petra Roth

Lithos:
Repro Ludwig, Zell am See
Druck:
Appl, Wemding
Bindung:
Großbuchbinderei Monheim

ISBN 3-7742-6357-4

Auflage	5.	4.	3.	2.	1.
Jahr	08	07	06	05	04

Wichtiger Hinweis

Die Gedanken, Methoden und Anregungen in diesem Buch stellen die Meinung beziehungsweise Erfahrung der Verfasser dar. Sie wurden von den Autoren nach bestem Wissen erstellt und mit größtmöglicher Sorgfalt geprüft. Dennoch können nur Sie selbst entscheiden, ob die hier geäußerten Vorschläge und Ansichten auf Ihre eigene Lebenssituation übertragbar und für Sie beziehungsweise Ihr Kind passend und hilfreich sind. Weder Autoren noch Verlag können für eventuelle Nachteile oder Schäden, die aus den im Buch gegebenen praktischen Hinweisen resultieren, eine Haftung übernehmen.

GRÄFE UND UNZER
Ein Unternehmen der
GANSKE VERLAGSGRUPPE

DAS ORIGINAL MIT GARANTIE

Ihre Meinung ist uns wichtig. Deshalb möchten wir Ihre Kritik, gerne aber auch Ihr Lob erfahren. Um als führender Ratgeberverlag für Sie noch besser zu werden. Darum: Schreiben Sie uns! Wir freuen uns auf Ihre Post und wünschen Ihnen viel Spaß mit Ihrem GU-Ratgeber.

Unsere Garantie: Sollte ein GU-Ratgeber einmal einen Fehler enthalten, schicken Sie uns das Buch mit einem kleinen Hinweis und der Quittung innerhalb von sechs Monaten nach dem Kauf zurück. Wir tauschen Ihnen den GU-Ratgeber gegen einen anderen zum gleichen oder einem ähnlichen Thema um.

GRÄFE UND UNZER VERLAG
Redaktion
Partnerschaft & Familie
Postfach 86 03 25
81630 München
Fax: 089/41981-113
E-Mail: leserservice@graefe-und-unzer.de

Umwelthinweis
Dieses Buch wurde auf chlorfrei gebleichtem Papier gedruckt. Um Rohstoffe zu sparen, haben wir auf Folienverpackung verzichtet.